Alexander Pechmann
Mary Shelley

Alexander Pechmann

Mary Shelley

Leben und Werk

Artemis & Winkler

Die deutsche Bibliothek verzeichnet diese Publikation in der
Deutschen Nationalbibliographie; detaillierte bibliographische Daten
sind im Internet unter http://dnb.ddb.de abrufbar.

© 2006 Patmos Verlag GmbH & Co. KG
Artemis & Winkler Verlag, Düsseldorf
Alle Rechte vorbehalten.
Druck und Bindung: Clausen & Bosse, Leck
ISBN 3-538-07239-6
www.patmos.de

Inhalt

Vorwort: Die Schriftstellerin
7

William Godwin und Mary Wollstonecraft (1756–1797)
15

Mary Godwin und Percy B. Shelley (1797–1814)
31

Flucht und Heimkehr: Die erste Reise (1814–1815)
49

Der Sommer am See: Cologny und Genf (1816)
67

Ein bösartiger Sprößling: *Frankenstein* (1817–1818)
85

Bittere Früchte: Reisejahre in Italien (1818–1820)
103

Verlorene Kinder: Florenz und Pisa (1820–1821)
117

Der letzte Sommer: Shelleys Tod (1822)
133

Alles verändert sich, alles vergeht: *Valperga* (1823)
157

Die Witwe: Neubeginn in London (1823–1825)
167

Das Volk der Gräber: *Der letzte Mensch* (1826)
179

Der Schatten des Dichters: Leben ohne Shelley (1826–1830)
193

Treue und Verrat: *Perkin Warbeck* (1830)
209

Väter und Töchter: *Lodore* (1831–1835)
217

Im Labyrinth der Schuld: *Falkner* (1835–1837)
231

Letzte Reisen: Deutschland und Italien (1838–1844)
245

Die Überlebende: Eine neue Familie (1844–1851)
261

Nachwort: Nachleben
271

Anmerkungen
281
Literaturverzeichnis
292
Bildnachweis
300
Danksagung
302
Register
303

Vorwort:
Die Schriftstellerin

»Das verachtenswerteste Leben besteht darin, auf der Welt zu sein, ohne je eine Leidenschaft oder Zuneigung zu verspüren – Ich weiß, daß ich so nicht existieren könnte – & wie [Laurence] Sterne sagt, daß er in der Einsamkeit einen Baum lieben würde – so werde ich mich jenen anschließen, die dem Anschein nach jene Vorzüge besitzen, die ich bewundere – Doch das ist es nicht, was ich will – Laßt mich Bäume lieben – den Himmel & den Ozean & jenen allumfassenden Geist, von dem ich wohl bald ein Teil sein werde – Laßt mich in meinen Mitgeschöpfen das lieben, was ist & nicht meine Liebe an eine hübsche Hülse mit imaginären Eigenschaften verschwenden – Wo es Güte, Freundlichkeit & Talent gibt, laßt sie mich um ihrer selbst willen lieben & bewundern, ohne etwas hinzuzufügen oder wegzunehmen – Vor allem laßt mich furchtlos in die tiefsten Höhlen meines eigenen Verstandes hinabsteigen – die Fackel der Selbsterkenntnis in seine dunkelsten Winkel tragen – Nur allzu glücklich wäre ich, einen bösen Geist zu vertreiben oder einer neuen Gottheit in einer bisher unbesetzten Nische einen Schrein zu errichten.«[1]

Dieser Tagebucheintrag Mary Shelleys vom 25. Februar 1822 enthält Aussagen, die für ihr Selbstbild und für den Grundton ihrer Werke typisch sind: Die beständige Suche nach Liebe und Zugehörigkeit, die Melancholie, die Ablehnung des romantischen Ideals, welches die Imagination über den reinen Intellekt stellt, die kritische Selbstanalyse, die sich nicht mit vorgefaßten Meinungen zufriedengibt. Es sind überraschende Aussagen für eine Autorin, die fast ausschließlich in Verbindung mit dem Genre des Schauerromans und der Epoche der englischen Romantik zitiert wird. Die in der knappen Notiz verborgenen Standpunkte belegen eine Unabhängigkeit im Denken und einen fundamentalen Skeptizismus, der eine eindeutige Zuordnung unmöglich macht. Spricht hier wirklich die Autorin eines der bekanntesten und wirkungsvollsten Werke der phantastischen Literatur?

Mary Shelleys Roman *Frankenstein oder Der moderne Prometheus* wurde in zahllose Sprachen übersetzt. Schon zu ihren Lebzeiten erschienen zwei Neuausgaben und neun Bühnenadaptionen. Noch heute kann der Leser zwischen unzähligen Ausgaben, Übersetzungen und Bearbeitungen wählen. Die zahllosen Verfilmungen im 20. Jahrhundert machten den Namen »Frankenstein« noch bekannter, so daß er inzwischen selbst denjenigen ein Begriff ist, die weder von Mary Shelley gehört, noch je eine Zeile von ihr gelesen haben.

Auch nach *Frankenstein* veröffentlichte Mary Shelley weitere originelle Texte, die den Rahmen des klassischen Schauerromans sprengen und die konventionelle Literatur ihrer Zeit hinter sich lassen. Sie schrieb genau recherchierte historische Romane, einen Zukunftsroman über das Ende der Menschheit, autobiographisch inspirierte Gesellschaftsromane, mythologische Versdramen, Gedichte, Erzählungen, Rezensionen, Essays, Reiseberichte und Kurzbiographien europäischer Künstler und Wissenschaftler.

Es ist nicht leicht, ihr vielseitiges Œuvre einer bestimmten literarischen Epoche oder Schule zuzuordnen. Wie der oben zitierte Abschnitt aus den Tagebüchern verbindet es die Rationalität der Aufklärung mit der Sensibilität der Romantik, ohne sich wirklich zu einer bestimmten Weltsicht zu bekennen. Außerdem sind, wie bei vielen Autoren der jüngeren Generation englischer Romantiker, die Grenzen zwischen Klassik und Romantik – anders als bei ihren deutschsprachigen Zeitgenossen – nicht klar definiert.[2]

Mary Shelleys vielleicht wichtigster Beitrag zur Rezeption romantischer Literatur ist nicht *Frankenstein*, sondern ihre Edition des Nachlasses ihres Mannes, Percy B. Shelley, die eine unverzichtbare Grundlage für alle späteren Herausgeber und Biographen des romantischen Dichters darstellt und ohne die er heute wohl völlig vergessen wäre. Die vielfältigen Kontakte zu bedeutenden Schriftstellern und interessanten Persönlichkeiten wie Lord Byron, Sir Walter Scott, Benjamin Disraeli, Prosper Mérimée, Edward Bulwer und General Lafayette belegen ein waches Interesse am Literaturbetrieb sowie an den politischen, sozialen und künstlerischen

Entwicklungen ihrer Zeit. Doch trotz ihrer Nähe zu den einflußreichsten Dichtern und Denkern des frühen 19. Jahrhunderts bewahrte sie stets ihre geistige Unabhängigkeit. Einigen grundlegenden Positionen der Romantik stand sie sehr kritisch gegenüber. Ihre Selbstkritik und ihr Skeptizismus, die sich im Laufe ihres Lebens noch verstärkten, unterscheiden sie von anderen Autorinnen und Autoren ihrer Zeit.

Dieser Skeptizismus manifestiert sich immer wieder in Mary Shelleys Briefen und Tagebüchern, die von Erfahrungen zeugen, die oft außergewöhnlicher anmuten als mancher Schauerroman. Fast scheint es, als wäre ihr Leben ihr gelungenstes Werk gewesen: dramatischer und phantastischer noch als all ihre literarischen Erfindungen. Trotz aller Skepsis und kritischer Selbstanalyse findet sich eine seltsame Vermischung des Phantastischen und des Alltäglichen sowohl in ihren literarischen Texten als auch in ihren privaten Aufzeichnungen. Zahlreiche unwirklich anmutende Motive, Charaktere, Schauplätze und Passagen in ihren Romanen und Erzählungen reflektieren in Wirklichkeit nur persönliche Erlebnisse oder basieren zumindest auf Berichten aus ihrem Bekanntenkreis. Andererseits bildeten die dunkleren Stellen ihrer Biographie Grundlagen für Mythen, die bis heute die Phantasie von Romanautoren und Filmregisseuren beschäftigen.[3]

Wieviele dieser Mythen der Zuschreibung oder gar der Selbstinszenierung entsprangen, läßt sich nur schwer beweisen. Einige entscheidende Tagebucheinträge und Briefe sind noch von der Autorin selbst oder von ihren Nachfahren vernichtet worden, anderes ging verloren oder wurde von ihren Erben unterschlagen, und es gibt zuweilen wesentliche Unterschiede zwischen privaten Aufzeichnungen und den zu Lebzeiten publizierten autobiographischen Texten.

Wie um die Verwirrung komplett zu machen, neigen viele der modernen Biographen Mary Shelleys zu Idealisierungen, denen Ideale unserer Zeit zugrunde liegen, und zu Dramatisierungen, wo die Tatsachen allein schon dramatisch genug wären. Es ist auffällig, wie häufig Arbeiten Mary Shelleys als »unbedeutend« und als »zu Recht vergessen« ignoriert wurden, die sie selbst für ihre besten und gelungensten hielt, nur deshalb, weil sich ihre Zuordnung als schwierig erwies, oder auch nur, weil keine Neuausgaben existierten. Die facettenreiche und zuweilen widersprüchliche Persönlichkeit der Autorin diente zudem oft als Spiegel ihrer Interpreten und deren jeweiliger ideologischer Verpflichtung. Um dieser ungewöhnlichen Frau, ihrem Leben und Werk gerecht werden zu können, darf man sich jedoch nicht auf Urteile verlassen, die auf einem vergänglichen Zeitgeschmack basieren, und man muß sich der fließenden Übergänge zwischen Fakten und Fiktionen in zeitgenössischen, aber auch in modernen Darstellungen stets bewußt sein.[4]

Schon ihre Herkunft scheint für die Legendenbildung prädestiniert und bildet die Wurzel vieler Vorurteile: Mary Shelley wurde am 30. August 1797 als Mary Wollstonecraft Godwin in London geboren. Ihre Mutter, die umstrittene Frauenrechtlerin Mary Wollstonecraft, starb kurz nach der Geburt. Ihr Vater war der einflußreiche Sozialphilosoph und Vordenker des Anarchismus, William Godwin, der nicht lange nach dem frühen Tod der Wollstonecraft eine verwitwete Nachbarin heiratete. Mary entfremdete sich vorübergehend von ihrem geliebten Vater, als sie im Alter von gerade siebzehn Jahren mit dem von Godwins Theorien überzeugten Dichter Percy Bysshe Shelley und ihrer Stiefschwester Claire[5] durchbrannte, um in den Schweizer Bergen ein neues Zuhause zu finden. Ihre Flucht schilderte sie in *History of a Six Weeks' Tour* (1817), ihrer ersten Buchveröffentlichung.

Mary Godwins unerschütterliche Liebe zu Percy B. Shelley, den sie erst nach dem Selbstmord seiner ersten Frau heiraten konnte, mußte sich unter widrigen Umständen bewähren: Ihr Vater, der sie zu einer würdigen Nachfolgerin Mary Wollstonecrafts erzogen hatte, bezichtigte sie des Verrats, ihr von utopischen Idealen träumender Liebhaber versteckte sich vor seinen Gläubigern und streifte mit ihrer zur Hysterie neigenden Stiefschwester umher. Sie selbst mußte aufgrund ihrer Schwangerschaft zu Hause bleiben, während ein Schulfreund Shelleys ihr mit dessen ausdrücklicher Genehmigung den Hof machte. Es herrschte ein unvergleichliches Chaos der Gefühle und Beziehungen, das in all ihren Romanen, von *Frankenstein* (1818) bis zu ihrem letzten literarischen Werk, *Falkner* (1837), als wichtiges Motiv wiederkehrt.

Verworrene Familienverhältnisse, alleinerziehende Väter, früh verstorbene Mütter, außereheliche Liebschaften und uneheliche Kinder, die aus verschiedenen Beziehungen stammen, gehörten zum Alltag der Autorin von *Frankenstein*. In unserer Zeit gelten häufig wechselnde Lebenspartner und frei kombinierbare Lebensgemeinschaften als normal und werden in der modernen Soziologie als »Patchwork-Familie« bezeichnet – ein Begriff, der vielleicht nicht zufällig an das aus einzelnen Bestandteilen zusammengeflickte Monster Frankensteins erinnert. Im frühen 19. Jahrhundert galten andere, strengere moralische und juristische Normen, die tatsächlichen Umstände lassen sich jedoch durchaus mit den heutigen vergleichen, wenn man damals auch viel mehr danach strebte, nach außen hin den Anschein der Konformität zu bewahren. Die offen unkonventionelle Lebensweise Mary Godwins und Percy B. Shelleys vor und nach ihrer Eheschließung mußte daher zu einer gesellschaftlichen Isolation führen, die insbesondere Mary als zunehmend schmerzlich erlebte. Einsamkeit und Ausgrenzung wurden für sie zu wichtigen Themen, die schon ihren ersten Roman *Frankenstein* prägten und sowohl in ihrem Leben als auch in ihrem Werk eine wichtige Rolle spielten.

Frankenstein wird heute als erster echter Science-Fiction-Roman der Weltliteratur bezeichnet, da er eine wissenschaftliche Thematik in die Schauerliteratur, die sogenannte »gothic novel« oder »gothic tale«, einführte.[6] Das Buch enthält jedoch nur sehr wenig Naturwissenschaft. Die Szene, in der Frankenstein seine Kreatur ins Leben ruft, ist überraschend knapp – wenn man sie mit den zahllosen Filmversionen vergleicht. Das eigentliche Thema ist einerseits die Einsamkeit und die vergebliche Suche nach Idealen der Freundschaft, Liebe, Familie – andererseits die Suche nach Vollkommenheit und Perfektion, welche ironischerweise die Erfüllung der schlichten und humanen Ideale verhindert. Diese Suche kehrt in vielen späteren Werken Mary Shelleys wieder und endet oft in einer Katastrophe: Erst indem Frankenstein seine Kreatur als unvollkommen abweist und verstößt, seine Bedürfnisse nach Liebe und Gesellschaft leugnet, macht er sie zu seinem Feind – zu einem Monster, das auf der Suche nach seiner Herkunft, seiner Identität, seiner Bestimmung hilflos umherirrt und dem nichts anderes übrigbleibt, als die ihm zugeschriebene Rolle des Zerstörers auf sich zu nehmen.

Bis zum Tod ihres Mannes arbeitete Mary Shelley an zwei Romanen, die nur beiläufig phantastische Motive enthielten, aber die Problematik unkonventioneller Familien- und Liebesbeziehungen fortsetzten: *Matilda* (1819 geschrieben, posthum veröffentlicht), eine tragische Inzestgeschichte, und *Valperga* (1823), ein großer historischer Roman über den Aufstieg eines Gewaltherrschers in der mittelalterlichen Toskana, der auf ihren eigenen Forschungen und Recherchen in Florenz und Lucca basiert.[7]

Percy B. Shelley ertrank am 8. Juli 1822 im Golf von La Spezia. Die Trauer über den Tod Shelleys und den frühen Verlust dreier gemeinsamer Kinder sollte Mary ihr Leben lang nicht verlassen. Diese Trauer ist in den nach 1822 entstandenen literarischen Werken sowie in ihren Briefen und Tagebüchern deutlich zu spüren. Auch ihr zweiter großer Science-Fiction-Roman, *The Last Man* (1826), ist von der Melancholie und Todessehnsucht der Autorin durchdrungen.

Der Roman entführt seine Leser ins 21. Jahrhundert. Erzählt wird die Vernichtung der gesamten Menschheit durch eine unheilbare Seuche und das Schicksal des einzigen Überlebenden. Die apokalyptischen Szenerien und die prophetischen Vorzeichen der Pest in diesem Roman machen ihn zum Vorläufer späterer Katastrophenromane. Anders als moderne Romane dieses Genres ist *The Last Man* aber weder als Warnung (z. B. vor Umweltverschmutzung, neuen Technologien, Ideologien, Waffen, etc.) noch als Prophezeiung einer möglichen Zukunft zu lesen. Es ist die im Grunde einfache Geschichte eines Menschen, der den Tod all seiner Freunde, Geliebten, Verwandten, Mitmenschen miterleben muß, ohne selbst sterben zu können. Es ist also Mary Shelleys eigene Geschichte, vom Tod ihrer Kinder, ihres Mannes, ihrer Freunde: und zugleich ein imaginärer Besuch der nunmehr verlassenen Städte und Gegenden, in denen sie einst glücklich war.

In *The Fortunes of Perkin Warbeck* (1830) beschreibt Mary Shelley die Abenteuer des angeblichen Sohnes von Edward IV. im Kampf um die englische Thronfolge nach dem Ende der Rosenkriege. Dieser historische Roman war stark von Sir Walter Scotts Werken und theoretischen Vorgaben geprägt. Ihre letzten beiden großen Romane, *Lodore* (1835) und *Falkner* (1837), orientieren sich indessen am Vorbild der »fashionable novels« oder »silver-fork novels«, die in der frühen viktorianischen Literatur durch Werke von Edward Bulwer und Benjamin Disraeli populär wurden. Im Mittelpunkt stehen, dem Genre entsprechend, problematische Liebes- und Familienbeziehungen in den Kreisen der englischen Oberschicht und psychologische Dramen um Schuld und Vergeltung, in die sich ihre autobiographisch inspirierten Figuren verstricken. Die Konfrontation der gesellschaftlichen Ideale mit den realen Lebensbedingungen, die dem alltäglichen Erleben der Autorin entsprach, wird in diesen Romanen aufgelöst, indem sich die unkonventionellen, überraschend modern anmutenden Lebensentwürfe am Ende gegen den sozialen Druck behaupten und die Figuren zu einem eigenen, individuellen Glück finden dürfen.

Solche Dramen werden in Mary Shelleys Erzählungen selten thematisiert. Sie ähneln eher den Kunstmärchen und Novellen der Renaissance als den Gesellschaftsdramen ihres Spätwerks oder den modernen Horrorgeschichten, die man von der Schöpferin *Frankensteins* erwarten würde. Viele dieser kürzeren Texte erschienen in dem populären englischen Jahrbuch *The Keepsake*.[8] Sie spielen überwiegend vor einem historischen Hintergrund und handeln oft von tapferen, idealistischen Männern und Frauen, die von einem Unglück oder düsteren Schicksal heimgesucht werden.

Die meisten dieser Erzählungen sind eher schlichte Liebes- und Abenteuergeschichten, die sich allerdings sprachlich und durch eine Vielzahl autobiographischer Anspielungen von der durchschnittlichen Unterhaltungsliteratur jener Zeit abheben. Einzelne Texte – wie zum Beispiel das 1997 entdeckte Manuskript *Maurice, or the Fisher's Cot* – zeigen, daß Mary Shelley eine überaus intelligente und faszinierende Geschichtenerzählerin war. Ihr mitunter bedrückend melancholischer Stil und die abgrundtiefe Schwärze einiger ihrer Visionen lassen ahnen, aus welchen Erfahrungen und seelischen Abgründen sie geboren wurden.

Mary Shelley gilt heute vielen Lesern allein aufgrund ihres Romans *Frankenstein* als Ursprung und Inbegriff der modernen Science Fiction und der Horror-Literatur. Es wäre jedoch ein großer Irrtum, ihr überraschend vielseitiges Werk allein innerhalb der Grenzen dieser populären Genres zu betrachten. Sie nutzte phantastische Motive nie um des bloßen Effekts willen, sondern stets, um die Möglichkeiten ihrer Ideen und Konzepte auf mehr als nur einer Ebene erforschen zu können. Es wäre ungerecht, von ihrer Wirkung auf ihr Werk zu schließen. Dieses ist weniger geprägt von der Oberflächlichkeit reiner Unterhaltungsliteratur als von einer Ernsthaftigkeit im Versuch, das Drama des Menschen auf der Suche nach Identität und Zugehörigkeit zu verstehen und Antworten auf existentielle Fragen zu suchen. Manchmal ist sie eine schmerzhaft pessimistische Autorin, die zwei Dinge nie vergessen läßt: Die Allgegenwart des Todes und die Naivität des Menschen, der glaubt, er könne seinem Schicksal entrinnen. Diese Melancholie ist keine Pose: Sie hat sich aus einer Lebensgeschichte entwickelt, in der Liebe und Tod, Hoffnung und Verzweiflung, Rebellion und Anpassung stets dicht beieinander lagen.

William Godwin und Mary Wollstonecraft
1756–1797

MARY WOLLSTONECRAFT

»Es war Freundschaft, die in Liebe überging.«
William Godwin in der Biographie seiner Frau

Er strebte danach, im Universum des Denkens zu herrschen, und vielfältig und zahlreich waren seine Eroberungen in diesem grenzenlosen Land.«[9] – In den Erinnerungen Mary Shelleys an ihren Vater William Godwin wird der ungeheure Respekt deutlich, den sie ihm als Autor und als Philosophen entgegenbrachte. Obwohl ihre gegenseitige Beziehung nicht unproblematisch war – wie wir noch sehen werden –, teilte sie anfangs seine politischen Ansichten, bewunderte die Klarheit und Originalität seiner Argumentation und vertraute seinem Urteil als Autor und Verleger. Über Godwins menschliche und väterliche Qualitäten erfahren wir von Mary Shelley wenig – sie erwähnt neben seiner Liebe zur Vernunft und zur logischen Untersuchung lediglich seinen beständigen Gleichmut und seine unerschütterliche Gelassenheit. Hinter diesen Worten klingt leises Bedauern über einen Mangel an Emotionalität und spontaner Zuneigung, die sie konsequent außerhalb ihres Elternhauses suchte und fand. Von der liebevollen und herzlichen Art ihrer Mutter Mary Wollstonecraft, die noch im Kindbett verstarb, durfte sie nur aus zweiter Hand, aus ihren hinterlassenen Schriften und den Berichten Godwins erfahren.

Es ist nicht verwunderlich, daß zahlreiche Interpreten der Werke Mary Shelleys in der schmerzlichen Abwesenheit der Mutter und der unnahbaren, idealisierten Gestalt des Vaters einen wichtigen Schlüssel zu deren Verständnis erkannt haben. Anderseits zeigt gerade der oben zitierte kleine Text, *Memoirs of Godwin*, der als Vorwort zu einem seiner Romane veröffentlicht wurde, daß Mary Shelley trotz aller familiären Parteilichkeit durchaus in der Lage war, ihren berühmten Vater nüchtern und distanziert zu beurteilen. Sie kannte seine Werke genau und hatte sich intensiv mit ihnen auseinandergesetzt.[10] Ihre Urteilsfähigkeit und geistige Unabhängigkeit, die sie sich im Laufe ihres Lebens durch umfassende Lektüre zu erarbeiten wußte, sollte sich derjenigen ihrer Eltern als ebenbürtig erweisen.

William Godwin wurde am 3. März 1756 in Wisbeach, Cambridgeshire geboren. Sein Großvater, Edward Godwin, war ein nonkonformistischer Pfarrer in Bishopsgate, London. Sein Vater, John Godwin, setzte die Familientradition fort. Im Jahr 1760 zog er mit Frau und Kindern nach Guestwick, wo er bis zu seinem Tode einer freikirchlichen Gemeinde vorstand.

William war das siebte von dreizehn Kindern und entwickelte schon in jungen Jahren einen schier unstillbaren Wissensdurst, der sein ganzes Leben prägen sollte und den er wohl an seine Tochter vererbt hat. Da es mit seiner Gesundheit und allgemeinen Konstitution nicht zum besten stand, verbrachte er viel Zeit mit Büchern und freute sich über jede Gelegenheit seine unbändige Neugier befriedigen zu können. »Ich hatte einen starken Hang zur Gelehrsamkeit«, schrieb er in seinem autobiographisch angehauchten Essay *Thoughts on Man* von 1831. »Alles, was man für angemessen und geeignet hielt, mir beizubringen, lernte ich bereitwillig.«[11]

Im Jahr 1773 begann Godwin eine klerikale Ausbildung in einem nonkonformistischen, von der anglikanischen Staatskirche unabhängigen College in Hoxton. Die dort lehrenden Professoren Andrew Kippis und Abraham Rees waren Anhänger eines weltoffenen und toleranten Unitarianismus. Seinen Tutoren galt der junge William Godwin lange Zeit als erzkonservativ. Er stand unter dem Einfluß seiner früheren, streng calvinistischen Lehrer und weigerte sich hartnäckig, die verinnerlichten Grundsätze, wie jenen der absoluten göttlichen Vorbestimmung, in Zweifel zu ziehen.

In Hoxton hätte er theoretisch Mary Wollstonecraft begegnen können, deren Familie ein Jahr lang in diesem Vorort Londons lebte. Das soziale und geistige Umfeld, in dem die beiden jungen Menschen verkehrten, war freilich völlig verschieden: Während sich der junge Godwin zeitweise für die ultracalvinistische Lehre des Häretikers Robert Sandeman begeisterte, hatte seine spätere Ehefrau keine nennenswerte religiöse Erziehung genossen und hatte sich aus den wenigen Informationen, die sie besaß, eine kindliche Privatreligion zusammengezimmert.

Nachdem Godwin seine Ausbildung abgeschlossen hatte, wurde er Pfarrer einer Dissentergemeinde in Ware, einer Kleinstadt in Hertfortshire, nördlich von London, später übte er dieses Amt in Stowmarket aus. Dann wechselte er nach Beaconsfield; doch inzwischen hatte er so starke Zweifel an seinem Glauben entwickelt, daß er nicht mehr in der Lage war, seinen Pflichten gerecht zu werden. Er gab den Pfarrberuf auf, distanzierte sich vom Calvinismus und wandte sich schließlich einem philosophischen Radikalismus zu, der gegen jede Art von politischer, religiöser oder sozialer Organisation argumentierte. In seinem Ringen um eine philosophische Grundlage, die ihm seine früheren Überzeugungen ersetzen könnte, bekannte er sich zum Deismus, einer Lehre, die den tätigen Einfluß Gottes allein auf den Schöpfungsprozeß bezieht. Diese radikale Wende in Godwins Leben führte er selbst auf Frederic Norman zurück, einen Bekannten aus Stowmarket, der ihm etliche Werke der französischen Philosophen und Enzyklopädisten lieh, die seinen christlichen Glauben erschütterten.[12]

1783 zog William Godwin nach London. Er hatte die Absicht, sich als Autor und Journalist durchzuschlagen und sich noch intensiver als zuvor mit sozialphilosophischen Überlegungen auseinanderzusetzen. Er verkehrte in Politiker- und Intellektuellenkreisen, freundete sich mit einflußreichen Staatsmännern wie Charles James Fox und Richard Brinsley Sheridan an und stand der liberalen Whig-Partei nahe, zu deren führendem Theoretiker er werden sollte.

Die Lektüre der *Geschichte Roms* von Titus Livius hatte ihn schon früh zu seiner republikanischen Überzeugung geführt. Der Ausbruch der Französischen Revolution im Jahr 1789 bestärkte ihn in seiner Position und in seinem politischen Interesse. Er stand auf der Seite derjenigen, die eine Abschaffung der Monarchie und eine Revolution nach französischem Vorbild befürworteten – eine Meinung, die in England nie wirklich populär werden sollte. Im Gegenteil: Obwohl die Ereignisse von 1789 auf großes Interesse stießen und kontrovers diskutiert wurden, galt der Beifall der Öffentlichkeit dem eloquenten Kritiker der Französischen Revolution, Edmund Burke. Burkes Streitschrift *Reflections on the Revolution in France* (1790) war als Antwort auf den Dissenterprediger

Richard Price gedacht, der die Methoden der Französischen Revolution rechtfertigte, indem er ihre Ziele glorifizierte. Daß der Zweck die Mittel heiligen sollte, war für Burke die größte aller Sünden, und er bezweifelte, daß der Sturz des alten Regimes wirkliche Freiheit bringen könne. Vielmehr würde unter dem Einfluß eines politisch ungebildeten, beliebig manipulierbaren Pöbels nur eine neue, weitaus schrecklichere Tyrannei gedeihen.

Die der Französischen Revolution folgende Zeit der Schreckensherrschaft verschaffte Burkes Thesen zusätzliche Anerkennung, sie forderten jedoch in den Kreisen der politisch Radikalen, in denen William Godwin sich bewegte, einigen Widerspruch heraus. Der populärste Gegner Burkes war Thomas Paine, ein aus den USA geflohener Quäker, Miederfabrikant, Erfinder, Geschäftsmann und Bankrotteur, dessen Schriften *Rights of Man: Being an Answer to Mr. Burke's Attack on the French Revolution* (1791) und *Common Sense* (1776) überaus erfolgreich waren und auf beiden Seiten des Atlantiks großen Einfluß ausübten. Paine forderte mit seinen griffigen Schlagworten einen demokratischen Republikanismus und trat für die Schaffung sozialer Einrichtungen ein. Er entwickelte den Begriff der unabdingbaren Menschenrechte, deren Durchsetzung auch Gewalt rechtfertigen würde.

Eine weitere Stimme, die sich resolut und leidenschaftlich gegen Burkes einflußreiches Pamphlet erhob, gehörte der Lehrerin und Übersetzerin Mary Wollstonecraft. Ihre »Antwort auf Burke«, *A Vindication of the Rights of Men* (1790), war eine der ersten idealistischen Gegenschriften zur konservativen Haltung und hellsichtigen Warnung Edmund Burkes.

William Godwin hatte die Schriften der Wollstonecraft noch nicht oder nur oberflächlich gelesen, als er sie im November 1791 zum ersten Mal traf. Es war anläßlich eines Abendessens mit Paine, dessen Ansichten Godwin lebhaft interessierten, und zwei weiteren Intellektuellen aus seinem Bekanntenkreis. Die Begegnung verlief ungünstig. Godwin hoffte auf erhellende Erläuterungen des »Erfinders« der Menschenrechte, Thomas Paine gab sich jedoch überaus einsilbig. Godwin mußte sich notgedrungen mit der sprunghaften Konversation Mary Wollstonecrafts zufriedengeben, die den besessenen Logiker offenbar wenig beeindruckte, wenn nicht sogar verärgerte. Bei aller Übereinstimmung in politischen Fragen der Zeit hatten die beiden doch eine fast gegensätzliche Lebenseinstellung und Argumentationsweise. Die zierliche junge Dame war leidenschaftlich, spontan in ihrem Urteil und liebte es, die großen Philosophen der Aufklärung wie Voltaire und Rousseau freimütig zu kritisieren, für die der ruhige, maßvolle und stets um Klarheit und Logik bemühte Godwin nur Lob und Bewunderung übrig hatte. Mary Wollstonecraft vertrat die Auffassung, daß solch eine unkritische Einstellung weder dem Gelobten noch dem Lobenden zum Vorteil gereichen könne. Unglücklich über den Verlauf des Gesprächs gingen sie auseinander. Nichts deutete auf die tiefe Zuneigung, die aus den Erinnerungen Godwins an seine spätere Ehefrau spricht.[13]

William Godwin strich die eigensinnige Dame und das mißlungene Abendessen aus seinem Gedächtnis und widmete sich weiter seinen literarischen und philosophischen Werken. Seine wichtigste Arbeit, *An Enquiry Concerning Political Justice*, erschien 1793. Dieser Text ist einer der frühsten theoretischen Darstellungen des Sozialismus und Anarchismus und war eine wichtige Grundlage für die sozialpolitischen Experimente von Robert Owen, der danach strebte, die bedrückenden Zustände in Fabriken und Arbeitersiedlungen zu verbessern. Das Buch konnte jedoch auch idealistische Schwärmer wie Godwins späteren Schwiegersohn Percy Bysshe Shelley begeistern. Einer der Begründer der romantischen Bewegung in England, William Wordsworth, soll einem Studenten empfohlen haben, seine Lehrbücher in den Müll zu werfen und *Political Justice* zu lesen.[14]

Nach Godwin basiert alles menschliche Handeln auf Vernunft, und da die Vernunft Güte und Nächstenliebe lehre, könnten vernunftbegabte Wesen ohne Gesetze und Institutionen auskommen und in Frieden zusammenleben. Für ihn ist der Mensch von Natur aus gut und zur Vervollkommnung fähig, alle Tugenden und Laster sind auf die Lebensumstände und die Erziehung zurückzuführen und somit formbar – eine Einstellung, die auf die Werke Jean-Jacques Rousseaus zurückgeht, die Godwin mit Begeisterung gelesen hatte. Basierend auf diesen Überlegungen verurteilte Godwin jede Form von Herrschaft, gesellschaftlichen Zwängen und

Pflichten, sozialer Ungleichheit und Besitz als unnatürliche Hemmnisse des Fortschritts, der den Menschen bis hin zur Unsterblichkeit führen könne.

William Godwins Attacke gegen Besitz, Aristokratie, Religion, staatliche Institutionen und den heiligen Stand der Ehe erschien seinen Zeitgenossen zwar als überaus radikal, aber auch als realitätsfern. William Hazlitt meinte einige Jahre später, Godwin hätte die moralischen Standards so hoch angesetzt, daß sie außerhalb der Reichweite des Menschen lägen.[15] Zudem wandte er sich stets gegen eine gewaltsame Umsetzung seiner Ideen und ging davon aus, daß seine gesellschaftliche Utopie sozusagen »automatisch«, aufgrund einer geradezu zwangsläufigen, notwendigen Entwicklung und ohne Revolution, Umsturz oder Zerstörung, verwirklicht werden würde. Entsprechend galt er der Regierung auch nicht als gefährlicher Agitator, und er entging der Verfolgung unter dem konservativen Premierminister William Pitt, der andere prominente Radikale ab 1792 zunehmend ausgesetzt waren. Angeblich soll der Premierminister William Godwins gelehrte Abhandlung über politische Gerechtigkeit, die eigentlich weiter ging als alles, was ähnlich denkende Personen geäußert oder publiziert hatten, mit den Worten kommentiert haben, daß ein Buch für drei Guineas niemals Schaden bei Leuten anrichten könnte, die nicht einmal drei Shilling in der Tasche hätten.[16]

Enge Freunde Godwins, wie Thomas Hardy, Thomas Holcroft, John Thelwall und John Horne Tooke, wurden hingegen im Mai 1794 unter Arrest gestellt und des Hochverrats angeklagt, einige Monate später jedoch wieder als unschuldig entlassen. Godwin hatte sich in einem Pamphlet, das im *Morning Chronicle* veröffentlicht wurde, für die Verhafteten eingesetzt.[17] Andere politische Querdenker hatten weniger Glück und wurden umstandslos in die Strafkolonie Botany Bay, Australien, verfrachtet.

In den folgenden Jahren schrieb William Godwin einige Romane, unter denen *Things As They Are; or, The Adventures of Caleb Williams* (1794) bis heute der bekannteste geblieben ist. Mary Shelley bezeichnete das Buch später als eines der besten Werke in englischer Sprache, und selbst Hazlitt, der den Philosophen Godwin in einem eher kritischen Licht betrachtete, bewunderte den Roman.[18]

Caleb Williams ist eine spannende Kriminalgeschichte, die gleichzeitig dazu diente, Godwins sozialphilosophische Thesen zu illustrieren und zu rechtfertigen. Wie der Autor in seinem Vorwort darlegte, sollte sein Roman beispielhaft zeigen, wie mächtige Mitglieder der Gesellschaft ihre Position gegenüber den Schwächeren und Unterprivilegierten auf bösartige Weise ausnutzen. Erzählt wird die Geschichte eines arroganten und tyrannischen Landadligen namens Tyrrel, der aus einer Laune heraus seinen Pächter in den Ruin treibt. Nach einer Konfrontation mit seinem idealistischen und gutherzigen Nachbarn Falkland wird Tyrrel ermordet aufgefunden. Falklands Sekretär Caleb Williams soll das Geheimnis um den Mord lüften, gerät jedoch im Lauf seiner Ermittlungen selbst in Verdacht und versucht die Bluttat seinem Vorgesetzten anzuhängen. Am Ende des Romans gelingt es Falkland, Caleb Williams ein Geständnis abzuringen.

Godwin nutzte die Fiktion als Anklage einer Justiz, die Menschen nach ihrer Klassenzugehörigkeit beurteilte, und zur Darstellung der unmenschlichen Zustände in englischen Gefängnissen. Tatsächlich ging er noch einen Schritt weiter, indem er die Stadt London mit all ihren Schlössern und Riegeln, den dicken Mauern und vergitterten Fenstern wie ein Gefängnis beschrieb. Die Gesellschaft selbst wird bei Godwin zu einer Institution, die von einer Haftanstalt nicht mehr zu unterscheiden ist. Er unterstrich seinen politischen Standpunkt durch Quellenbelege in Fußnoten, die zum Beispiel auf den populären *Newgate Calendar* und John Howards Studie über die Gefängnisse in England und Wales verwiesen.[19]

William Godwins spätere Romane – *St. Leon* (1799), *Fleetwood* (1805), *Mandeville* (1817), *Cloudesley* (1830), *Deloraine* (1833) – waren inspiriert durch den populärsten Autor jener Zeit, Sir Walter Scott, und verlegten die Handlung zum Teil in frühere Jahrhunderte, nicht ohne Verzicht auf sozialkritische Motive. Mary Shelley las die Bücher ihres Vaters mehr als einmal und bewunderte die »tiefe Kenntnis der menschlichen Natur«, die in diesen farbigen und spannenden Werken zum Ausdruck kommt.[20] Sie hatte eine besondere Vorliebe für *St. Leon: A Tale of the Sixteenth Century* – die Heldin des Romans ist gleichzeitig ein lebendiges Porträt ihrer Mutter, Mary Wollstonecraft. Godwin hatte sie im Januar 1796, nach ihrer Rückkehr aus dem revolutionären Paris, wiedergesehen. Entgegen ihrer beider Erwartungen nach jener unglücklichen ersten Begegnung vier Jahre zuvor nahm ihre Zuneigung füreinander mit jedem Zusammentreffen weiter zu. Die zahlreichen Schicksalsschläge, die Mary Wollstonecraft in den zurückliegenden Jahren erduldet hatte, dürften den Philosophen zusätzlich bewegt und für sie eingenommen haben. Wohl nicht ohne Grund verzichtete Godwin auf die Umsetzung seiner eigenen Thesen gegen die Institution der Ehe und heiratete die Autorin der *Verteidigung der Frauenrechte* im April 1797. Ihr gemeinsames Glück durfte nur wenige Monate andauern.

Mary Wollstonecraft wurde am 27. April 1759 geboren. Ihr Vater, Edward John Wollstonecraft, entstammte einer recht wohlhabenden Bürgerfamilie, konnte sein ererbtes Vermögen jedoch nicht lange halten und verlor viel Geld durch zweifelhafte Investitionen und Unternehmen. Mr. Wollstonecraft hatte einen widersprüchlichen, aufbrausenden Charakter und neigte zu plötzlichen Gewaltausbrüchen, konnte jedoch ebensogut liebevoll und zärtlich sein. Wenn er einen Wutanfall hatte, über dessen Ursprung man sich nie sicher sein konnte, wurde er gewalttätig und verprügelte seine aus Irland stammende Ehefrau Elizabeth. William Godwin beschrieb in der Biographie seiner Frau, *Memoirs of the Author of Vindication of the Rights of Woman* (1798), wie sich die tapfere kleine Mary zwischen ihren tobenden Vater und ihre weinende Mutter warf, um die brutalen Schläge abzufangen.

Marys Kindheit war geprägt durch häufige Umzüge der Familie und durch eine eher rustikale Umgebung in den ländlichen Gegenden vor London, wo ihr Vater versuchte einen landwirtschaftlichen Betrieb aufzubauen, ohne damit allzu große Erfolge zu verzeichnen. Für Mädchenspielzeug und Puppen hatte sie nur Verachtung übrig, und sie bevorzugte den wilderen Zeitvertreib ihrer drei Brüder, die, waren sie nur erst dem tyrannischen Auge des Vaters entflohen, die Wälder und Felder um den Hof der Familie unsicher machten.

Im Alter von sechzehn Jahren schloß Mary Wollstonecraft spontan Freundschaft mit der zwei Jahre älteren Frances Blood, die sie bei ihrem gemeinsamen Lehrer, einem Pfarrer aus der Nachbarschaft, kennengelernt hatte. Sie sollte fortan in ihrem Leben ein wichtige Rolle spielen. Fanny war eine vielseitig begabte junge Dame, deren schlechter Gesundheitszustand sie jedoch davon abhielt, an Marys Streifzügen teilzunehmen. Die beiden begannen einen Briefwechsel, der Mary Wollstonecrafts Interesse an Allgemeinbildung und Literatur weckte und ihr half, ihren Stil und ihre Ausdrucksfähigkeit zu verbessern.

1778 nutzte Mary die Gelegenheit der bedrückenden Enge ihres Elternhauses zu entkommen und diente einer Witwe als Gesellschafterin, doch mußte sie bald darauf zurückkehren, da ihre Mutter unheilbar krank wurde. Mary Wollstonecraft pflegte sie bis zu ihrem Tod im Jahr 1780.

In jener Zeit gab es für alleinstehende Frauen kaum Möglichkeiten, beruflich und finanziell unabhängig zu werden. Ungefähr ein Viertel aller berufstätigen Frauen arbeitete als Haushaltshilfe, im besten Fall als Gouvernante, viele arbeiteten als Verkäuferinnen, Straßenhändlerinnen und Wäscherinnen. Doch Mary Wollstonecraft gelang es, einige Jahre nach dem Tod ihrer Mutter, einen Plan in die Tat umzusetzen, den sie gemeinsam mit ihrer Freundin Fanny Blood ausgeheckt hatte: die Gründung einer Tagesschule. 1783 wurde sie in Islington eröffnet und einige Monate später nach Newington Green verlegt.

Ihre neue Unabhängigkeit und Tätigkeit als Lehrerin ermöglichte ihr neue Kontakte zu interessanten Persönlichkeiten wie Dr. Richard Price, der sich einen Namen als leidenschaftlicher Befürworter der Französischen Revolution machen sollte. In Newington Green traf sie auf Samuel Johnson, den exzentrischen Literaten und Philologen, der dank Boswells Biographie unvergessen ist, doch der Tod Johnsons im Jahr 1784 verhinderte weitere Begegnungen.

Die angeschlagene Gesundheit Fanny Bloods brachte ihr vielversprechendes Projekt in Gefahr und schien einen Klimawechsel ratsam zu machen – sie verließ die Schule, um sich im sonnigen Portugal, wo ihr Bruder George einen Sekretärsposten hatte, vom englischen Nebel und Nieselregen zu erholen. In Lissabon machte ihr ein irischer Gentleman einen Heiratsantrag. Mary Wollstonecraft machte sich Sorgen um ihre Freundin und reiste ihr einige Monate später hinterher, obwohl ihr dringend davon abgeraten wurde und sie sich das Geld für die Reise von Dr. Price leihen mußte. Ihr Aufenthalt in Lissabon war nicht von langer Dauer: Fanny erlitt eine Frühgeburt und starb am 29. November 1785 im Kindbett, nur acht Monate nach ihrer Hochzeit.

Während ihrer Abwesenheit hatten Mary Wollstonecrafts Schwestern die kleine Schule weitergeführt, sie erwies sich jedoch letztendlich nicht als profitabel genug und wurde kurze Zeit nach ihrer Rückkehr aus Portugal geschlossen. Ihre gewonnenen Erfahrungen als Lehrerin nutzte sie für ein Buch über die Erziehung von Töchtern, das vom Londoner Verleger John Johnson angenommen wurde und sich – vielleicht dank einer Mode vergleichbarer Ratgeber – als durchaus erfolgreich erwies. Bis 1787 arbeitete sie als Gouvernante der Töchter von Lord Kingsborough in Irland, gab die Stellung jedoch auf, um erneut nach London zurückzukehren. Dort besuchte sie den Verleger Johnson, um sich nach ihrem Buch *Thoughts on the Education of Daughters* zu erkundigen. John Johnson, der von der Intelligenz und Bildung der jungen Dame beeindruckt war, schlug ihr vor, für ihn als Übersetzerin und Lektorin zu arbeiten, eine Tätigkeit, die ihren intellektuellen Neigungen sehr entgegenkam und ihr zugleich erlaubte, mit den führenden liberalen Dichtern und Denkern jener Zeit zu verkehren. Sie übersetzte Bücher aus dem Holländischen, dem Französischen und dem Deutschen – unter anderem Johann Caspar Lavaters berühmtes Werk über die Physiognomie des Menschen.

1792 erschien Mary Wollstonecrafts Buch über die Frauenrechte: *A Vindication of the Rights of Woman*. Das Buch wurde zum Skandal, obwohl man es im Grunde weder als skandalös noch als radikal – selbst im Sinne der damaligen Zeit – bezeichnen kann. Anders als William Godwin griff die Autorin weder die staatlichen noch die kirchlichen Institutionen an. Sie sprach sich jedoch für eine gleichwertige und gemeinsame Erziehung der Geschlechter aus und begründete dies damit, daß Frauen mit mangelhafter Bildung den allgemeinen Fortschritt des Wissens und der Erkenntnis aufhalten und im Wege stehen würden. Des weiteren forderte sie freie Berufswahl für Frauen und Änderungen im Ehe-, Scheidungs- und Sorgerecht, da in der gegebenen Rechtsprechung Ehefrauen quasi zum Eigentum ihrer Männer degradiert wurden. Geschrieben wurden die Forderungen in einer Zeit, als Frauen der Zugang zu den Universitäten und Colleges verwehrt wurde und sie keinerlei politisches Mitspracherecht hatten. In der Ehe ging der gesamte Besitz der Frau auf den Mann über, und nach einer Scheidung, die in der Regel nur vom Ehemann eingereicht werden konnte, hatte sie keinerlei Sorgerecht für ihre eigenen Kinder. Dem weitverbreiteten Ideal der bescheidenen, demütigen, dekorativen und gehorsamen Hausfrau konnte man wohl auch ohne diese Rechte und ohne höhere Bildung gerecht werden. Doch Mary Wollstonecrafts einfache, klare und vernünftige Argumentation provozierte unangemessen heftige Gegenstimmen, die sie als Blasphemikerin, Amazone und Hure beschimpften. William Godwin schrieb später, daß ihre neugierigen Leser sich die Autorin als stämmiges, muskulöses, grobknochiges Mannweib vorstellten und einigermaßen überrascht waren, einer Dame zu begegnen, »die sich als liebenswert erwies und deren Auftreten im besten und einnehmendsten Sinne weiblich war.«[21]

Die französische Ausgabe ihres Buches über die Frauenrechte führte zu dem Plan, einige Wochen in Paris zu verbringen. Ihr Verleger John Johnson, der in London lebende Maler Heinrich Füssli und seine Frau hatten zunächst die Absicht, sie auf ihrer Reise zu begleiten, doch schließlich brach sie alleine auf und blieb keine Wochen, sondern mehrere Jahre.

Die Reise nach Paris erscheint wie eine Flucht. Godwin schrieb, daß ein Hauptgrund für Mary Wollstonecrafts übereilte Abreise ihre unglückliche Beziehung zu Füssli war. Der Schweizer Füssli hatte sich nach einem Studium in Rom in London niedergelassen, wo er sich zunächst als Übersetzer durchschlug und bald große Erfolge als Künstler und Illustrator feierte, dessen wilde und kraftvolle Umsetzung literarischer Themen und Figuren großen Einfluß auf die Dichter der Romantik ausübte. Mary Wollstonecraft hatte eine obsessive Leidenschaft für den verheirateten Maler entwickelt, der ihr jedoch die kalte Schulter zeigte. Da die beiden in denselben Gesellschaftskreisen verkehrten, war es so gut wie unmöglich, sich gegenseitig aus dem Weg zu gehen, und die Konfrontation mit ihren unerfüllbaren Wünschen empfand sie bald als Quelle unablässiger Pein.[22]

In Paris stürzte sie sich in eine andere Affäre, die ihr ebenfalls wenig Glück und viel Leid einbringen sollte. William Godwin gelingt es, in der Biographie seiner Frau mit einfachen Worten begreifbar zu machen, was Mary Wollstonecraft in ihren Beziehungen erlebt und erlitten hat: »Es gibt Menschen, die, ohne hartherzig und gefühllos zu sein, aufgrund einer geschmeidigen und heiteren Geisteshaltung stets auf die Zukunft setzen und die, nachdem sie auf die Nase gefallen sind, sofort wieder aufstehen, um ihren Weg mit demselben Fleiß, derselben Hoffnung und derselben Fröhlichkeit fortzusetzen. Andererseits begegnen wir auch nicht selten Personen, die über die feinste und empfindsamste Sensibilität verfügen, deren Geist ein beinahe zu zartes Gewebe ist, um den Wechselfällen des menschlichen Lebens standzuhalten, für die Vergnügen Ekstase bedeutet und Enttäuschung unaussprechliche Qual. Ein solcher Charakter wird in *Die Leiden des jungen Werther* vorzüglich porträtiert. Mary war in dieser Hinsicht ein weiblicher Werther.«[23]

Nach einigen tristen Monaten in Paris lernte Mary Wollstonecraft im Haus einer Bekannten den amerikanischen Geschäftsmann Gilbert Imlay kennen. Imlay war ein mittelloser Abenteurer, ein Veteran des Unabhängigkeitskrieges und ein Frauenheld von zumindest zweifelhaftem Charakter. Miss Wollstonecraft verliebte sich in ihn und nahm seinen Namen an, um einer Anordnung des Konvents zu entgehen, sämtliche in Frankreich weilende Engländer zu verhaften. Eine »echte« Heirat wurde von beiden aus finanziellen Gründen ausgeschlossen, doch ein einfaches Zertifikat der amerikanischen Gesandtschaft genügte, sie vor Übergriffen zu schützen.

Einige Monate lang war Mary Wollstonecraft vollkommen glücklich. Im September ließ Imlay seine schwangere Geliebte in Paris zurück, um in Le Havre Geschäfte zu erledigen. Vergeblich wartete sie auf seine Rückkehr. Als sie nichts mehr von ihm hörte und die Lage in der Hauptstadt immer bedrohlicher, die öffentlichen Hinrichtungen unter Robespierre immer häufiger und willkürlicher wurden, reiste sie dem Amerikaner hinterher, der sie verwundert, aber freundlich aufnahm. Eine Zeitlang lebten sie friedlich in Le Havre. Am 14. Mai 1794 wurde ihre Tochter geboren und nach ihrer Jugendfreundin Frances getauft. Wieder war das Glück nicht von langer Dauer: Gilbert Imlay begab sich im September nach London und bat Mary, in Paris auf ihn zu warten – die Schreckensherrschaft war im Juli mit dem Sturz und der Hinrichtung Robespierres beendet worden. Im April des nächsten Jahres schickte Imlay ihr einen Diener, der sie zurück nach London begleiten sollte. Dort mußte sie erfahren, daß Imlay mit einer jungen Schauspielerin zusammenlebte. Mary Wollstonecraft klammerte sich an die Illusion ihrer großen Liebe und glaubte den fadenscheinigen Entschuldigungen Imlays. Um seine geschäftlichen Unternehmungen zu unterstützen, reiste sie in seinem Namen nach Norwegen und fand ihn bei ihrer Rückkehr Arm in Arm mit einer neuen Geliebten. Verzweifelt versuchte sie ihrem Leben ein Ende zu setzen und sprang von einer Brücke. Wahrscheinlich verhinderte ihr glockenförmiger Reifrock und das zugehörige Gestell aus Walbein, daß sie unterging, und sie wurde eine kurze Strecke stromabwärts bewußtlos aus dem Wasser gezogen und gerettet. Endlich schien sie bereit, ein neues Leben zu beginnen – aber nicht ohne Gilbert Imlay. Es brauchte weitere hoffnungsvolle Begegnungen und bittere Enttäuschungen, bis sie bereit war, ihre Beziehung endgültig aufzugeben. Jede Person in ihrem Freundeskreis wußte über Imlays Eskapaden Bescheid, doch duldete sie bis zu ihrem Lebensende nicht, daß man schlecht von ihm sprach.[24]

Im Frühjahr 1796 veröffentlichte Mary Wollstonecraft mit großem Erfolg ihre Reisebriefe aus Schweden, Norwegen und Dänemark[25] und erneuerte ihre Bekanntschaft mit Godwin, der in Somers Town, nicht weit von ihrem neuen Zuhause in der Cummingstreet, Pentonville, wohnte. Die beiden heirateten im März 1797 in der St. Pancras Church, London, nachdem Mary Wollstonecraft nach mehreren heimlichen Zusammenkünften schwanger geworden war. Obwohl Godwin Vorbehalte gegen die Institution der Ehe hegte, wußte er natürlich, wie wenig seine Theorien und Ideale in der wirklichen Gesellschaft galten und wie schwierig das Leben für eine alleinstehende Frau mit zwei unehelichen Kindern sein würde, die noch dazu von zwei verschiedenen Männern stammten.

Mary Wollstonecraft genoß ihren neuen Status als Mrs. Godwin in Somers Town, sie ging jedoch weiterhin ihren eigenen Interessen nach, pflegte ihre Bekanntschaften und begann an einem neuen Roman zu arbeiten. Glücklich beobachtete sie die wachsende Zuneigung ihrer drei Jahre alten Tochter Fanny zu ihrem Mann und seine Sorge um das ungeborene Kind.

Die Geburt am 30. August 1797 verlief problematisch, doch schien es zunächst, als ob Mutter und Kind sich bald wieder erholen würden. William Godwin beschrieb später ausführlich die Ängste, die er durchlebte, während es seiner Frau erst besser, dann immer schlechter ging. Die Bemühungen der Ärzte waren vergebens. Mary Wollstonecraft starb am 10. September an Kindbettfieber, ihre neugeborene Tochter überlebte. Godwin schrieb in seinen Erinnerungen: »Den Verlust der Welt an dieser bewundernswerten Frau sollen andere beurteilen, den meinen kenne ich nur zu gut.«[26]

Mary Godwin und Percy B. Shelley
1797–1814

MARY WOLLSTONECRAFT SHELLEY

»Meine Träume gehörten mir allein.«
Aus dem Vorwort von *Frankenstein*

Es ist nichts besonderes, daß ich als Tochter zweier Personen von beträchtlichem literarischen Ansehen schon frühzeitig in meinem Leben auch selbst ans Schreiben dachte. Schon als Kind kritzelte ich vor mich hin, und in meiner freien Zeit war es eine meiner Lieblingsbeschäftigungen, ›Geschichten zu schreiben‹. Doch es gab ein noch größeres Vergnügen für mich, und zwar, wenn ich Luftschlösser baute, in Wachträume eintauchte und Gedankenketten folgte, in denen sich Geschehnisse meiner Vorstellungen zu einem Handlungsablauf gestalteten. Meine Träume waren zugleich phantastischer und auch angenehmer als meine Schreibversuche. In diesen war ich lediglich Nachahmerin und schrieb wie andere, statt den Eingebungen meines Geistes zu folgen. Was ich aufschrieb, war für wenigstens einen Leser bestimmt: der Freundin und Gefährtin meiner Kindheit. Meine Träume gehörten jedoch mir allein.«[27]

Der Inhalt dieser Träume bleibt ebenso im dunklen wie die Identität der »Freundin und Gefährtin«. Viel mehr als die knappen Schilderungen Mary Shelleys aus der Einleitung zur dritten Neuausgabe ihres Romans *Frankenstein* ist über ihre frühe Kindheit nicht überliefert. Ihre Tagebücher und die erhaltene Korrespondenz beginnen im Jahr 1814 mit ihrer Flucht aus dem Elternhaus und ihrer ersten Reise in die Schweiz. Unter welchen Bedingungen sie aufwuchs, läßt sich allerdings fragmentarisch aus den Briefen ihres Vaters und aus Bemerkungen seiner Freunde erschließen.[28]

William Godwin unterrichtete seine Tochter Mary und seine Stieftochter Fanny selbst. Offenbar war er ein hingebungsvoller, aber strenger Lehrer, der seinen Schülerinnen einiges abverlangte – sowohl in bezug auf Inhalte als auch in moralischer Hinsicht. Entsprechend seinen eigenen theoretischen Arbeiten vermittelte er eine Vorstellung von Tugend, die sich an der stoizistischen Philosophie orientierte und den selbstlosen Einsatz für das Wohl der Mitmenschen in den Mittelpunkt und über persönliche Wünsche, Gefühle und Sehnsüchte stellte. Als Unterrichtshilfe verfaßte er einige Bücher mit Fabeln und Geschichtsbeschreibungen, die später in seiner Verlagsbuchhandlung veröffentlicht wurden. Nach einer unbewiesenen Legende lernte Mary schon früh ihren Namen zu schreiben, indem sie mit dem Finger die Inschrift am Grabe ihrer Mutter, das sie fast täglich besuchte, verfolgte. Godwins schwierige Lektionen meisterte sie mit Fleiß und Geschick. Ihr Vater bewunderte ihre wache Intelligenz und Wißbegier, die Eigenschaften Fannys schilderte er hingegen in einem weniger günstigen Licht, allerdings ohne ihr ihren Mangel an Talenten und ihre Durchschnittlichkeit wirklich zum Vorwurf zu machen. Das blasse Bild, das Godwin von seiner Stieftochter entwirft, wirkt jedoch wie ein erster Hinweis auf ihr künftiges Schicksal. Das Gefühl, seinen gut gemeinten, aber immens hohen Ansprüchen nicht gerecht werden zu können, war wohl schwerer zu ertragen als jede Strafe oder Zurechtweisung.

Die ersten Jahre nach dem Tod Mary Wollstonecrafts kümmerte sich Louise Jones, eine Freundin von Godwins Schwester Harriet, gelegentlich auch sein Sekretär James Marshall, um die Kinder. Miss Jones hätte den Philosophen gerne geheiratet. Dieser machte zwei oder drei Damen aus seinem Bekanntenkreis Heiratsanträge, die jedoch abgelehnt wurden. Am 21. Dezember 1801 heiratete Godwin eine junge Witwe, Mary Jane Vial Clairmont, die er nur wenige Monate zuvor kennengelernt hatte. Sie hatte sich förmlich in sein Leben gedrängt und ihm vom Balkon des Nachbarhauses aus zugerufen, wie sehr sie den »berühmten Autor« bewundere. Dennoch war es zunächst wohl eher eine Zweckgemeinschaft als eine Liebesheirat. Die neue Mrs. Godwin war bei den Freunden ihres Mannes unbeliebt, da sie diese, ohne daß Godwin etwas davon ahnte, an der Haustüre unter fadenscheinigen Vorwänden abzuweisen pflegte. Charles Lamb, der ihr gerne harmlose Streiche spielte, nannte sie in seinen Briefen nur »that bitch«, d. h. »diese Schlampe«, und die ständigen Vergleiche mit Mary Wollstonecraft, deren Grundsätze zur Erziehung von Töchtern sie keinerlei Aufmerksamkeit schenkte, fielen nicht gerade zu ihren Gunsten aus.

Sie brachte zwei Kinder mit in die Ehe, ihren Sohn Charles und ihre Tochter Clara Mary Jane, die sich später »Claire« nennen ließ. 1803 bekamen sie und Godwin einen Sohn, der nach dem Vater William getauft wurde.

Mary und Fanny litten unter dem neuen, weitaus strengeren Regiment der Stiefmutter, die ihre leiblichen Kinder bevorzugte, doch auch in früheren Jahren hatte sich der Dichter Samuel Coleridge über die »leichenhafte Stille« in Godwins Haus gewundert, die ihm im Vergleich zu anderen Familienverhältnissen ziemlich »katakombisch« vorkam.[29] William Godwin verlangte von seinen Kindern Disziplin und Ruhe, während er sich mit wechselndem Erfolg verschiedenen literarischen Projekten widmete. Sein Roman *St. Leon* über einen französischen Adligen, der in Besitz des legendären Steins der Weisen gerät und durch dieses Wundermittel der Alchimie nichts als Unheil sät und Zwietracht stiftet, wurde gern gelesen und 1799 auf der Leipziger Buchmesse ausgestellt. Sein ehrgeizigstes Unternehmen, das Theaterstück *Antonio*, das er selbst für sein gelungenstes Werk hielt, fiel hingegen beim Londoner Publikum durch und erntete nichts als Hohn und Spott. In dem Stück ermordet ein junger Spanier seine Schwester, die gegen den Willen ihrer Familie heiratet. Selbst Godwins gutmütiger Freund Charles Lamb, der bei der Produktion des Stückes tatkräftig mitgeholfen hatte, hielt es insgeheim für unglaubwürdig und langweilig.

Der von seinen Zeitgenossen als Essayist geschätzte Charles Lamb arbeitete als Sekretär für die East India Company und lebte mit seiner Schwester Mary Ann zusammen, die sein literarisches Interesse teilte. Lamb war aber nur einer unter zahllosen Intellektuellen, Dichtern, Philosophen, Politikern, Literaten und Journalisten, die bei den Godwins ein und aus gingen. Samuel Coleridge, dessen gemeinsam mit William Wordsworth herausgegebene Anthologie *Lyrical Ballads* die romantische Bewegung in England begründete, wohnte eine Zeitlang bei seinem Schulfreund Lamb, um an einer Übersetzung von Schillers *Wallenstein* zu arbeiten. Er war seit langem mit Godwin befreundet, dem er bereits in jungen Jahren eines seiner Sonette gewidmet hatte, besuchte ihn häufig und versäumte in seinen Briefen nie, die kleine Mary und ihre Stiefschwester Fanny zu grüßen. Die Kinder hatten sich eines

Abends hinter dem Sofa versteckt und heimlich gelauscht, als der Dichter nach einem Abendessen bei den Godwins seine metaphysische Ballade *The Rime of the Ancient Mariner* vortrug. Mrs. Godwin entdeckte die Kleinen und wollte sie unter lautstarkem Protest ins Bett stecken, doch Samuel Coleridge, der für das begeisterungsfähige Publikum dankbar war, setzte sich wortgewandt für sie ein. Mary behielt eine Vorliebe für Coleridges Werk: In *Frankenstein* wird er als »phantasievollster unter den modernen Dichtern« bezeichnet.[30]

Politische Themen der Zeit, die in den Gesprächen der Gäste eine wichtige Rolle spielten, waren wohl die Kriege gegen Napoleon, die wachsende Staatsverschuldung, der übermächtige Einfluß des Adels und der Landbesitzer im Parlament, die durch verordnete Anhebung der Nahrungsmittelpreise verursachten Hungersnöte, die zunehmende Arbeitslosigkeit durch die Industrialisierung, die 1811 und 1812 in den Aufständen der Maschinenstürmer resultieren sollte. Die Hoffnungen der politischen Radikalen richteten sich zunehmend auf fernere Horizonte und utopische Konzepte, wie die von Coleridge und seinem Freund Robert Southey geplante »Pantisokratie«, eine egalitäre Kommune in Neuengland, die jedoch nie verwirklicht und noch Jahre später von Lord Byron in seinem *Don Juan* verspottet wurde.

1805 gründete William Godwin unter dem Namen seiner Frau den Kinderbuchverlag M. J. Godwin & Co., ein Unternehmen, das sich zunächst als recht profitabel erwies. Charles Lamb schrieb für den Verlag gemeinsam mit seiner Schwester die Stücke Shakespeares zu kindgerechten Erzählungen um, ärgerte sich dann aber unmäßig über die von Mrs. Godwin gewählten Illustrationen, die zuweilen gar nichts mit dem Text zu tun hatten.

Inzwischen waren Familie und Verlag in die Skinner Street 41, London, umgezogen. Neben einigen Kinderbüchern, die Mrs. Godwin, die keineswegs ungebildet war, selbst aus dem Französischen übersetzte, erschien 1808 bei Godwin & Co. die satirische Ballade *Mounseer Nongtongpaw; or the Discoveries of John Bull on a Trip to Paris*, an welcher die gerade elfjährige Mary angeblich mitgearbeitet haben soll. Als Vorlage diente das gleichnamige Spottlied von Charles Dibden aus dem Jahr 1796. Es schildert die Erlebnisse eines arroganten Engländers in Paris, der sich weigert, Französisch zu lernen. »Je vous n'entends pas« – d. h. »Ich verstehe Sie nicht« – wird von ihm immer wieder als der Name seines jeweiligen Gesprächspartners, »Nongtongpaw«, mißverstanden. Bislang wurde die Ballade immer als Frühwerk Mary Shelleys bezeichnet, doch scheint dies auf eine fehlerhafte Transkription einer Notiz Godwins zurückzugehen: Marys erste, vom Vater gelobte Schreibversuche wurden fälschlicherweise mit *Mounseer Nongtongpaw* identifiziert.[31] Auf jeden Fall war das Büchlein recht erfolgreich, erlebte vier Auflagen in England und wurde auch in den USA veröffentlicht.

Im Sommer des Jahres 1812 wurde Godwin von seinem Hausarzt geraten, seine Tochter Mary ans Meer zu schicken, da die frische Seeluft ihrer Gesundheit und ihrer Konstitution zuträglich sein würde. Möglicherweise hatte sie sich am Arm verletzt – zumindest schreibt Godwin über diesbezügliche Behandlungsanweisungen des Arztes. William Thomas Baxter aus Dundee, Schottland, ein Bewunderer Godwins, erklärte sich bereit, das fünfzehnjährige Mädchen für ein paar Wochen aufzunehmen. Er hatte fünf Töchter und einen Sohn, Robert, der mit Godwins Stiefsohn Charles Clairmont befreundet war. Godwin hoffte, die Reise würde zur »Stärke und zum Wert« von Marys Charakter beitragen, und er schrieb an Baxter, daß sie zu mehr Fleiß angetrieben werden sollte: »Gelegentlich verfügt sie über große Ausdauer, aber manchmal muß man sie auch etwas aufrütteln.«[32]

Wer sich darüber wundert, daß Godwin seine Tochter in einen Dampfer nach Schottland setzte und einem Mann anvertraute, den er selbst nicht besonders gut kannte, der lese die pädagogischen Abschnitte in seinem theoretischen Hauptwerk, *Political Justice*. In der dritten überarbeiteten Auflage schreibt Godwin: »Es ist bedeutungslos, daß ich der Elternteil eines Kindes bin, sobald festgestellt wird, daß das Kind größeren Nutzen daraus zieht, unter Aufsicht eines Fremden zu leben.«[33]

Mary Godwin genoß – wie sie später in ihrer Einleitung zu *Frankenstein* schrieb – den Aufenthalt am »kahlen, öden Nordufer des Tay in der Nähe von Dundee« und ihre Ausflüge in die »reizvollen Gegenden« Schottlands. Insbesondere freute sie sich, der beengenden Einflußsphäre Mrs. Godwins entkommen zu sein. Schnell hatte sie Freundschaft mit den Baxter-Töchtern Isabel und Christina geschlossen, verbrachte aber auch viel Zeit allein, mit Lesen und Schreiben und Tagträumen: »Dort, unter den Bäumen nahe unserem Haus oder auf den gebleichten Felsen der baumlosen, nahen Berge, wurden meine wahren Erfindungen, die luftigen Gestalten meiner Vorstellungskraft, geboren und aufgezogen. Ich machte nicht etwa mich selbst zur Heldin meiner Geschichten. Das Leben erschien mir, was mich selbst betraf, als eine banale Angelegenheit. Ich konnte mir nicht vorstellen, daß romantische Leiden oder wunderbare Begebenheiten jemals mein eigenes Los werden könnten. Doch meine Phantasie war nicht auf meine Person beschränkt, ich konnte sie mit Geschöpfen bevölkern, die mir in jenem Alter weit interessanter erschienen als meine eigenen Gefühle.«[34]

Am 10. November kehrte Mary in Begleitung von Christy Baxter nach London zurück. Sie blieben beide bis zum Juni 1813, dann reisten sie erneut nach Dundee, wo Mary bis zum März des nächsten Jahres blieb. Am 11. November 1812 hatte sie die Gelegenheit, einen begeisterten Leser von Godwins *Political Justice* kennenzulernen, der dem Autor, den er bereits für tot und begraben gehalten hatte, seine Aufwartung machte: Percy Bysshe Shelley und seine Frau Harriet Westbrook besuchten den Verlag in der Skinner Street. Es ist jedoch nicht überliefert, ob Mary Godwin und der frischvermählte und bereits von einigen dunklen Skandalen umwitterte Shelley sich tatsächlich an jenem Tag getroffen haben und welchen Eindruck sie aufeinander machten. Da Shelley seine Besuche wiederholte, waren weitere Begegnungen unvermeidlich, und es ist nicht unwahrscheinlich, daß in den Träumereien des phantasievollen und lebhaften Mädchens bald eine neue »luftige Gestalt« die Bühne betrat. In Shelleys Briefen aus jener Zeit wird sie jedoch mit keinem Wort erwähnt.

Percy B. Shelley hatte schon seine Jugendliebe Harriet Grove mit Zitaten aus dem theoretischen Werk William Godwins so weit verunsichert, daß sie ihre Beziehung löste und einen gänzlich unintellektuellen Landbesitzer aus der Nachbarschaft heiratete. Nach ihrem letzten ernüchternden Brief schloß sich Shelley in sein Studentenzimmer in Oxford ein, legte eine geladene Pistole und einige Giftfläschchen auf den Nachttisch und grübelte, auf welche Weise er eindrucksvoll aus dem Leben scheiden sollte. Am nächsten Morgen kam er zu dem Schluß, sein gewaltsames Ableben könnte seinen geliebten Schwestern Sorge bereiten – so gab er seinen blutigen Plan auf und legte die tödlichen Werkzeuge beiseite, um sich interessanteren Dingen zu widmen.

Seine Interessen waren überaus vielfältig: Von Kindesbeinen an hatte er eine Vorliebe für spektakuläre wissenschaftliche Experimente, mit denen er seine Schwestern zu erschrecken pflegte. Die obskuren Schriften mittelalterlicher Alchimisten faszinierten ihn ebenso wie die Werke der Naturwissenschaftler seiner Zeit. Er las Albertus Magnus, Paracelsus, Plinius, Buffon und Erasmus Darwin (Charles Darwins Großvater) in ungeordneter Reihenfolge. Ohne Schwierigkeiten lernte er die klassischen und modernen Sprachen, und er las die Klassiker der Antike neben Milton und Shakespeare, bis hin zu den wichtigsten zeitgenössischen Dichtern, den Naturmystiker Wordsworth, den Metaphysiker Coleridge und Robert Southey, der sich bevorzugt mit historischen und folkloristischen Themen beschäftigte. Natürlich verschlang Shelley auch die modischen Schauerromane von Charlotte Dacre, Ann Radcliffe, Horace Walpole, M. G. Lewis und deren amerikanischem Pendant, Charles Brockden Brown. Diese Lektüre brachte ihn wohl auf die Idee, selbst einen Roman dieses Genres zu schreiben. *Zastrozzi*, der 1810 erschien, als Shelley noch die Schulbank in Eton drückte, ist eine morbide Geschichte über die tödlichen Intrigen eines schurkischen Atheisten. Erst ganz am Schluß wird das Geheimnis Zastrozzis gelüftet: Er hatte seiner Mutter am Totenbett geschworen, an ihrem treulosen Liebhaber und dessen Familie Rache zu üben ... Noch im selben Jahr veröffentlichte Shelley seine zweite »gothic novel«, *St. Irvyne; or, the Rosicrucian*, ein bizarrer Roman, der seine Vorliebe für alchimistische Geheimnisse dokumentiert: Ein junger, von seiner Familie verstoßener Adliger namens Wolfstein schließt sich einer Räuberbande an und begeht einer schönen Frau zuliebe allerlei Morde. Er trifft den Alchimisten Ginotti, der von der Idee des ewigen Lebens besessen ist. Ginotti schließt einen Pakt mit dem Teufel, der ihm ewiges Leben gewähren will, wenn er Wolfstein dazu bringen kann, die Existenz Gottes zu leugnen. Einige Motive des Romans – die Alpen und Genf als Handlungsorte, das Monster, das Ginotti im Traum erblickt, die Besessenheit des Alchimisten – erinnern ein wenig an Mary Shelleys *Frankenstein*, ohne jedoch dessen Spannung und Faszination zu erreichen.[35]

Politisch sympathisierte Shelley mit den Radikalen, den Republikanern, den Verteidigern der Französischen Revolution, und er haßte von ganzem Herzen alles, was er im weitesten Sinne als »tyrannisch« betrachtete. Die Theorien Godwins, den er als »Regler und Former«[36] seines Verstandes bezeichnete, nahm er sehr ernst, und er sehnte sich im Gegensatz zu dem älteren Autor danach, sie in einer neuen Gesellschaftsordnung Wirklichkeit werden zu lassen. Die Resignation, die sich in der ersten Generation der englischen Romantik breitmachte, und ihr zunehmender Rückzug ins Private waren für den jungen Shelley ein unverständliches Ärgernis.

Percy B. Shelley, geboren am 4. August 1792, war der Enkel und Alleinerbe eines reichen Großgrundbesitzers aus West Sussex. Seine Mutter, Elizabeth Pilfold Shelley, brachte ihrem einzigen Sohn und seiner frühreifen Vorliebe für Literatur, Philosophie und Wissenschaft nur wenig Sympathie entgegen. Sein Vater, Timothy Shelley, hatte einen guten Ruf als Friedensrichter. Er war ein durchaus liberal gesinnter Anglikaner, der allerdings die offene Verachtung, die sein Sohn schon in jungen Jahren gegenüber Kirche, Staat und althergebrachten Traditionen zur Schau stellte, mit vollkommenem Unverständnis betrachtete. Sein größter Fehler war wohl, daß er nicht erkannte, mit welcher unbeirrbaren Ernsthaftigkeit sich Percy Shelley mit politischen und religiösen Thesen auseinandersetzte und wie unmöglich es ihm schien, sich äußerlich zu Vorstellungen zu bekennen, die er innerlich zutiefst verabscheute.

Falls der wohlmeinende Vater dachte, die strenge Zucht der Privatschule würde seinem Sohn den Kopf zurechtrücken, wurde er alsbald enttäuscht. Percy Shelley besuchte zunächst die Syon House Academy, ein Internat in Isleworth, ab 1804 war er Schüler in Eton. Die dortige Erziehung beinhaltete die pädagogisch fragwürdige Methode, den älteren Schülern Kinder aus den unteren Klassenstufen als Diener zuzuteilen. Diese sogenannten »fags« mußten für ihre Herren die Schuhe putzen, die Betten machen, allerlei Gelegenheitsdienste leisten und waren nicht selten sadistischen Grausamkeiten ausgesetzt. Mary Shelley beschrieb die obligatorischen Demütigungen in Eton in einer ihrer Erzählungen: »Denkt an die westindische Sklaverei! Ich hoffe, die Dinge haben sich inzwischen zum Besseren gewandt; in meiner Zeit mündeten die verzärtelten Jahre einer aristokratischen Kindheit in einer launenhaften, unerbittlichen, grausamen Knechtschaft, die weit über den maßvollen Despotismus Jamaikas hinausging.«[37]

Percy Shelley verweigerte sich diesem System, das er als abnorme Ungerechtigkeit empfand. Bald hatte er sich einen Namen als verrückter Einzelgänger verschafft, der sportliche Aktivitäten mied und sich lieber hinter Büchern verschanzte, wenn er nicht gerade Papierschiffchen vom Stapel ließ oder über seinen wissenschaftlichen Experimenten grübelte. Einmal versuchte er sich sogar als Geisterbeschwörer, mit dem Erfolg, daß er sich die ganze Nacht über von den schattenhaften Wesen verfolgt fühlte, die er gerufen hatte.[38] »Mad Shelley«, wie er bald genannt wurde, konnte jedoch durchaus rabiat und gefährlich werden, sobald ihn jemand beleidigte oder körperlich attackierte. Sehr früh begann er kleine Gedichte in ein Notizbuch zu schreiben, und er korrespondierte mit seiner schönen Cousine Harriet, die er als seine heimliche Verlobte ansah.

Nach dem Abschluß in Eton im Juli 1810 verbrachte er einen letzten glücklichen Sommer im Kreise seiner Schwestern. Einen schmalen Gedichtband, der neben eigenen Werken auch Arbeiten seiner Lieblingsschwester Elizabeth enthielt, wurde im September unter dem Titel *Original Poetry by Victor and Cazire* veröffentlicht, kurz darauf jedoch zurückgezogen.

Im Herbst begleitete Timothy Shelley seinen Sohn nach Oxford, wo dieser sich am University College als Student einschrieb. Shelley war glücklich: Er genoß die neuen Freiheiten des Studentenlebens in vollen Zügen, besuchte den Unterricht und die Vorlesungen, wenn es ihm gerade paßte, und widmete sich seinen eigenen Studien und literarischen Übungen. Er hatte ein eigenes Zimmer, in dem bald ein Chaos aus Büchern, Wäsche, Papieren, wissenschaftlichen Apparaturen und diversen Substanzen für seine chemischen Experimente herrschte. Er freundete sich mit Thomas Jefferson Hogg an, dem Sproß einer konservativen und streng religiösen Familie, der Shelleys Vorliebe für tiefgründige und weitschweifige Diskussionen teilte, ohne jedoch dessen zuweilen ans Besessene grenzende Ernsthaftigkeit zu besitzen. Hogg war in der Lage, die philosophischen und sozialphilosophischen Theorien aus einer gewissen ironischen Distanz zu betrachteten, während Shelley in seinen Briefen an Harriet zeigte, wie wörtlich er die radikalen Ideen Godwins und älterer Autoren der Aufklärung auslegte. Gemeinsam arbeiteten sie an einer Überprüfung sämtlicher Beweise der Existenz Gottes und veröffentlichten das Ergebnis anonym unter dem Titel *The Necessity of Atheism*. Das Pamphlet über die »Notwendigkeit des Atheismus« wurde zum Skandal. Shelley und Hogg wurden vor den Rektor zitiert, sie weigerten sich aber hartnäckig, Fragen bezüglich der Autorschaft der Streitschrift zu beantworten. Die beiden Studenten wurden relegiert, ihr ketzerisches Werk auf Anordnung eines Geistlichen verbrannt: »Mein lieber Vater«, schrieb Shelley, »zweifellos haben Sie von meinem Mißgeschick und dem meines Freundes Hogg gehört. Ich bedaure es sehr, der Vorteile beraubt zu sein, die mir Oxford geboten hat. Ich empfinde noch größeres Bedauern, wenn ich das lebhafte Mitgefühl bedenke, das Sie immer für meine Irrtümer und Sorgen aufbrachten und das nun, so fürchte ich, sehr erschüttert sein muß. Der Fall liegt so: Sie wissen wohl, daß mich ein vernünftiger Gedankengang und nicht irgendeine Lasterhaftigkeit dazu geführt hat, der [Heiligen] Schrift nicht zu glauben. Diesen Gedankengang haben ich und mein Freund verfolgt. Zu unserer Überraschung haben wir herausgefunden (obwohl es merkwürdig erscheinen mag), daß die Beweise für die Existenz Gottes, soweit wir sie untersucht hatten, fehlerhaft waren.«[39]

Natürlich wußte Shelley, daß er mit seinem Pamphlet auch die festen religiösen Grundsätze seines Vaters in Zweifel zog. Der maßgebliche Gottesbeweis jener Zeit, an dem auch Timothy Shelley festhielt, stammte aus dem Werk des Theologen William Paley, der von der Komplexität der in der Natur vorkommenden Formen auf die Notwendigkeit eines intelligenten und planenden Schöpfergeistes schloß. In *The Necessity of Atheism* wird hingegen argumentiert, es wäre vernünftiger anzunehmen, das Universum würde seit einer Ewigkeit existieren, als sich ein Wesen vorzustellen, das in der Lage wäre, es zu erschaffen.[40] Damit rüttelte der Text an einem Glaubenssystem, das damals als überaus modern, fortschrittlich und wissenschaftlich galt und noch in der zweiten Hälfte des 19. Jahrhunderts zur Argumentation gegen die Evolutionstheorie Charles Darwins verwendet wurde.

Shelley beschwerte sich bei seinem Vater darüber, daß die Gelehrten von Oxford nicht einmal den Versuch unternommen hätten, seine und Hoggs Beweisführung zu widerlegen. Seiner Ansicht nach waren sie überhaupt nicht dazu fähig und verwiesen ihn von der Universität, um die Schwäche ihrer eigenen Standpunkte zu übertünchen. Auf diese scharfsinnige Weise erklärte er die persönliche Katastrophe zum Triumph über seine »tyrannischen« und »inquisitorischen« Lehrer. Timothy Shelley ging nicht auf diese Rechtfertigungen ein. »Frevelhaft!« notierte er auf dem Deckblatt des Briefes.[41]

Schon vor diesen Ereignissen hatte es Spannungen zwischen Shelley und seinem Vater gegeben. Ein Grund dafür waren seine radikalen politischen und religiösen Positionen in seinen bislang veröffentlichten Texten und in seinen Briefen an seine Cousine Harriet, die das verwirrte Mädchen Timothy Shelley vorgelegt hatte. Percy B. Shelleys Weigerung, seine Positionen zumindest dem Anschein nach aufzugeben, um seiner eigenen Karriere und dem Ansehen der Familie nicht zu schaden, vergrößerte die Kluft zwischen Vater und Sohn, bis sie für beide Seiten unüberwindbar schien.

Shelley verließ Oxford und mietete gemeinsam mit Hogg eine kleine Wohnung in London, in der Poland Street. Die beiden blieben nicht lange zusammen. Hogg hatte über die Vermittlung seines nicht sonderlich nachtragenden Vaters eine Stellung bei einem Rechtsanwalt in York in Aussicht gestellt bekommen und nahm sie dankbar an. Shelley blieb allein und mittellos zurück. Er besuchte häufig seine beiden jüngeren Schwestern, Elizabeth und Hellen, die in einem Internat für junge Mädchen in Clapham untergebracht waren. Deren beste Freundin, Harriet Westbrook, war Tochter eines reichen Londoner Kaffeehausbesitzers, der stolz darauf war, ihr die bestmögliche Ausbildung ermöglichen zu können. Harriet wußte diese Fürsorge keineswegs zu schätzen und schrieb an Shelley, wie schrecklich sie unter der doppelten Tyrannei ihres Vaters und ihrer Lehrerin zu leiden hätte. Shelley, der wohl ebenso von der Schönheit des sechzehnjährigen Mädchens inspiriert wie über ihre »verzweifelte Lage« entsetzt war, die ihr den Selbstmord als einzigen Ausweg erscheinen ließ, hielt es für seine Pflicht, sie aus ihrem goldenen Käfig zu erretten. Die beiden flohen im August 1811 nach Edinburgh und heirateten, ohne ihre Eltern zuvor um ihren Segen und ihre Zustimmung zu bitten.

Shelleys spontane Eheschließung mit einer »gewöhnlichen Bürgerlichen« war kaum dazu geeignet, die Beziehungen zu seiner Familie zu verbessern. Finanzielle Unterstützung konnte er erst recht nicht erwarten. Lediglich sein gutmütiger Onkel, Kapitän John Pilfold, nahm ihm seine Eskapaden nicht übel und ließ ihm etwas Geld zukommen. Es war zudem relativ leicht auf der Basis des zu erwartenden Erbes und des künftigen Baronettitels Schulden zu machen – zu überaus ungünstigen Bedingungen. Doch da Shelley mit seinem spärlichen und unregelmäßigen Einkommen nicht umzugehen wußte und laufend Geld an mehr oder weniger bedürftige Freunde, Bekannte, aber auch gänzlich Unbekannte, die ihn um Hilfe baten, verschenkte, wurde er fortan unablässig von finanziellen Problemen heimgesucht, die sich sein Leben lang nicht zum Besseren wenden sollten.

Im Herbst besuchte das junge Ehepaar Shelleys alten Freund Hogg in York. Sie verbrachten einige schöne Tage mit Spaziergängen, Diskussionen und gegenseitigem Vorlesen. Hoggs wachsende Zuneigung zu der schönen Harriet, die in einer heimlichen Liebeserklärung gipfelte, warf einen Schatten auf die einst so ungetrübte Freundschaft. Shelley fühlte sich hintergangen. Wenn er auch gemäß der Lehre Godwins an die Idee freier Liebe glaubte, ertrug er den Gedanken nicht, daß sein bester Freund versucht hatte, hinter seinem Rücken seine Frau zu verführen.

Die Shelleys zogen nach Keswick, in den Lake District, jener Gegend, die durch die Naturdichtung der ersten Generation der englischen Romantik Berühmtheit erlangt hatte. Hier hatte Percy Shelley die Gelegenheit den Dichter Robert Southey kennenzulernen, dessen frühe phantastische Versdichtung *Thalaba* (1801) ihn begeisterte. Doch der Southey des Jahres 1811 war keineswegs der politische Rebell und radikale Künstler, den Shelley zu treffen erhofft hatte, sondern ein milder und gemäßigter Liberaler, der sich mit nationalen und historischen Themen beschäftigte und sich zu allem Übel auch noch zum Christentum bekannte. Kurzum: Er stand den Überzeugungen seines Vaters näher als seinen eigenen.

Wachsende politische Unruhen in Irland, das im Juni 1800 durch den *Union Act* an Großbritannien angegliedert worden war, weckten in Shelley den Wunsch, einen Beitrag zur Befreiung des irischen Volkes zu leisten. Er reiste mit seiner Frau nach Dublin, nahm an Versammlungen und Kundgebungen teil und verteilte die von ihm verfaßten Pamphlete *Adress to the Irish People* und *Declaration of Rights* in den Straßen. In seinen Schriften forderte er die Iren auf, umstürzlerische Geheimgesellschaften nach dem Vorbild der in Ingolstadt gegründeten Illuminaten zu gründen. Dieser Geheimbund, der sich einer radikalen Version der Aufklärung verschrieben hatte, galt einigen zeitgenössischen Historikern als Ursprung der Französischen Revolution[42] – eine Idee, die ausgezeichnet zu Shelleys durch Schauer- und Verschwörungsromane geprägten Vorstellungen paßte. Die von Shelleys pazifistischen und atheistischen Argumenten verblüfften Iren hatten für seine utopischen Phantasien jedoch wenig Verständnis.

Einige Jahre später konnte sich Shelley selbstironisch zu seiner »Leidenschaft, die Welt zu verbessern«[43] bekennen, doch 1812 erschien ihm diese Leidenschaft noch als zwingend notwendige Lebensaufgabe. Die politische Situation gab ihm durchaus recht: Aus rein wirtschaftlichen Gründen wurde ein neuer Krieg gegen die junge amerikanische Demokratie entfacht, während im eigenen Land soziales Elend, Hungersnöte und Arbeitslosigkeit zum Alltag gehörten. Shelleys rebellische Haltung beruhte auf seinem Wissen um die reale Not eines Großteils der Bevölkerung, die von den privilegierten und herrschenden Klassen allzu gerne ignoriert wurde. So stieß auch die Antrittsrede des jungen Lord Byron im Oberhaus auf taube Ohren. Der Dichter der ungeheuer populären Verserzählung *Childe Harold*, deren ersten beiden Gesänge im selben Jahr erschienen waren, hatte die aufgrund einer Umstellung auf modernere und effektivere Produktionsweisen entlassenen Webereiarbeiter verteidigt, die Webstühle zerstört und Fabriken in Brand gesteckt hatten. Doch das Gesetz, das die Zerstörung der Webmaschinen unter Todesstrafe stellte, wurde sowohl vom Oberhaus als auch vom Unterhaus angenommen und mit großer Mehrheit verabschiedet.

Vor diesem Hintergrund einer permanenten Kriegshetze, einer sozialen Verelendung und einer Staatsmacht, die ihre Bürger nicht als Menschen und Individuen, sondern als Produktionsmittel und Kanonenfutter behandelte, erscheint Shelleys erste große Dichtung, *Queen Mab*, die in den Jahren 1812 und 1813 entstand, weitaus weniger radikal, sondern geradezu notwendig:

»Des Krieges Schöpfer sind die Könige,
Staatsmänner, Priester, deren Schutz und Schirm
Der Menschen Elend ist, und deren Größe
Auf ihre Niedrigkeit sich baut. – […]«[44]

Die Versdichtung erzählt von einer jungen Frau, Ianthe, die im Traum von einer Feenkönigin auf eine Reise durch Zeit und Raum entführt wird, durch die ihr das Elend der Menschheit und die Gründe dafür offenbar werden. Einer dieser Gründe, neben einem von religiösen Institutionen geförderten Aberglauben, sozialer Ungleichheit, wirtschaftlicher Ausbeutung und Willkür der Machthaber, war für Shelley von besonderer, persönlicher Bedeutung: die Unterdrückung freier Liebe. Was der Autor zu diesem Thema im Prosaanhang zu *Queen Mab* zu sagen hat, läßt sich durchaus als vorherige Rechtfertigung kommender Ereignisse bewerten.

Shelley schreibt in seinem langen Kommentar der Zeile »Selbst die Liebe wird verkauft« unter anderem das Folgende: »Die Liebe ist frei: der Schwur, für immer dieselbe Frau zu lieben, ist nicht weniger absurd als das Gelöbnis, stets an ein und demselben Glaubensbekenntnis festzuhalten – in beiden Fällen verbietet uns ein solches feierliches Versprechen jegliche kritische Prüfung. Wer dieses Gelübde ablegt, redet so: Die Frau, die ich jetzt liebe, mag unendlich tief unter vielen anderen stehen; der Glaube, zu dem ich mich jetzt bekenne, mag eine einzige Masse von Irrtümern und Ungereimtheiten sein – aber ich verschließe mich jeglicher künftigen Erkenntnis im Hinblick darauf, ob diese wirklich liebenswert und jener tatsächlich wahr ist, indem ich mich blind und wider besseres Wissen entscheide, ihnen treu zu bleiben. Ist das die Sprache der Vernunft und echter seelischer Bildung? Ist die Liebe eines solchen kalten Herzens mehr wert als sein Glaube?«[45]

Shelleys Thesen gehen auf seine wiederholte Lektüre von Godwins *Political Justice* zurück und auf den Briefwechsel, den die beiden Autoren seit mehreren Monaten führten. Es ist jedoch kaum möglich, die oben zitierten Zeilen zu lesen, ohne an Shelleys Beziehung zu Harriet Westbrook zu denken.

Die junge Mrs. Shelley folgte ihrem Mann bereitwillig nach Irland, nach Wales, zurück nach Irland und schließlich nach London. Der Eifer, mit dem sie Shelley bei seinen selbstlosen Projekten unterstützt hatte, ließ allmählich nach und wurde zunehmend zu Mißmut, als sie feststellen mußte, wie wenig ihr alltägliches Leben dem von ihr erhofften und erträumten entsprach. Sie war die Ehefrau eines künftigen Baronets und lebte unter ärmlicheren Bedingungen als eine gewöhnliche Bürgerliche. Sie sah zu, wie das Geld, das Shelley zu unvernünftigen Bedingungen lieh, nicht ihnen selbst zugute kam, sondern in den bodenlosen Taschen irgendwelcher Schmarotzer verschwand. Shelleys grenzenloser Idealismus wies alles von sich, was er für sinnlosen Prunk und Luxus hielt. Aus Solidarität zu den hungernden Iren verzichtete er sogar darauf Fleisch zu essen. Die »gewöhnlichen« Wünsche seiner mittlerweile schwangeren Frau betrachtete er mit völligem Unverständnis, und die Kritik an seiner Freigebigkeit war für ihn reiner Egoismus. Was er suchte, war sicher nicht die kritiklose Zustimmung einer gelehrigen Adeptin, aber eine intellektuelle Auseinandersetzung mit seinen eigensinnigen Vorstellungen konnte ihm Harriet auch nicht bieten. Was er brauchte, war jemand, der den Alltag von ihm fernhielt, und nicht jemand, der ihn stündlich daran erinnerte. Es war nur eine Frage der Zeit, bis er die Person finden würde, die diesem Wunsch gerecht werden konnte.

Queen Mab wurde im Mai 1813 veröffentlicht. Ein Monat später, am 23. Juni, kam Harriets und Shelleys erste Tochter zur Welt. Sie wurde nach der Heldin seiner Versdichtung Ianthe getauft. Die kleine Familie fand in Bracknell bei London vorübergehend ein neues Zuhause, ohne daß dies ihre Lebensweise sonderlich veränderte. Der rastlose Dichter ging täglich aus, um Freunde wie den Autodidakten und Gelegenheitsdichter Thomas Love Peacock, ihren gemeinsamen Verleger Thomas Hookham oder den exzentrischen Esoteriker, Vegetarier und Nudisten John F. Newton zu treffen, um »Geschäfte« zu tätigen bzw. Geld zu beschaffen, Pamphlete in Druck zu geben oder in endlosen Spaziergängen ziellos durch London zu bummeln. Harriet blieb einsam oder in Gesellschaft ihrer Schwester Eliza zurück, kümmerte sich um das Kind und fühlte sich schändlich vernachlässigt. Shelley haßte »kleinliche Zänkereien« und vermied den offenen Streit mit seiner Frau, die er insgeheim »gefühllos« und »hochmütig« nannte. Wie oft grübelte er bei seinen Spaziergängen wohl über jenen in *Queen Mab* beschriebenen »Despotismus der Ehe«, der ihm das »Glück eines geeigneteren Partners« verweigerte?[46]

Wie es im Frühjahr 1814 um Shelleys Ehe bestellt war und wie sehr er sich inzwischen von Harriet entfremdet hatte, zeigen einige drastische Zeilen an seinen Freund Hogg vom Oktober desselben Jahres. Hier rechtfertigte er das Scheitern seiner Ehe, indem er eine erträumte »Idealgefährtin« beschrieb, vor deren strahlender Vollkommenheit Harriet immer glanzloser, gewöhnlicher und unwürdiger erschien: »Ich hatte das Gefühl, als ob man einen toten und einen lebendigen Körper in einer widerlichen Gemeinschaft verbunden hätte. Länger konnte man sich nicht mehr der Selbsttäuschung hingeben […].«[47] Ein zweimonatiger Besuch bei der republikanisch gesinnten Lehrerin Harriet de Boinville und ihrer Tochter Cornelia führte ihm vor Augen, was er an seiner eigenen Frau vermißte: »die Sanftheit, die Intelligenz und die Zartheit eines gebildeten Weibes«.[48] Dies entspricht wiederum einem Frauenbild, das sich in sämtlichen Frauenfiguren in Shelleys Werk wiederfindet und das unter anderem auf die entsprechenden Vorbilder in den Romanen des amerikanischen Autors Charles Brockden Brown zurückgeführt werden kann. Shelleys Vorliebe für Brown ging so weit, daß er seine Freunde und Freundinnen nach den tapferen Helden und scharfsinnigen Heldinnen jener spannenden, von Mord, Intrigen, Wahnsinn und Pestilenz handelnden Bücher nannte.[49]

Shelley hatte also bereits innerlich mit Harriet abgeschlossen, und das Idealbild einer neuen Liebschaft funkelte beständig in seiner lebhaften Phantasie, als er am 18. Juni 1814 Mary Godwin zum (vermutlich) zweiten Mal im Hause ihres Vaters traf. Sie war am 30. März aus Schottland zurückgekehrt und entsprach auf verblüffende Weise den Vorstellungen des Dichters: »Allein schon ihre bloßen Bewegungen und ihre Stimme offenbarten mir den besonderen Liebreiz von Marys Wesen. Die unwiderstehliche Wildheit und Erhabenheit ihrer Gefühle zeigten sich in ihren Gebärden und in ihren Blicken. [...] Sie ist sanft und zart und dennoch zu glühender Empörung und Haß sehr wohl fähig. [...] Damals, wie tief empfand ich da meine Unterlegenheit, wie bereitwillig bekannte ich, daß sie mich an Originalität, natürlicher Würde und geistiger Brillanz weit übertraf, ehe sie ihre Talente mit mir zu teilen bereit war. Sehr bald spürte ich ein glühendes Verlangen, diesen unermeßlichen Schatz zu besitzen.«[50]

Flucht und Heimkehr: Die erste Reise
1814–1815

PERCY BYSSHE SHELLEY
»Ich hatte eine Leidenschaft, die Welt zu verbessern.«
Aus *Prometheus Unbound*

Nach dem 18. Juni 1814 war Percy B. Shelley auffällig oft Gast bei den Godwins in der Skinner Street. Er hatte sich bereit erklärt, seinem Vorbild und Mentor finanziell unter die Arme zu greifen und ein Darlehen zugunsten Godwins aufzunehmen. Inwieweit diese Geldgeschäfte als Vorwand dienten, die Töchter des Hauses zu sehen, sei dahingestellt – William Godwin schien jedoch vom »glühenden Verlangen« des Dichters nichts zu ahnen. Seine Frau war diesbezüglich hellsichtiger, doch sie verdächtigte nicht Mary, sondern ihre zweite Stieftochter, Fanny Imlay, Shelley schöne Augen zu machen, und schickte sie kurzerhand zu Verwandten nach Wales.

Godwin beschrieb den Lauf der darauf folgenden Ereignisse in einem Brief vom 27. August 1814 an seinen Freund John Taylor:

»Ich vertraute [Shelley] vollständig; ich wußte, daß er zu den edelsten Empfindungen fähig war; er war ein verheirateter Mann, der drei Jahre lang glücklich mit seiner Frau zusammengelebt hatte. Entsprechend verlief die erste Woche seines Besuches auf gänzlich harmlose Art und Weise: Tagtäglich bemühte er sich voll Ungeduld, die Zeit aufzubringen, um nach Wales zu reisen, wo er sich eine Zuflucht sichern wollte, in welcher er mit Frau und Kind, zurückgezogen vom Rest der Welt, zu wohnen gedachte. Als er merkte, daß dies im Augenblick nicht machbar war, wollte er sich nur für eine Nacht lang entschuldigen, um die beiden in Bracknell, dreißig Meilen vor London, zu besuchen, wo er sie zurückgelassen hatte. Am Sonntag, den 26. Juni, begleitete er Mary und ihre Schwester Jane [Claire] Clairmont zum Grab von Marys Mutter, ein Meile von London entfernt; und dort, so scheint es, überkam ihn das erste Mal die ruchlose Idee, sie zu verführen, mich zu hintergehen und seine Frau zu verlassen. Am Mittwoch, den 6. Juli, war die Transaktion der Anleihe abgeschlossen; und am Abend desselben Tages hatte er die wahnsinnige Eingebung, mir seine

Pläne zu offenbaren und meine Zustimmung zu erbitten. Ich protestierte mit aller Kraft, so gut ich nur konnte, und kam zumindest zu dem Ergebnis, daß er mir für den Augenblick versprach, zur Tugend zurückzukehren und seiner lasterhaften Liebe zu entsagen. Ich setzte alles daran, einen Sinn für Ehrenhaftigkeit und natürliche Zuneigung hinsichtlich Mary in ihm zu wecken, und es schien, als wäre mir dies gelungen. Sie haben mich beide verraten.«[51]

Mary Godwin war zunächst über ihren neuen Verehrer nicht sonderlich glücklich. Sie fühlte sich natürlich geschmeichelt, hatte aber auch Schuldgefühle. Sollte sie ihren persönlichen Wünschen folgen und alles verraten, was ihr Vater ihr an moralischer Pflicht und Vernunft beigebracht hatte? War ihre Liebe nicht egoistisch und zerstörerisch für ihre Familie, für sie selbst und für andere? Sie wußte um die Situation Harriet Shelleys Bescheid, die erneut schwanger war und mehr unter Shelleys praktischer Umsetzung seiner Theorie der freien Liebe litt als dieser wahrhaben mochte. Der Briefwechsel zwischen Mary und Harriet ist verlorengegangen. Offenbar hatten die beiden sich auch persönlich getroffen und zunächst vereinbart, daß Mary nicht auf das Werben Shelleys eingehen solle. Shelley, der seine Hoffnungen wie Seifenblasen platzen sah, unternahm einen Selbstmordversuch durch eine Überdosis Laudanum. Nachdem er sich wieder erholt hatte, versuchte er erneut, Mary zu überreden, mit ihm zu fliehen. Sie hatte ihm ihre Liebe gestanden, doch scheint sie sehr viel deutlicher als Shelley gesehen zu haben, welches Leid ihr »Verrat« ihrem Vater verursachen würde. Lange zögerte sie, doch gab sie schließlich nach, als Shelley ihr von der angeblichen Untreue seiner Frau und von einem »Major Ryan« erzählte, den er auch für ihre erneute Schwangerschaft verantwortlich machte. Sie beschlossen in die Schweiz zu fliehen, nach Uri, dem idyllischen Schauplatz von Godwins Roman *Fleetwood*. Claire, die Mary und Shelley stets bei ihren Spaziergängen begleitet hatte, wußte von dem abenteuerlichen Plan und bedrängte die beiden, sie mitzunehmen.

Shelley schilderte die Nacht ihres heimlichen Aufbruchs in dem gemeinsam geführten Tagebuch: »28. Juli. In der Nacht, die diesem Morgen voranging, da alles entschieden war – bestellte ich eine Kutsche, die um 4 Uhr bereitstehen sollte. Ich wartete, bis die

Blitze und Sterne verblaßten. Endlich war es 4 Uhr. Ich glaubte nicht, daß es uns gelingen würde: Sogar in der Gewißheit schien noch eine gewisse Gefahr verborgen zu sein. Ich ging. Ich sah sie. Sie kam auf mich zu. Es blieb uns noch eine Viertelstunde. Es mußten noch einige Vorkehrungen getroffen werden, & sie verließ mich für kurze Zeit. Wie quälend erschienen mir diese Minuten. Es schien, als spielten wir mit Leben & Hoffnung. Wenige Minuten später lag sie in meinen Armen – wir waren in Sicherheit. Wir befanden uns auf dem Weg nach Dover.«[52]

Ungefähr vierzehn Tage später, am 13. August, schrieb Shelley einen recht merkwürdigen Brief an seine verlassene Ehefrau Harriet, in welchem er ihr versicherte, sein Freund Thomas Love Peacock würde sich um alle finanziellen Angelegenheiten kümmern und sie müsse sich keine Sorgen machen – dann bat er sie ernsthaft, dem flüchtigen Liebespaar in die Schweiz zu folgen: »Ich schreibe Dir aus dieser abscheulichen Stadt [Troyes]; ich schreibe, um Dir zu zeigen, daß ich Dich nicht vergesse. Ich schreibe, um Dich dringend darum zu bitten, in die Schweiz zu reisen, wo Du zumindest einen festen und beständigen Freund antreffen wirst, dem Deine Bedürfnisse immer wichtig sein werden, durch den Deine Gefühle niemals mit Absicht verletzt würden. Von niemand anderem als mir kannst Du dies erwarten. Alle anderen sind entweder gefühllos und selbstsüchtig, oder sie haben ihre eigenen geliebten Freunde [...]. Du wirst ausführlicher von unseren Abenteuern hören, falls ich nicht in Neuchâtel erfahre, daß ich bald das Vergnügen habe, Dich persönlich zu sprechen und Dich an einem lieblichen Zufluchtsort zu begrüßen, den ich für Dich inmitten der Berge beschaffen werde.«[53]

Leider ist nicht bekannt, wie Harriet auf diesen Brief reagierte, doch braucht es nicht viel Phantasie, um es sich vorzustellen. Das Schreiben ist allerdings auch ein schönes Beispiel dafür, wie wenig Shelley sich darüber im klaren war, welche Verletzungen und welches Chaos seine Aktion in seiner und in Marys Familie hinterlassen hatte. Im Rahmen seiner eigenen Theorien handelte er jedoch »vernünftig«.

Von der Reise durch Frankreich, die Schweiz, Deutschland und Holland sind drei unterschiedliche Beschreibungen überliefert: das gemeinsam von Mary Godwin und Percy B. Shelley geführte

Tagebuch, das Tagebuch Claire Clairmonts, aus dem jedoch etliche Seiten entfernt wurden, und das drei Jahre später anonym veröffentlichte Büchlein *History of a Six Weeks' Tour*. Darin wird die spektakuläre Flucht aus England zu einem amüsanten Abenteuer dreier junger Menschen in »klassischen Gegenden, bevölkert mit den zarten und glorreichen Imaginationen aus Vergangenheit und Gegenwart«.[54]

Die Tagebuchversion ist weniger romantisch und zeigt sehr deutlich die Strapazen dieser ungewöhnlichen Reise, die schrecklichen Zustände in den vom Krieg heimgesuchten und zerstörten Dörfern, aber auch Konflikte zwischen den drei Ausreißern, die in der veröffentlichten Nacherzählung unterschlagen wurden.

Bereits während der nächtlichen Kutschfahrt nach Dover wurde Mary krank – möglicherweise ein Zeichen dafür, wie sehr ihr dieser »Verrat« an ihrem Vater innerlich zu schaffen machte. Die Überfahrt in einem kleinen gemieteten Boot war nicht ungefährlich, zumal vor ihrem Zielhafen Calais Sturm aufkam, der für hohen Seegang sorgte und das Schiffchen beinahe kentern ließ. Marys Elend verstärkte sich durch die obligatorische Seekrankheit, für die sie überaus anfällig war, doch schließlich erreichten sie den sicheren Hafen.

Sie nahmen Zimmer in einem Gasthof, da sie noch auf ihr Gepäck warten mußten, das mit dem Postschiff eintreffen sollte. Am 30. Juli informierte man sie, eine »dicke Dame« wäre eingetroffen und wünsche sie zu sprechen. Es war niemand anderes als Mrs. Godwin, die den dreisten Ausreißern hinterhergereist war, um sie heimzuholen. Ihre Bemühungen waren umsonst, und sie ging nach einem stundenlangen Streit mit ihrer Tochter Claire alleine an Bord des nächsten Postschiffes, das sie zurück nach Dover brachte.

Mary, Shelley und Claire nahmen die Postkutsche nach Boulogne und fuhren über Abbeville weiter nach Paris, wo sie im Hotel de Vienne einkehrten. Mary hatte ein Kästchen mit Briefen von Shelley, Godwin und Harriet Shelley mitgebracht, das auch einige ihrer früheren Schriften enthielt, die sie ihrem Geliebten zu lesen gab. Dieses Kästchen wurde in Paris vergessen, und sein Inhalt gilt als verschollen. – Ungefähr dreißig Jahre später bot ein Erpresser

Mary verschiedene private Papiere zum Kauf an, bei denen es sich um das verlorene Material gehandelt haben könnte.

Erneut waren die drei ungewöhnlichen Reisegefährten zu einem längeren Aufenthalt gezwungen, da Shelley keinen Gedanken an die notwendigen finanziellen Mittel für ihre Expedition verschwendet hatte und sie auf eine Überweisung aus London warten mußten. Wegen der unerträglichen Sommerhitze blieben sie tagsüber im Hotel und gingen abends in der Stadt spazieren, in der die Zerstörungen des erst im März desselben Jahres beendigten Krieges gegen Napoleon noch sichtbar waren. Mary beschrieb in *History of a Six Weeks' Tour* die Fortsetzung ihrer Reise: »Nach einer Woche Aufenthalt in Paris erhielten wir eine kleine Geldsendung, die uns von der dortigen Gefangenschaft erlöste, welche wir als sehr verdrießlich empfanden. Doch wie sollte es weitergehen? Nachdem wir zahlreiche Pläne besprochen und verworfen hatten, entschieden wir uns für einen recht exzentrischen, der uns aber sehr gefiel, da er uns romantisch vorkam. In England hätten wir ihn nicht in die Tat umsetzen können, ohne ständigen Beleidigungen und Frechheiten ausgesetzt zu sein. Die Franzosen betrachten die Kaprizen ihrer Nachbarn mit viel mehr Toleranz. Wir beschlossen, durch Frankreich zu wandern; doch da ich für jede größere Strecke zu schwach war und man es von meiner Schwester nicht verlangen konnte, jeden Tag so lange wie Shelley zu marschieren, entschieden wir, einen Esel zu kaufen, um unsere Reisetasche und abwechselnd einen von uns zu tragen.«

Vergeblich warnte die Wirtin des Hotels sie davor, ohne Schutz und Begleitung loszuziehen. Erst vor kurzem waren die Armeen Napoleons aufgelöst worden. Mittellose Veteranen zogen in Banden umher und machten die Gegend unsicher. Raub und Vergewaltigung gehörten zum Alltag. Bei den drei Abenteurern stießen diese keineswegs unbegründeten Warnungen jedoch auf taube Ohren. Sie brachen auf und wanderten über Charenton, ein Dorf östlich von Paris, nach Provins. Der Esel erwies sich allerdings als traurige Fehlinvestition. Er war so schwach auf den Beinen, daß er nicht einmal die Reisetasche tragen konnte, und wurde in Charenton gegen ein Maultier getauscht.

Die Weiterreise führte durch eine vom Krieg gezeichnete Landschaft. Nur wenige Monate zuvor war eine Armee österreichischer und russischer Truppen unter Prinz Schwarzenburg bei Neuchâtel in Frankreich eingefallen und das Tal der Seine und der Marne hinaufmarschiert, um am 1. Februar 1814 bei La Rothière auf den Widerstand Napoleons zu treffen. Die Kämpfe und Scharmützel in der Region hatten sich über mehrere Wochen hingezogen, und zahlreiche Dörfer waren zerstört oder geplündert worden. Entsprechend schwierig war es für Reisende, eine Unterkunft oder auch nur eine Mahlzeit zu bekommen:

»Nogent-sur-Seine, eine Stadt, die wir zu Mittag des folgenden Tages betraten, war von den Kosaken gänzlich verwüstet. Es dürfte nichts Endgültigeres geben als die Trümmer, die diese Barbaren beim Weiterziehen hinterlassen haben. Vielleicht erinnerten sie sich an Moskau und die Zerstörung russischer Dörfer; aber hier waren wir in Frankreich, und das Leid der Einwohner, deren Häuser verbrannt, deren Vieh getötet und deren Hab und Gut zerstört worden war, hat mich in meinem Abscheu vor dem Krieg bestärkt, den niemand empfinden kann, der nicht durch ein Land gereist ist, welches durch diese Pest, die der Mensch in seinem Hochmut seinem Mitmenschen aufbürdet, verwüstet und geplündert wurde.«[55]

Die Einwohner dachten nicht daran, ihre Häuser neu aufzubauen. Sie rechneten mit neuem Krieg und neuer Zerstörung, und manche wußten nicht einmal, daß Napoleon abgedankt hatte und in die Verbannung geschickt worden war. Mary war entsetzt über die Unwissenheit der »vor Dreck strotzenden« Dorfbewohner und über den Schmutz in den Herbergen. Claire konnte nicht schlafen, da sie sich ständig ausmalte, wie die Ratten ihr Gesicht mit »ihren kalten Tatzen« berührten.[56]

Vor Troyes verletzte sich Shelley am Knöchel und war gezwungen, das Maultier zu reiten, während die beiden jungen Damen trübsinnig hinterhertappten. Aufgrund der Verletzung Shelleys beschloß man für die Weiterreise nach Neuchâtel eine Kutsche zu mieten. Über den Kutscher finden sich in *History of a Six Weeks' Tour* allerlei kuriose Anekdoten. So scheint er eine seltsame, irrationale Furcht vor der hügeligen Landschaft gehabt zu haben. Gelegentlich bestand er darauf, an einem bestimmten Ort zu verweilen, obwohl ihn die Reisenden drängten, endlich weiterzufahren. In einem Dorf namens Noé fuhr der Kutscher ab, ohne auf seine Passagiere zu warten, die einen kleinen Spaziergang in ein nahes Wäldchen unternommen hatten, und hinterließ die Nachricht, er wolle in der nächsten Ortschaft auf sie warten. Als sie diese endlich erreicht hatten, war er schon unterwegs zum nächsten Dorf.

Mary machte sich Gedanken über ihren Vater. Die Vorstellung, daß er sich Sorgen um sie machte, nagte an ihrem Gewissen und ließ sie ihren Reisegefährten unangemessen traurig erscheinen. Shelley meinte, sie würde ihm Vorwürfe machen, doch sie leugnete alles und bat ihn darum, nicht weiter darüber nachzudenken.[57] Obwohl sie in dem später veröffentlichten Reisebericht ihr Abenteuer in einem milden, humorvollen Licht präsentiert, scheinen sie die Strapazen doch mehr belastet zu haben als Claire und Shelley. Zwar hatte auch sie ein Auge für die prachtvolle Natur, die sie umgab, doch häufen sich in ihren Tagebucheinträgen Begriffe wie »disgusting« (abscheulich), wann immer sie auf die einheimischen Dorfbewohner und ihre Lebensweise zu sprechen kommt. Shelley hingegen war stets neugierig auf Begegnungen und versuchte häufig, mit fremden Menschen ins Gespräch zu kommen.

Am 19. August erreichten sie die Schweiz: »Beim Überqueren der französischen Grenze kann man einen überraschenden Unterschied zwischen den beiden Völkern feststellen, die auf den gegenüberliegenden Seiten hausen. Die schweizerischen Bauernhäuser sind viel sauberer und hübscher, und ihre Bewohner weisen denselben Unterschied auf. Die Schweizerinnen tragen sehr viel weißes Leinen, und ihre ganze Kleidung ist immer völlig sauber. Diese größere Sauberkeit kommt hauptsächlich von den unterschiedlichen Religionen: Deutschlandreisende weisen auf denselben Kontrast zwischen protestantischen und katholischen Städten hin, obwohl sie nur einige Meilen voneinander entfernt sind.«[58]

Das Land, durch das sie nun reisten, die Helvetische Republik, war als Staat mit demokratischer Verfassung erst 1798, nach der Eroberung durch französische Truppen und nach Jahrzehnten innerer Machtkämpfe, Aufstände und Unruhen, etabliert worden. Die Neutralität der Schweiz sollte 1815 während des Wiener Kongresses durchgesetzt werden – interessanterweise spielte hierbei der englische Außenminister Castlereagh eine wichtige Rolle, der wegen seiner konterrevolutionären Politik in seiner Zeit als Kriegsminister zu einem der von den englischen Romantikern meistgehaßten Staatsmänner mutiert war.[59] Doch ist es nicht zuletzt Castlereaghs umsichtiger Diplomatie und der von ihm geprägten Idee des Gleichgewichts der Mächte zu verdanken, daß das vom Krieg erschütterte westliche Europa einer Epoche des Friedens und des wirtschaftlichen Aufschwungs entgegensah.

Für die Reisenden war das Naturerlebnis wichtiger als Politik. Endlich kamen die Alpen in Sichtweite: »Sie waren hundert Meilen entfernt, aber ragten so hoch in den Himmel auf, daß sie wie jene blendend weißen Wolkenformationen aussahen, welche sich während des Sommers am Horizont sammeln. Ihre ungeheure Größe überwältigt die Vorstellungskraft, und sie übersteigen jedes Fassungsvermögen so weit, daß es einiger Anstrengung des Verstandes bedarf, um glauben zu können, daß sie wirklich Teil dieser Welt sind.«[60] Diese urtümliche und gewaltige Szenerie, die sich vor ihren Augen erstreckte, hinterließ tiefe Eindrücke, die ihre Spuren in Marys und Shelleys späteren Werken hinterlassen sollten. Das Erlebnis der »Erhabenheit« einer ungezähmten Natur, die zum Spiegel der Seele ihres Betrachters wird, war für beide Generationen der englischen Romantik von großer Bedeutung.

In Neuchâtel gelang es Shelley, bei einem Bankier dringend benötigtes Geld für die Weiterreise aufzutreiben, doch Mary wußte, daß es nicht lange dauern würde, bis ihre Taschen wieder so leer sein würden wie zuvor: »Shelley kehrt schwankend unter dem Gewicht einer großen Segeltuchtasche voller Silber zurück. Nur Shelley blickt ernst bei diesem Anlaß, denn er allein versteht nur zu gut, daß die Francs & Ecus & Louisdor wie weiße & dahinschwebende Mittagswolken sind, die verschwinden, bevor man ›Jack Robinson‹ sagen kann.«[61]

Ein Schweizer, den sie am Postamt von Neuchâtel getroffen hatten, zeigte freundschaftliches Interesse für die Probleme der jungen Engländer und half ihnen, eine Kutsche zu finden, die sie nach Luzern bringen sollte: »Der Schweizer fragte, ob sie wirklich der Liebe wegen aus England geflohen wären – sie sagten ja. Er flehte sie an, nach England zurückzukehren und nicht weiterzuziehen – sie lehnten ab. Dann fragte er Claire, ob auch sie aus Liebe geflohen wäre – ›Ach du liebe Zeit, nein! Ich kam, um französisch zu sprechen.‹«[62]

Einige kleine und sehr unspezifische Einträge in Marys Tagebuch zeigen, daß Claire zuweilen zu problematischen Verhaltensweisen neigte. Gemeint sind wahrscheinlich hysterische Angstanfälle, unter denen sie auch zu späteren Anlässen litt. Mary war die einzige Person, die sie zu beruhigen vermochte, wann immer sie von ihren »horrors«, wie sie ihre Anfälle zu bezeichnen pflegte, heimgesucht wurde. Doch Mary war selbst nicht sonderlich erbaut über die Schweizer Zuflucht, die Shelley seinen Schützlingen verschaffen wollte. Als sie über Luzern und Brunnen Flüelen erreichten, war sie entsetzt über den Schmutz und das Elend ihrer neuen Unterkunft. Obwohl sie die Umgebung des Vierwaldstättersees durchaus entzückte, wollte sie um nichts in der Welt hier den Winter verbringen. »Wir sind verzweifelt«, notierte Shelley in Marys Tagebuch.[63] Endlich kamen sie zu dem Schluß, daß es besser wäre heimzukehren.

Auf dem Weg in die Schweiz hatten sie ungefähr £60 verbraucht, für die Rückkehr blieb ihnen nur eine Summe von £28 – man beschloß also den billigsten Weg zu nehmen und per Postboot den Rhein hinab zu fahren. Während die spätere Nacherzählung viel von der landschaftlichen Schönheit des Rheintals vermittelt und auf Byrons hymnische Verse im dritten Gesang des *Childe Harold* verweist, widmet sich das Tagebuch ausführlich den Mitreisenden. Mary beschreibt ihre »gräßlichen & gemeinen Gesichter«, nennt sie »abscheuliche Kriecher« und »unverbesserlich dreckige Tiere« – »Für Gott wär's einfacher, den Menschen neu zu erschaffen, als diese Monster sauber zu bekommen.«[64]

Die Fahrt über Straßburg, Mannheim, Mainz, Bonn, Köln bis nach Rotterdam wird von Mary Shelleys Romanheld Victor Frankenstein in Begleitung seines Freundes Henry Clerval wiederholt. Mary, Shelley und Claire reisten den Rest der Strecke mit der Postkutsche durch eine »sehr flache uninteressante Landschaft«. Am 9. September erreichten sie Marsluys, wo sie eine Überfahrt nach Gravesend buchten. Der Wind war so stark, daß es keiner der holländischen Seeleute wagte, in See zu stechen – ihr Kapitän, ein Engländer, trotzte jedoch den widrigen Umständen und lief aus. »Alle waren seekrank, nur ich nicht«, notierte Claire stolz in ihrem Tagebuch.[65]

In London angekommen, mußte zunächst etwas Geld aufgetrieben werden, um die Überfahrt zu bezahlen. Shelley besuchte seine Bankiers und erfuhr, daß Harriet den übriggebliebenen Betrag bereits abgehoben hatte. Nachdem er einige seiner Freunde vergeblich um Geld gebeten hatte, fuhr er zur Wohnung seiner Frau, die ihm nach langen Klagen und Vorhaltungen das Notwendigste lieh, während Mary und Claire draußen in der Droschke warteten.

Übergangsweise mieteten sie Zimmer in einem Hotel in der Oxford Street und zogen tags darauf in eine Wohnung in der Margaret Street am Cavendish Square, wo sie bald verschiedene Besucher aus Shelleys Bekanntenkreis empfingen. Claires Bruder Charles Clairmont, der eine Druckerlehre hinter sich gebracht hatte und seinem Stiefvater in der Verlagsbuchhandlung assistierte, erschien, um zwischen Shelley und den Godwins zu vermitteln. Kurz vor der Flucht aus England hatte Shelley seinem Mentor eine große Geldsumme überlassen. Nun weigerte sich Godwin, seine Tochter und ihren Liebhaber persönlich zu treffen, ließ sich aber nicht davon abbringen, auch weiterhin stur und in einem unterkühlten Ton Geld von Shelley zu fordern, das er dringend benötigte, um die unübersichtliche Zahl seiner Gläubiger zumindest vorübergehend zu beruhigen.

Er hatte verschiedene Bekannte dazu überredet, in seine *Juvenile Library* zu investieren, doch der Erfolg war ausgeblieben. In London ging zudem das Gerücht um, Godwin habe seine Töchter gegen ein paar hundert Pfund an einen jungen Adligen verkauft. Dies erklärt vielleicht, warum er darauf beharrte, Distanz zu wahren, und warum er die Beziehung zwischen Mary und Shelley öffentlich so hartnäckig verurteilte.

Godwins Einstellung ging möglicherweise auch auf seine Erfahrung mit Mary Wollstonecraft zurück, die ihre Liebe und ihr Talent an jene zweifelhafte Gestalt namens Imlay verschwendet hatte. Nun mußte er mit Entsetzen zusehen, wie seine geliebte Tochter dieselben Fehler der Leidenschaft beging, die dem stets nüchternen und disziplinierten Mann unbegreiflich blieben. Mary zweifelte indes nie an der Liebe ihres Vaters, konnte sein Verhalten jedoch weder billigen noch verstehen. Da er sich weigerte, sie zu sehen, suchte sie in seinen literarischen und philosophischen Werken nach Antworten und las noch einmal *Political Justice* und *Caleb Williams*: War all das Gerede von Freiheit, Güte und freier Liebe am Ende nur graue Theorie ohne Wirklichkeitsanspruch? Später kam sie zu dem befreienden Schluß, daß nicht ihr Vater, sondern ihre Stiefmutter Schuld an allen Mißverständnissen und Querelen zwischen den beiden Parteien war: »Also dies ist der Grund meines Schreibens – mein Liebster, was wollen sie nur – ich hasse Mrs. G. [Godwin], sie quält meinen Vater zu Tode & dann – aber was soll's – warum fügt sich Godwin nicht den offensichtlichen Neigungen seines Herzens & versöhnt sich wieder mit uns – Nein, seine Vorurteile, alle Welt & sie – mein Liebster, Du darfst sie nicht hassen – all dies macht es unmöglich – was ich zu tun habe, ist natürlich der Zeit zu vertrauen – denn was könnte ich anderes tun.«[66]

Inzwischen gestaltete sich das Zusammenleben der drei Ausreißer als zunehmend schwierig. Claires merkwürdige Hysterieanfälle häuften sich und wurden für die mittlerweile schwangere Mary fast unerträglich. Man sprach sogar davon, Claire in ein Kloster oder zurück in die Skinner Street zu schicken, wogegen sie heftig protestierte. Doch war Shelley nicht völlig unschuldig an der angespannten Situation: Er liebte es, bis spät in die Nacht hinein über unheimliche und phantastische Erscheinungen zu sprechen, woraufhin die abergläubische Claire von wirren Alpträumen heimgesucht wurde. Sie fühlte sich von unsichtbaren Mächten verfolgt, die das Kissen auf ihrem Bett bewegten, wenn sie gerade nicht hinsah. Die Angst vor diesen Hirngespinsten steigerte sich bis hin zu Schreikrämpfen. Gelegentlich wandelte sie im Schlaf. Shelley brachte sie bei solchen Anlässen in Marys Zimmer, wo sie sich langsam wieder beruhigte. Als tägliche Zeugin der Liebe zwischen Mary und Shelley fühlte sich Claire ausgestoßen und vernachlässigt. Bewußt oder unbewußt – sie tat alles, um Aufmerksamkeit zu erregen. Die Annahme, es hätte eine Liebesbeziehung zwischen Shelley und Claire bestanden, läßt sich nicht bestätigen und ist eher unwahrscheinlich, wenn man Shelleys distanzierte Überlegungen zu Claires Verhaltensweisen betrachtet und sein Bedauern über ihre Unfähigkeit, zwischen Freundschaft und Liebe zu unterscheiden.[67]

An glücklicheren Tagen lasen sich Mary und Shelley gegenseitig aus Büchern vor oder aus Texten, an denen sie gerade arbeiteten. Shelley hatte einen neuen Roman über die Sekte der Assassinen begonnen, der jedoch nicht vollendet werden sollte. Marys Erzählung *Hate* war während ihrer Reise entstanden – der Text gilt als verschollen –, nun bemühte sie sich, unter Anleitung ihres Geliebten Griechisch zu lernen. Gemeinsam schmiedeten sie Zukunftspläne über eine »Gemeinschaft philosophischer Menschen«, die sie im Westen Irlands gründen wollten. Es blieb eine Phantasie, in die sie ungefragt auch Harriet und Shelleys Schwestern mit einschlossen, die sie aus ihrem Internat in Hackney zu entführen gedachten. Solche Träume mögen unsinnig oder gar lächerlich erscheinen, sie zeigen jedoch auch, unter welchem gesellschaftlichen und finanziellen Druck die ungewöhnliche Ménage à trois stand – die Erfüllung ihrer Wünsche schien ihnen nur außerhalb der englischen Gesellschaft möglich. Ihre unkonventionelle Lebensweise entsprach ganz und gar nicht den Moralvorstellungen ihrer Zeit. Auch die meisten Freunde und Bekannten Mary Godwins und Shelleys – wie dessen Verleger, Thomas Hookham, die Familie Baxter in Schottland oder Thomas Love Peacock, der sich um die rechtlichen und finanziellen Angelegenheiten Harriets kümmerte – standen ihrer Beziehung äußerst kritisch gegenüber.

Am 27. September 1814 mußten sie erneut ihre Wohnung wechseln, da Shelleys Gläubiger ihre Adresse herausgefunden hatten. Sie zogen nach Somers Town, Church Terrace 5, St. Pancras, von wo aus Mary wieder häufiger das Grab ihrer Mutter besuchen konnte. Der Umzug minderte jedoch nicht die Gefahr für Shelley, aufgrund seiner unbezahlten Schulden verhaftet zu werden. Während der folgenden zwei Monate war er fast ständig auf der Flucht und konnte Mary nur heimlich in Kaffeehäusern, Hotels und Kirchen treffen. Diese gefahrvollen Wochen, die später in Mary Shelleys Roman *Lodore* (1835) nacherzählt werden sollten, scheinen ihre gegenseitige Liebe nur weiter gefestigt und vertieft zu haben.

Dies spiegelt sich eindrucksvoll in Marys Briefen: »Nur eine Minute konnte ich Dich gestern sehen – ist dies die Art und Weise, mein Liebster, auf die wir bis zum Sechsten leben müssen? Morgens suche ich Dich und wenn ich erwache, drehe ich mich um, nach Dir zu sehen – liebster Shelley, Du bist einsam und unruhig, warum kann ich nicht bei Dir sein und Dich aufmuntern und an mein Herz drücken, ach mein Liebster, Du hast keine Freunde, warum also solltest Du von dem einzigen Menschen getrennt sein, der Dich liebt – Aber heute Nacht werde ich Dich treffen und mit dieser Hoffnung werde ich den Tag überstehen – sei glücklich, lieber Shelley, und denk an mich – warum sage ich dies, Liebster & Einziger, ich weiß wie zärtlich Du mich liebhast und wie unzufrieden Du über unsere Trennung bist – wann können wir frei sein von Furcht und Verrat?«[68]

Bis zum 9. November hatten sich die bedrohlichen finanziellen Probleme soweit geklärt, daß Shelley, Mary Godwin und Claire Clairmont wieder in eine gemeinsame Wohnung in London, am Nelson Square, ziehen konnten. Shelley war es gelungen, etwas Geld aus unbekannten Quellen aufzutreiben, und er mußte sich endlich nicht mehr vor dem mit Verhaftung drohenden Gerichtsvollzieher verstecken. Auch seine Beziehung zu Harriet änderte sich kurzfristig, nachdem am 30. November ihr zweites gemeinsames Kind geboren wurde. Mary, die selbst schwanger war, konnte darüber kaum glücklich sein. Eifersucht, ein Gefühl das sie eigentlich verabscheute, stahl sich ungewollt in ihr Herz und ließ sie an der Festigkeit ihrer eigenen Tugend zweifeln. Aufgrund ihres gesundheitlichen Zustandes mußte sie Shelley allzu häufig allein oder in Gesellschaft Claires ziehen lassen. In ihrer täglich erneuerten, schmerzlich empfundenen Einsamkeit schimpfte sie über Harriets »Egoismus« und Claires kindisches Verhalten, freute sich allerdings zunehmend über einen häufigen Besucher, dem sie anfangs nicht mit übermäßiger Sympathie begegnet war: Shelleys Jugendfreund Thomas Jefferson Hogg.

Hoggs Freundschaft mit Shelley war etwas abgekühlt, nachdem er versucht hatte, Harriet zu verführen, doch Shelley war neugierig, wie sein alter Freund und Studienkollege Mary beurteilen würde. Das Zusammentreffen verlief offenbar erfreulich, gemäß

Shelleys Notiz im gemeinsamen Tagebuch: »Er war zufrieden mit Mary – dies war der Test, durch den ich zuvor beschlossen hatte, seinen Charakter auf die Probe zu stellen.«[69]

Mary hatte indes immer noch Vorbehalte gegen Hogg, wie ihre eigenen Tagebucheinträge nahelegen. Mehrfach rügte sie hochnäsig seine schwache und stümperhafte Argumentation. Einige Wochen später gab sie widerwillig zu, daß sie ihn besser leiden könne, nannte ihn jedoch etwas überheblich »un enfant perdu« – ein verlorenes Kind. Nachdem Shelley sie immer häufiger alleine zu Hause zurückließ und seine täglichen Besuche bei Freunden, Anwälten und Bankiers gemeinsam mit Claire absolvierte, begann sie eine Vorliebe für Hoggs ruhige und gelegentlich witzige Art zu entwickeln – die sie vermutlich als erholsamen Gegenpol zu Claires unberechenbarer Hysterie und Shelleys unermüdlichem Tatendrang erlebte. Doch auch vor diesem Hintergrund bleiben die elf erhaltenen Briefe Mary Godwins an Hogg in ihrer Offenheit und Koketterie verblüffend:

»Du sagst, Du liebst mich – ich wünschte, ich könnte dies mit der Leidenschaft erwidern, die Du verdienst – doch Du bist so gut zu mir und sagst mir, daß Du mit der Zuneigung, die ich vom Grunde meines Herzens für Dich empfinde, recht zufrieden bist – Du bist so freigebig und selbstlos, daß niemand anders kann, als Dich zu lieben. Aber Du weißt, Hogg, daß wir uns erst so kurze Zeit kennen und ich nicht an Liebe dachte – so daß ich glaube, daß auch dies mit der Zeit kommen wird & dann werden wir, so glaube ich, glücklicher sein als die Engel, die ewig singen, oder selbst die Liebenden in Janes [Claires] perfekter Welt. Vor uns liegen wunderbare Aussichten, mein lieber Freund – wundervoll – und (das macht es sicher) es liegt gänzlich an uns – Shelley & mir selbst muß ich keine Versprechungen machen – auch Dir nicht, denn ich weiß, Du bist überzeugt, daß ich alles dafür tun werde, Dich glücklich zu machen & meine Zuneigung Dir gegenüber ist dergestalt, daß dies keine schwere Aufgabe sein wird –«[70]

Einige Tage später schreibt sie: »Shelley & Jane [Claire] sind beide ausgegangen & von der Anzahl & der Entfernung der Orte, die sie aufsuchen möchten, erwarte ich, daß sie erst spät zurückkommen – vielleicht kannst Du kommen und in der Zwischenzeit einer einsamen Dame Trost spenden – aber ich möchte Dich nicht von der Arbeit fernhalten, also komme nicht gegen Dein Gewissen. Du bist ein so gutes & selbstloses Wesen, daß ich Dich mehr & mehr liebe – Übrigens, wenn Shelley im Lande ist, werden wir nie allein sein können, also ist dies vielleicht die letzte Möglichkeit unter uns zu sein, doch möchte ich Dich keinesfalls dazu überreden, etwas zu tun, was Du nicht tun solltest.«[71]

Es gibt allerdings keine Anzeichen dafür, daß die Beziehung zwischen Mary und Hogg ihre Liebe zu Shelley überschattete. Shelley wußte über Hoggs Liebesgeständnis Bescheid und billigte es, während Mary sich in diesem unkonventionellen Rollenspiel gefiel, das sie über ihre zeitweilige Einsamkeit und gesundheitliche Schwäche hinwegtröstete. Immer blieb Shelley der Mittelpunkt ihrer Welt, wie auch der folgende Auszug aus einem ihrer Briefe an Hogg zeigt: »Du mußt mir Italienisch beibringen, weißt Du, & wie viele Bücher werden wir zusammen lesen, doch noch weitaus größere Freude werden wir an Shelley haben – ich, die ich ihn so zärtlich & vollkommen liebe & deren Leben vom Licht seiner Augen zehrt und deren Seele gänzlich ihm gehört – Du, der solch tiefe Freundschaft zu ihm empfindest, ihn glücklich zu machen – nein, wir müssen nicht versuchen, dies zu tun, denn alles was wir tun, wird ihn mühelos glücklich machen, aber ihn so zu sehen – seine Liebe, seine Zärtlichkeit zu sehen, liebster Alexy [Hogg],[72] dies sind Freuden, die einem fast das Herz zerspringen lassen, & sie lassen Tränen fließen, die köstlicher sind als das verliebte Lächeln Deiner Augen.«[73] Die Beziehung zu Hogg war nur eine vorübergehende Episode, die Mary über eine schwierige Zeit hinweghalf und endete, ohne daß ihre Liebe zu Shelley darunter gelitten hätte.

Nach langen Monaten finanzieller Unsicherheit begann sich am Anfang des Jahres 1815 ein Licht am Ende des Tunnels abzuzeichnen. Shelleys Großvater war am 5. Januar gestorben und hatte ein beträchtliches Erbe hinterlassen – zu testamentarisch verfügten Bedingungen, über die allerdings weder sein Sohn noch sein Enkel sonderlich erfreut waren. Shelley und sein Vater einigten sich erst achtzehn Monate später nach langwierigen und komplizierten

Verhandlungen: Demnach sollte Shelley eine bestimmte Summe erhalten, um seine Schulden bezahlen zu können, sowie eine Jahresrente von £ 1000, von welchen £ 200 Harriet Shelley zukamen. Später wurde die Rente für seine Frau um £ 120 für die beiden Kinder Ianthe und Charles erhöht.

Nachdem Mary, Shelley und Claire erneut die Wohnung gewechselt hatten, wurde am 22. Februar, nach weniger als sieben Monaten Schwangerschaft, Mary Godwins erstes Kind geboren. Die Ärzte hielten es für unwahrscheinlich, daß die kleine Clara überleben würde. Mary kümmerte sich liebevoll um ihre Tochter, doch das Mädchen starb nur wenige Tage später, am 6. März. Erneut wandte sie sich an Hogg, dessen Gesellschaft ihr in den letzten Monaten so vertraut und angenehm geworden war:

»Mein liebster Hogg mein Baby ist tot – kommst Du zu mir sobald es geht – ich möchte Dich sehen – Als ich zu Bett ging war es noch völlig gesund – ich erwachte nachts um es zu stillen es schien zu schlafen so still daß ich es nicht wecken mochte – es war schon tot aber wir merkten es erst am Morgen – so wie es aussieht ist es offensichtlich an Krämpfen gestorben –

Kommst Du – Du hast so ein ruhiges Wesen & Shelley fürchtet sich von der Milch ein Fieber zu bekommen – denn jetzt bin ich keine Mutter mehr.«[74]

Der Tod des Kindes beschäftigte Mary während der folgenden Wochen und Monate. Sie träumte, das kleine Mädchen würde wieder lebendig werden. Immer wieder kehrten ihre Gedanken zurück zu ihrem traurigen Verlust.

Hogg setzte seine beinahe täglichen Besuche fort und blieb gelegentlich über Nacht. Marys Halbschwester Fanny schaute des öfteren vorbei und berichtete über die Lage in der Skinner Street: Godwin weigerte sich nach wie vor, seine abtrünnige Tochter zu sehen, und schickte Charles Clairmont, um finanzielle Angelegenheiten mit Shelley zu regeln. Charles, ein lebhafter junger Mann, der sich mit seiner Stiefschwester und ihrem Geliebten gut verstand, plante indessen nach Amerika auszuwandern – eine Idee, die nicht realisiert werden sollte. Auch Thomas Love Peacock war häufig zu Gast, doch Mary konnte sich nicht recht mit ihm anfreunden. Der Privatgelehrte mit einer Vorliebe für die Antike langweilte sie mit seinen akademischen Monologen über griechische Lettern und Schrifttypen.

Aus der Zeit zwischen dem Tod des ersten Kindes und der erneuten Abreise nach Genf sind nur wenige Materialien erhalten. Das Tagebuch mit den Einträgen vom Mai 1815 bis zum Juli 1816 ist verlorengegangen. Mary und Shelley trennten sich vorübergehend von Claire, deren Gegenwart eine immer größere Belastung für Mary geworden war. Sie zogen nach Bishopsgate, einem abgelegenen Landhaus am östlichen Eingang von Windsor Great Park, dessen Umgebung im ersten Teil von Marys Katastrophenroman *The Last Man* (1826) beschrieben wird. Peacock wohnte in der Nachbarschaft, in Marlow, und unterstützte Shelley, der sich von einer schweren Lungenerkrankung erholte, bei dessen Griechischstudien.

Der Sommer des Jahres 1815 verlief ruhig und glücklich, fern von London, in einer idyllischen Umgebung. Der langwierige Rechtsstreit um Shelleys Erbschaft schien endlich beigelegt, doch bald zeichneten sich neue Schwierigkeiten ab, als die Rechtmäßigkeit des Arrangements zwischen Shelley und seinem Vater angezweifelt wurde. Ungeachtet dieser neuen Probleme schickte Godwin seine unablässigen Geldforderungen nach Bishopsgate, obwohl er im Mai eine große Summe erhalten hatte. Doch vorübergehend konnte Shelley seine ganze Energie seinen vielfältigen literarischen Projekten widmen. Im Spätsommer begann er die Arbeit an seinem langen Gedicht *Alastor; or the Spirit of Solitude*. Die Verserzählung beschreibt die Suche eines Dichters nach einer irdischen Liebe, die seinen überhöhten und vergeistigten Idealen entspricht. Vergeblich sucht er nach dem Ebenbild seiner Vorstellung und wird schließlich von seiner Enttäuschung vernichtet.

Am 24. Januar 1816 wurde Marys zweites Kind geboren. Sie nannte den Jungen trotz aller Streitigkeiten und Mißverständnisse der letzten Monate nach ihrem Vater und Lehrer: William.

Der Sommer am See: Cologny und Genf
1816

VILLA DIODATI, Lord Byrons Wohnsitz in Cologny bei Genf,
Sommer 1816

»Abends gehen wir hinauf zu Diodati.«
Mary Shelleys Tagebuch

Auch Mary Godwins und Percy B. Shelleys zweite Reise in die Schweiz erscheint als eine Art Flucht: eine Flucht vor den finanziellen Problemen, vor den unablässigen Geldforderungen William Godwins, vor den Vorurteilen einer Gesellschaft, die ihre Lebensweise verurteilte, und nicht zuletzt vor dem naßkalten englischen Klima, das Shelleys angeschlagener Gesundheit schadete.

Shelley litt an Depressionen und fühlte sich von aller Welt hintergangen und mißverstanden. Sein *Alastor* hatte schlechte Kritiken bekommen, und er wartete nur noch auf den Abschluß des Gerichtsverfahrens um das Erbe seines Großvaters, um England endlich verlassen zu können. Eine Zeitlang dachten Mary und Shelley daran, nach Italien auszuwandern, doch Claire gelang es, ihnen die schöne Landschaft am Genfer See schmackhaft zu machen. Sie plante insgeheim, dort mit ihrer neuen Eroberung, dem berühmten Dichter Lord Byron, zusammenzutreffen.

Claire hatte Byron, der sich gerade für das Drury Lane Theatre in London engagierte, mit offenherzigen Briefen bedrängt, in denen sie sich zunächst als Schauspielerin, dann als Romanautorin vorgestellt hatte. Byron, dem Nachstellungen überspannter Damen nicht unbekannt waren, ließ die Briefe zunächst unbeantwortet. Seine Widerstandskraft erwies sich jedoch als brüchig, als das hübsche Mädchen ein heimliches Rendezvous arrangierte und sich ihm persönlich an den Hals warf.

Für Byron war diese Liebschaft nichts weiter als eine angenehme, aber vorübergehende Ablenkung von seinen eigenen drängenden Problemen: seine zerbrechende Ehe, seine wachsenden Schulden, die anhaltenden Gerüchte über seine inzestuöse Beziehung zu seiner Halbschwester Augusta. Seiner Schwester gegenüber bezeichnete er Claire als »Mätresse«[75] – nicht, daß er sich deswegen ihr gegenüber verpflichtet gefühlt hätte. Selbst das Wiedersehen in Genf war keine gegenseitige Verabredung, sondern das Ergebnis der geschickt eingefädelten Intrigen Claires. Sie wußte, daß Byron in Begleitung des Arztes Polidori an den Genfer See reisen würde, und hatte die Absicht, ihn dort zu treffen, um ihn mit Shelley, der seine Werke offen bewunderte, bekanntzumachen.

Am 2. Mai 1816 verließen Mary, Shelley, Claire und der kleine William London in Richtung Dover. Ihre Reiseroute war beinahe dieselbe wie vor zwei Jahren, nur mieden sie diesmal die unnötigen Strapazen des Fußmarsches und reisten per Mietkutsche. Leider war auch das Wetter wesentlich schlechter: »Wie uns die Einheimischen erzählten, war der Frühling ungewöhnlich spät gekommen, und tatsächlich war es äußerst kalt; während wir den Berg hinan stiegen, überzogen uns dieselben Wolken, die uns im Tal mit Regen begossen hatten, mit einem dichten Treiben großer Schneeflocken. Gelegentlich schien die Sonne durch diese Schauer und erleuchtete die herrlichen Schluchten der Berge, deren gigantische Kiefern manchmal mit Schnee beladen, manchmal von Schwaden des verstreut dahintreibenden Nebels umwunden waren; andere stießen ihre dunklen Spitzen in den sonnigen, strahlend klaren und azurblauen Himmel.«[76]

1816 ist als das »Jahr ohne Sommer« in die Geschichte eingegangen. Ein gewaltiger Vulkanausbruch im heutigen Indonesien hatte im Vorjahr Unmengen an Staub und Asche in die Atmosphäre geschleudert. Die Folge war eine globale Abkühlung des Klimas, eine Umweltkatastrophe bislang ungekannten Ausmaßes, die weltweit zu Mißernten führte. Unmittelbar nach den Heimsuchungen der Napoleonischen Kriege kam ein neues, noch unverständlicheres Unheil über die europäische Landbevölkerung.

Am 13. Mai erreichten die Reisenden Sécheron, einen Vorort von Genf. Sie mieteten die billigsten Zimmer im luxuriösen Hôtel D'Angleterre. Das Wetter hatte sich vorübergehend gebessert, und sie genossen einige schöne Tage mit Spaziergängen, Bootsausflügen und dem gemeinsamen Lesen lateinischer und griechischer Klassiker. »Welch andersartige Landschaft haben wir nun erreicht!« schrieb Mary an ihre Schwester Fanny. »Der warme Sonnenschein und das Gesumme sonnenliebender Insekten. Von unseren Hotelfenstern aus sehen wir den lieblichen See, so blau wie der Himmel, der sich darin spiegelt, und funkelnd von goldenen Sonnenstrahlen. Am gegenüberliegenden Ufer ist ein Abhang mit Weinreben bedeckt, die so früh im Jahr jedoch noch nicht zur Schönheit der Aussicht beitragen. An diesen Ufern liegen hier und da Herrenhäuser, hinter denen sich die verschiedenen Gipfel schwarzer Berge erheben, und in weiter Ferne ragt inmitten der schneebedeckten Alpen der majestätische Mont Blanc empor, der höchste von allen, ihr Herrscher. So ist die Aussicht, die sich im See spiegelt; es ist eine strahlende Sommerlandschaft, ohne die geheiligte Einsamkeit und tiefe Abgeschiedenheit, die wir in Luzern genossen haben.«[77]

Lord Byron und Dr. John W. Polidori hatten England am 23. April verlassen, waren durch Belgien und Deutschland in die Schweiz gereist und trafen am 25. Mai in Sécheron ein. Ein wenig verblüfft mußte der Lord feststellen, daß seine »Mätresse« ihn bereits sehnsüchtig erwartete. Claire genoß es, »ihre« Dichter einander vorzustellen. Shelley und Byron, die Fremden gegenüber oft überaus schüchtern auftraten, fanden unter Vermeidung der üblichen Floskeln schnell zu den Gesprächsthemen, die sie beide interessierten. Doch ebenso schnell stellte sich heraus, wie verschieden die beiden Männer in ihrer Art und in ihren Auffassungen waren. Vielleicht war aber gerade diese offen ausgesprochene Gegensätzlichkeit in vielen Bereichen die Quelle ihrer Freundschaft, denn beide verachteten nichts mehr als die moralische Heuchelei ihrer Landsleute.

Shelley war der idealistischste aller englischen Dichter. Byron hingegen war ein Zyniker, dem die Wirkung in der Öffentlichkeit wichtiger war als die Vermittlung von sozialphilosophischen Theorien. Wenn Byron soziale Mißstände anprangerte und auf konservative Politiker wie Castlereagh schimpfte, dann tat er dies in der Regel nicht nur, um diese Probleme zu verdeutlichen, sondern auch, um sich selbst in Szene zu setzen. Er spielte gerne den Provokateur: So hatte er in seiner Studienzeit seinen Schreibtisch mit einer Büste von Englands Erzfeind Napoleon geschmückt. Während Shelley aus Solidarität zu den hungernden Iren zum Vegetarier wurde, hielt Byron eine strenge Diät, um seiner Neigung zur Korpulenz vorzubeugen und weil er den blassen Teint eines Asketen für vorteilhaft hielt. Er war ein Star, ein Dandy, der von der englischen Jugend imitiert wurde. Shelley war und blieb ein Außenseiter. Er begeisterte sich für die erste Generation der englischen Romantik – Wordsworth, Southey, Coleridge –, für die Byron, der Klassizisten wie den Homer-Übersetzer Alexander Pope schätzte, nur Hohn und Spott übrig hatte. Revolutionäre Ideen und Atheismus waren Byron suspekt, während Shelley nicht müde wurde, radikale Reformen zu propagieren und kirchliche Institutionen zu schmähen. Die beiden hatten auch ein gegensätzliches Verhältnis zum schönen Geschlecht: Wo der Schwärmer Shelley die Verbindung von Intelligenz und Schönheit suchte, konnte Byron auf Intelligenz gut verzichten. Für »Blaustrümpfe« hatte er nichts übrig – was auch seine eher kühle Beziehung zur überaus scharfsinnigen und eigenwilligen Mary Godwin erklärt, in deren Nähe er sich nie so recht wohlfühlte.

Mary bewunderte Byron vor allem als Dichter und verzieh ihm aufgrund seiner Poesie seine Eitelkeit und Egozentrik. Sie hatte viele seiner Werke gelesen und sollte in den kommenden Tagen den dritten Gesang seines *Childe Harold* in Reinschrift übertragen. Mary, Shelley und Claire waren die ersten, die das Gedicht, dessen erste beiden Teile ein sensationeller Erfolg gewesen waren, bei abendlichen Lesungen zu hören bekamen.

Byrons Begleiter Polidori spielte die unglückliche Rolle des Außenseiters. Obwohl er ein sehr talentierter, gebildeter und gutaussehender junger Mann war, der bereits mit neunzehn Jahren zum Thema Somnambulismus promoviert hatte, machte er sich durch seine gleichzeitig humorlose und taktlose Art unbeliebt. Seine Gefährten konnten ihm nicht verzeihen, daß er sich selbst überaus ernst nahm. Ausgeschlossen von den nächtelangen Diskussionen Byrons und Shelleys, war er der einzige der englischen Reisenden, der Kontakte zur Genfer Gesellschaft pflegte. Eigentlich hatte er von Byrons Verleger John Murray den Auftrag bekommen, die gemeinsamen Erlebnisse in einem Tagebuch festzuhalten, er war jedoch ständig die Zielscheibe für kindischen Spott und bösartige Hänseleien. Byron witzelte gerne über die Patienten, die seiner ärztlichen Behandlung zum Opfer gefallen waren, doch der eifersüchtige Polidori machte allein Shelley für die abgekühlte

Beziehung zu seinem Reisegefährten verantwortlich. Dies ging so weit, daß er Shelley eines Tages zum Duell aufforderte – ein melodramatischer Höhepunkt dieses Sommers, den Byron jedoch durch sein diplomatisches Geschick verhinderte.

Am 3. Juni zogen Mary, Shelley und Claire aus Kostengründen in ein Haus in Montalègre, in der Nähe von Cologny, um. Die schlichte, zweistöckige Villa, die »Campagne Chappuis« genannt wurde, war nur einen etwa zehnminütigen Spaziergang von der Villa Diodati entfernt, die Lord Byron und Polidori ab dem 10. Juni bewohnten. Sie verfügte über eine eigene Anlegestelle, an der das Boot vertäut wurde, das Byron und Shelley gemeinsam gekauft hatten, um Segeltouren zu unternehmen. Mary schrieb an ihre Halbschwester Fanny Imlay: »Wir bewohnen nun ein kleines Landhäuschen auf der gegenüberliegenden Seite des Sees und haben die Aussicht auf den Mont Blanc und seine schneebedeckten *aiguilles*[78] gegen den dunkel drohenden Jura getauscht, hinter dessen Bergkette wir jeden Abend die Sonne untergehen sehen, und die Dunkelheit befällt unser Tal von jenseits der Alpen, welche dann in diesen glühenden, rosigen Farbton getaucht sind, den man in England beobachten kann, wenn er den Wolken des Herbsthimmels seine Aufwartung macht, sobald das Licht des Tages beinahe verschwunden ist. Der See liegt zu unseren Füßen, und unser Boot, in welchem wir immer noch unsere abendlichen Exkursionen genießen, liegt in einem kleinen Hafen. Unglücklicherweise können wir uns nicht an jenem strahlenden Himmel erfreuen, der uns bei unserem ersten Besuch dieses Landes so freudig begrüßte. Beinahe unablässiger Regen bringt uns dazu, hauptsächlich zu Hause zu bleiben; doch wenn die Sonne durchbricht, dann macht sie dies mit einer Pracht und einer Hitze, wie man es in England nicht kennt. Die Gewitterstürme, die uns heimsuchen, sind grandioser und furchterregender, als ich es jemals erlebt habe. Wir sehen sie, wie sie von der anderen Seite des Sees herannahen, beobachten die Blitze, die in verschiedenen Himmelsregionen zwischen den Wolken tanzen und in den zerklüfteten Formationen auf den bewaldeten Anhöhen des Jura einschlagen, verdunkelt von drohend schwebenden Wolken, während die Sonne vielleicht lustig auf uns herabscheint. Eines Nachts kamen wir in den *Genuß* eines

Sturms, großartiger, als ich es je zuvor gesehen habe. Der See stand in Flammen – die Kiefern des Jura wurden sichtbar gemacht, und die ganze Landschaft war für einen Augenblick erleuchtet, als pechschwarze Finsternis obsiegte und der Donner in furchtbaren Schlägen über unsere Köpfe hinweg in die Dunkelheit fuhr.«[79]

Solange das Wetter noch schön war, wurden Bootsausflüge und Spaziergänge unternommen. Später verbrachten sie lange Abende mit Byron in der Villa Diodati. Die Villa gehörte Charles Diodati, dessen Vorfahr Johann den englischen Dichter John Milton, während dessen Aufenthalt in Genf im Jahr 1639, beherbergt hatte. Einer dieser Abende im Juni 1816 wurde zum legendären Ursprung des Romans *Frankenstein*, dem ein Motto aus Miltons Versepos *Paradise Lost* vorangestellt ist. Mary schrieb darüber in ihrem Vorwort zur Neuausgabe von 1831: »Die Gespräche zwischen Shelley und Byron, bei denen ich ein hingebungsvoller, aber beinahe völlig stiller Zuhörer gewesen bin, waren zahlreich und dauerten lange. Während eines solchen Gespräches wurden verschiedene philosophische Lehrmeinungen diskutiert, unter anderem auch die Natur der Grundlage des Lebens, und ob es wahrscheinlich wäre, daß es jemals entdeckt und vermittelt werden würde. Sie sprachen über die Experimente des Dr. [Erasmus] Darwin (ich spreche nicht davon, was der Doktor wirklich getan hat, oder was er behauptete getan zu haben, sondern, meinem Zweck entsprechend, von dem, was man damals darüber erzählte, was er angeblich getan hätte), der ein Stück Fadennudel in einem Glasgefäß aufhob, bis es sich, durch irgendwelche außergewöhnliche Mittel, selbständig zu bewegen begann. Doch auf diese Weise würde man kein Leben erschaffen. Vielleicht könnte man eine Leiche wiederbeleben; galvanische Experimente hatten für solche Dinge den Beweis geliefert: Vielleicht könnte man einzelne Teile einer Kreatur herstellen, zusammensetzen und mit Lebenswärme versorgen.«[80]

Zu Beginn des 19. Jahrhunderts zeichnete sich ein Paradigmenwechsel in den Naturwissenschaften ab, und der Streit über die »Natur der Grundlage des Lebens« war ein Thema, das nicht nur Akademiker interessierte. In den von Mary Shelley erwähnten Gesprächen ging es wohl um die damals kontrovers diskutierten Positionen des Vitalismus und des Materialismus: Die Vitalisten, die versuchten, ihre wissenschaftlichen Fragestellungen und Thesen an die Dogmen der Religion anzupassen, beschrieben das Leben als eine feine, bewegliche und unsichtbare Substanz, die auch jenseits der Materie existieren könne. Die Materialisten gingen hingegen von der Annahme aus, das Leben sei an die körperliche Existenz geknüpft und würde über sexuelle Reproduktion weitergegeben. Die materialistische Position und ihre Vertreter – Shelleys Arzt William Lawrence oder die im Vorwort zu *Frankenstein* erwähnten »deutschen Physiologen« wie zum Beispiel Johann Friedrich Blumenbach – lieferten die Grundlage zur Evolutionstheorie Charles Darwins und damit auch zur nächsten Runde im ewigen Streit der Biologie und Anthropologie mit der Religion, der bis in unsere Gegenwart fortwirkt.

Nach solcherlei tiefschürfenden Diskussionen vertrieb man sich die Zeit mit dem Vorlesen eigener und fremder Werke. Polidori – oder »Pollydolly«, wie ihn seine Kameraden scherzhaft nannten – stellte ein von ihm verfaßtes Drama vor, das die Zuhörer einhellig und genüßlich verdammten. Byron glänzte mit neuen Versen: neben dem neuen Gesang des *Childe Harold*, der unter anderem die Landschaft am Rhein besingt, hatte er ein düsteres Gedicht über den Weltuntergang geschrieben. Ein weiteres Gedicht basierte auf der Prometheussage. Am 18. Juni rezitierte Byron Coleridges *Christabel*, eine phantastische Ballade mit einer grauenerregenden Szene, in der eine als Prinzessin verkleidete Schlange ihr Gewand abstreift und ihre »fahle, grauenhafte Mißgestalt« enthüllt. Shelley war darüber derart entsetzt, daß er die Hände an den Kopf preßte und mit einem Schrei aus dem Zimmer floh. Polidori beruhigte ihn, indem er ihm Wasser ins Gesicht spritzte und mit Äther behandelte. In seinem Vorwort zu der Erzählung *The Vampyre* berichtet er, Shelley habe in einer plötzlichen Vision gesehen, wie sich auf Marys Brustwarzen Augen öffneten.[81]

Diese Vision, die in Byrons Briefen bestätigt wird, wurde in verschiedenen populären Darstellungen – z. B. in dem Spielfilm *Gothic* und in Paul Wests Roman *Byron's Doctor* – mit einer Opiumsucht des Dichters in Verbindung gebracht, für die es allerdings nur indirekte Beweise gibt. So vermutete Peacock in seinen *Memoirs of Shelley*, daß der Dichter stets eine Flasche Laudanum mit sich führte, um seinen manchmal unerträglichen physischen Schmerzen zu entfliehen.[82] Zweifellos war Shelley für Träume und Tagträume empfänglich, die zuweilen einen makabren Charakter annahmen. Er hatte ein äußerst dünnes Nervenkostüm, bildete sich allerlei Krankheiten und Allergien ein und litt gelegentlich unter Verfolgungswahn. So ging er ungern abends alleine aus, da er sich vor Meuchelmördern fürchtete. Obwohl die Opiumlösung Laudanum leicht verfügbar war und Shelley diese »Medizin« wie viele seiner Zeitgenossen als Schmerzmittel nahm, dürfte seine starke Einbildungskraft und Sensibilität eine ausreichende Grundlage seiner seltsamen Visionen gewesen sein, die ihn bis zum Ende seines Lebens heimsuchten.

Eines Tages wurde ein Buch namens *Fantasmagoriana* (1812) entdeckt, das von J. B. B. Eyriès ins Französische übersetzte Erzählungen aus der deutschen Sammlung *Gespensterbuch*, herausgegeben von Johann August Apel und Friedrich Laun, enthielt. Mary schrieb später, wie sehr diese schlichten, aber wirkungsvollen Gespenstergeschichten die Zuhörer beeindruckten, als sie abends am Kaminfeuer vorgelesen wurden. Schließlich schlug Lord Byron vor, jeder von ihnen solle eine eigene Gespenstergeschichte schreiben: »Wir waren vier. Der edle Dichter [Byron] begann eine Erzählung, deren Fragment er am Ende seines Gedichtes *Mazeppa* abdrucken ließ. Shelley, der eher dazu neigte, Ideen und Gefühle durch das Licht brillanter Vorstellungskraft und durch die Musik der melodiösesten Verse, die unsere Sprache zieren können, Gestalt zu verleihen, als eine funktionelle Geschichte zu erfinden, begann eine Erzählung, die auf seinen Jugenderlebnissen beruhte. Der arme Polidori hatte eine fürchterliche Idee – eine Dame mit einem Totenschädel, als Strafe dafür, daß sie durch ein Schlüsselloch spioniert hatte – was sie gesehen hatte, habe ich vergessen – natürlich etwas höchst Schockierendes und Böses; doch als er sie zu einem schlimmeren Schicksal verdammt hatte als der wohlbekannte Tom aus Coventry, wußte er nicht mehr mit ihr anzufangen, als sie ins Jenseits zu befördern, dem einzigen Ort, der ihr angemessen war. Auch die erlauchten Poeten, verärgert durch die Gewöhnlichkeit der Prosa, ließen rasch von der ihnen unwürdigen Aufgabe ab.«[83]

Polidori publizierte 1819 anonym die Vampirgeschichte *The Vampyre: A Tale*, in welcher die »Dame mit dem Totenschädel« keine Rolle mehr spielt, sowie den heute vollkommen vergessenen Roman *Ernestus Berchtold*, den er ebenfalls auf den Wettbewerb zurückführte. Byrons Text, der die Vorlage zu *The Vampyre* lieferte, wurde als *Fragment of a Novel* (1819) veröffentlicht. Shelleys Gedichtfragment von 1816, *A shovel of his ashes took*, geht wahrscheinlich auf seinen Versuch zurück, eine Geistergeschichte in Versform zu präsentieren. Claire war, obwohl Polidori das Gegenteil behauptet, an dem Wettbewerb offenbar nicht beteiligt. Mary erwähnt lediglich vier Personen. Das erhaltene Tagebuchmaterial ist lückenhaft, und die späteren Darstellungen widersprechen sich im Detail.[84]

Mary Godwin grübelte tagelang, ohne daß ihr etwas hinreichend Gruseliges einfiel. Doch unter dem lebhaften Eindruck der Gespräche über die Erschaffung künstlichen Lebens hatte sie offenbar einen Traum, der sie zu ihrer Geschichte inspirierte: »Meine Vorstellungskraft ergriff ungebeten von mir Besitz, führte mich und schenkte den aufeinanderfolgenden Bildern, die in meinem Geist aufstiegen, eine Lebendigkeit, die weit jenseits der üblichen Grenzen des Traumes lag. Ich sah – mit geschlossenen Augen, aber scharfem geistigen Blick – ich sah den bleichen Schüler unheiliger Künste neben dem Ding knien, das er zusammengesetzt hatte. Ich sah das bösartige Phantom eines hingestreckten Mannes und dann, wie sich durch das Werk einer mächtigen Maschine Lebenszeichen zeigten und er sich mit schwerfälligen, halblebendigen Bewegungen rührte. Es muß grauenhaft sein; denn die Folgen allen menschlichen Strebens, den gewaltigen Mechanismus des Weltenschöpfers zu verhöhnen, wären zweifellos überaus schrecklich. Sein Erfolg würde dem Künstler Angst einjagen; er würde voll Grauen vor dem abscheulichen Werk fliehen. Er würde hoffen, daß der schwache Lebensfunke, den er übertragen hatte, verblassen würde, wenn er ihn sich selbst überließe; daß jenes Ding, das solch unvollkommene Lebenskraft erhalten hatte, zu toter Materie zerfallen würde; und er könnte in dem Glauben schlafen, daß die Stille des Grabes die flüchtige Existenz dieses bösartigen Leichnams, den er als die Quelle des Lebens betrachtet hatte, für immer ersticken würde. Er schläft; doch er wird geweckt; er öffnet die Augen; sieht das gräßliche Ding an der Seite seines Bettes stehen, die Vorhänge öffnen und ihn mit gelben, wäßrigen, doch forschenden Augen anstarren.«[85]

Es ist durchaus möglich, daß diese Erinnerung eine spätere Erfindung ist, um dem Roman zusätzliche Attraktivität zu verleihen, um sich von dessen umstrittenen Aussagen zu distanzieren oder um ihn mit einer bestimmten literarischen Tradition zu verknüpfen: Auch der erste englische Schauerroman, *The Castle of Otranto* (1764) von Horace Walpole, der als Ursprung dieses Genres gilt, nennt einen Traum des Autors als Inspirationsquelle.[86]

Als sicher gilt, daß Mary Godwin irgendwann zwischen dem 17. und dem 23. Juni zu schreiben begann. Die ersten Zeilen ihres ursprünglichen Entwurfs finden sich am Beginn des vierten Kapitels der Urfassung des *Frankenstein* und im fünften Kapitel der Neuausgabe: »Es war in einer tristen Novembernacht …«

Shelley las ihre ersten Entwürfe mit Begeisterung und drängte sie, das Thema ausführlicher zu behandeln, und sie beschäftigte sich den Rest des Sommers damit, das Buch zu schreiben. Eine genauere Datierung, wann sie die Arbeit an *Frankenstein* begann, ist nicht möglich. Laut Polidoris Tagebuch wurde in der Nacht vom 16. Juni verabredet, die Geistergeschichten zu schreiben, und schon am nächsten Tag begannen alle außer ihm mit der Arbeit.[87] Marys Tagebuch beginnt erst mit dem 21. Juli, und am 24. Juli findet sich der erste Eintrag, der auf ihren Roman verweist. Höchstwahrscheinlich schrieb sie jedoch schon in der zweiten Junihälfte daran, während Byron und Shelley eine gemeinsame Bootstour auf dem Genfer See unternahmen.

Die beiden Dichter hatten sich aufgemacht, um die Schauplätze des Romans *Julie oder die neue Héloïse* von Jean-Jacques Rousseau zu erkunden. Genau an jener Stelle, an der Rousseaus Romanheld Saint-Preux aus Verzweiflung über die absehbare Trennung von seiner geliebten Schülerin Julie überlegt, ob er sich mit ihr in die Fluten stürzen soll, kam ein Sturm auf, in dem das Boot beinahe gekentert wäre.[88] Byron, der gerne damit prahlte, den Hellespont durchschwommen zu haben, bot dem Nichtschwimmer Shelley an, ihn zu retten. Dieser lehnte ab, verschränkte lediglich schicksalsergeben die Arme und wartete auf das drohende Unheil, das im letzten Moment abgewendet wurde. Von Sturzwellen durchnäßt und mit gebrochenem Steuerruder erreichten sie den schützenden Hafen.

Am 20. Juli brachen Mary, Shelley und Claire zu einem mehrtägigen Ausflug nach Chamonix auf, um den Gipfel des Mont Blanc zu sehen und die Alpengletscher zu besichtigen. Victor Frankenstein unternimmt dieselbe Reise, um seine Kreatur auf dem Gletscher »Mer de Glace« zu treffen. Die Naturschilderungen des Romans gleichen jenen in Percy B. Shelleys Briefen an Peacock: »Das Tal selbst ist mit einer Masse wogenden Eises gefüllt, und es hat ein Gefälle, das stufenförmig bis zu den fernsten Abgründen dieser schrecklichen Wüsten herabreicht. Es ist nur eine halbe Wegmeile (ungefähr zwei reguläre Meilen) breit, doch scheint es, als wäre es noch weniger. Es bietet einen Anblick wie ein mächtiger Strom, dessen Wellen und Strudel plötzlich eingefroren wurden. Wir gingen eine kleine Strecke über seine Oberfläche. Die Wellen erheben sich ungefähr 12 oder 15 Fuß über die Eismasse, die von langen Spalten von unermeßlicher Tiefe unterbrochen wird, in denen die Wände aus Eis von schönerem Azurblau sind als der Himmel. In diesen Regionen ist alles in ständigem Wandel und in Bewegung. Diese riesige Masse aus Eis ist als ganzes in fortschreitender Bewegung, die weder am Tag noch in der Nacht endet; sie bricht und birst in Ewigkeit: einige Wellen sinken ab, während andere sich erheben; niemals ist sie dieselbe. Das Echo der Felsen oder von Eis und Schnee, die von ihren vorspringenden Klippen herabstürzen oder von ihren luftigen Gipfeln herunterrollen, wird selten für einen Augenblick unterbrochen. Man könnte meinen, daß der Mont Blanc, wie der Gott der Stoiker, ein riesenhaftes Wesen wäre und daß das eisige Blut auf ewig durch seine steinernen Adern rinnt.«[89]

Shelley verarbeitete seine Eindrücke der Reise in dem Gedicht *Mont Blanc*, das zusammen mit den Erinnerungen an die Flucht aus England von 1814 und den Briefen des Sommers 1816 in *History of a Six Weeks' Tour* veröffentlicht wurde. *Mont Blanc* vermittelt ebenso wie die Naturbeschreibungen in *Frankenstein* die Idee des Erhabenen, die sowohl für die englischen Romantiker als auch für das Genre der »gothic novel« von Bedeutung war. Grundlage dieser Idee war Edmund Burkes *Philosophical Enquiry Into Our Ideas of the Sublime and Beautiful*, eine Schrift, die auf ein klassisches Traktat des Rhetorikers Longinus zurückgreift. Bei Burke manifestiert sich das Erhabene unter anderem im Erschauern des Betrachters angesichts gewaltiger und unfaßbarer Naturschauspiele. Ein weiterer Aspekt, der die Wahrnehmung der romantischen Dichtung und des Schauerromans verbindet, ist die bereits erwähnte Idee der Spiegelung von Seelenzuständen in der Naturbeschreibung, die auch in Shelleys Reisebriefen an Peacock zum Ausdruck kommt.

Mary setzte nach ihrer Rückkehr an den Genfer See ihre Arbeit an *Frankenstein* fort. Inzwischen hatte Claire offenbart, daß sie von Byron schwanger war, der seine zeitweilige Mätresse jedoch nicht zu sehen wünschte und zunächst mißmutig daran zweifelte, daß das Kind von ihm und nicht von Shelley war. Claire und Shelley trafen Byron am 2. August, um die Angelegenheit mit ihm zu besprechen. Für Byron kam eine engere Beziehung zu Claire nicht in Frage, doch fand er sich mit dem Gedanken ab, daß »das Balg« von ihm stammte. Er versprach, sich um das Kind zu kümmern und Claire ein Besuchsrecht zuzugestehen. Byrons Anerkennung des Kindes war hinsichtlich seines künftigen Schicksals alles andere als eine glückliche Wendung.

Noch waren alle diesbezüglichen Zukunftspläne vage, und Lord Byrons Sorge um den guten Ruf aller Beteiligten wirkt angesichts der zahllosen Skandale, in die er selbst verwickelt war, etwas realitätsfern. Für Ablenkung war allerdings gesorgt: Er hatte einige Freunde aus England bei sich aufgenommen, die ihm Nachrichten aus der Heimat brachten und ihn vorübergehend von der Einsamkeit seines selbstgewählten Exils erlösten.

Shelley war weiterhin ein häufiger Gast in der Villa Diodati, wo er nun Byrons früheren Reisegefährten John Cam Hobhouse, seinen Studienfreund aus Cambridge, Scrope Davies, und den berühmten Autor Matthew G. Lewis kennenlernen konnte. Lewis, nebenbei westindischer Plantagenbesitzer und Befürworter der Sklavenhaltung, hatte 1776 einen der berühmtesten Schauerromane veröffentlicht: *The Monk* – »Der Mönch«. In der Villa dozierte er über Geistergeschichten und wie man sie am wirkungsvollsten vortragen müsse. Einige Beispiele, die er seinen Zuhörern präsentierte, notierte Shelley in seinem Tagebuch. Mary nutzte diese Einträge – wie auch den folgenden – später in ihrem Essay *On Ghosts*: »Wir sprechen über Gespenster. – Weder Lord Byron noch Matthew G. Lewis scheinen an sie zu glauben, und beide stimmen angesichts der reinen Logik darin überein, daß niemand an Gespenster glauben könne, ohne auch an Gott zu glauben. – Ich glaube nicht, daß all die Leute, die beteuern, jenen Heimsuchungen keinen Glauben zu schenken, sie wahrhaftig bezweifeln, oder, wenn sie dies bei Tageslicht tun, daß sie nicht vom Nahen der Einsamkeit und Mitternacht dazu ermahnt werden, respektvoller von der Schattenwelt zu denken.«[90]

Nach einem letzten Ausflug mit dem gemeinsam erworbenen Boot verabschiedete sich Shelley von Byron und nahm eine Mappe mit Manuskripten entgegen, die er dem Londoner Verleger John Murray überbringen sollte. Die Mappe enthielt Marys Reinschriftkopien von Byrons drittem Gesang des *Childe Harold*, seiner Verserzählung *Der Gefangene von Chillon* sowie einige Gedichte, unter denen *Finsternis* und *Prometheus* für Mary Shelleys Romane *Frankenstein* und *The Last Man* von einiger Bedeutung sind. Weitere Kopien verschiedener Werke Byrons und Shelleys, die während des Sommers am See entstanden waren, wurden Scrope Davies anvertraut, gelangten jedoch nie an ihr Ziel und wurden erst 1976 wiederentdeckt.

Mary, Shelley, Claire, William und das Schweizer Kindermädchen Elise (die 1795 in Genf geborene Louise Duvilliard) verließen Genf am 29. August und reisten auf dem Landweg über Fontainebleau und Versailles nach Le Havre, wo sie das Postschiff nach Portsmouth nahmen. Sie erreichten am 8. September Bath, wo sie eine neue Wohnung suchten. Claire konnte und wollte aufgrund ihrer Schwangerschaft nicht zu den Godwins in die Skinner Street zurückkehren. Sie hatte Angst vor den Vorhaltungen ihrer Mutter und blieb bei Mary, während Shelley sofort weiter nach London reiste, um neue Geldmittel zu beschaffen, die sein Vater widerwillig in Aussicht gestellt hatte und die er dringend benötigte.

Am 9. Oktober erreichte Mary die Nachricht vom Selbstmord ihrer Halbschwester Fanny Imlay durch eine Überdosis Laudanum in einem Hotel in Swansea. Godwin versuchte die Tragödie zu vertuschen, indem er ein Fieber als natürliche Ursache für den Tod Fannys nannte. Später machte er Fannys unerwiderte Liebe zu Shelley für ihren Freitod verantwortlich. Tatsächlich war es wohl eher das Gefühl, den hohen Ansprüchen ihres Stiefvaters nicht gerecht werden zu können und nur eine nutzlose Belastung für eine Familie zu sein, mit deren Geschick sie nur durch Zufall verknüpft war. Für kurze Zeit hatte sie gehofft, George Blood, der Bruder von Mary Wollstonecrafts Freundin Frances Blood, und ihre Tante Everina Wollstonecraft würden sie in ihrer Schule in Irland als Lehrerin aufnehmen. George und Everina waren im September in London gewesen, aber ohne Fanny wieder abgereist. Auch hatte Mrs. Godwin ihr gegenüber selbstgefällig angedeutet, daß Mary und Claire sich insgeheim über sie lustig machten. Die tödlichen Depressionen Fannys hatten wohl viele Ursachen. Sie hinterließ einen kleinen Abschiedsbrief, aus dem eine unfaßbare Einsamkeit spricht: »Ich habe seit langem beschlossen, daß es das Beste ist, was ich machen könnte, dem Leben eines Menschen ein Ende zu setzen, dessen Geburt von Unglück gezeichnet war und dessen Leben jenen Personen, die ihre Gesundheit zugrunde richteten, um für sein Wohl zu sorgen, nur endloses Leid beschert hat. Vielleicht wird dich die Nachricht meines Todes schmerzen, doch bald wirst du mit dem Vergessen gesegnet sein, daß solch ein Wesen jemals existierte ...«[91]

Nur wenige Wochen nach dieser Katastrophe erfuhren Mary und Shelley vom Tod seiner ersten Ehefrau Harriet. Shelley hatte sich im November bei seinem Verleger Hookham nach Harriet erkundigt, jedoch keine Nachrichten über ihren Aufenthalt erhalten. Harriet war seit dem 9. November 1816 aus ihrer letzten Londoner Wohnung verschwunden. Am 15. Dezember schrieb Hookham, daß man Harriet im Serpentine River im Londoner Hyde Park ertrunken aufgefunden hätte. Shelley brach sofort nach London auf, um das Sorgerecht für seine und Harriets Kinder, Ianthe und Charles, zu beantragen. Er schrieb an Mary über die rätselhaften Umstände von Harriets Selbstmord, ohne sich der geringsten Mitschuld an der Tragödie bewußt zu sein: »Es scheint, daß diese arme Frau – die unschuldigste ihrer abscheulichen und unnatürlichen Familie – aus dem Hause ihres Vaters vertrieben wurde und in den Abgrund der Prostitution hinabgestiegen ist, bis sie mit einem Diener namens Smith zusammenlebte; sie beging Selbstmord, als er sie verließ. – Es gibt keinerlei Zweifel daran, daß die teuflische Schlange, ihre Schwester, nachdem es ihr nicht gelungen war, Profit aus ihrer Bekanntschaft mit mir zu schlagen, das Vermögen des Alten – der nun im Sterben liegt – für sich erlangt hat, indem sie das arme Wesen ermordete. Alles scheint jedoch darauf hinzudeuten, daß jenseits des Schreckens einer so gräßlichen Katastrophe, die über ein menschliches Wesen hereingebrochen ist, welches mir einst so eng verbunden war, es in jedem Fall kaum etwas gibt, das zu bereuen wäre. Hookham, Longdill – jedermann gibt mir völlig recht; – bezeugt meine Aufrichtigkeit und mein großzügiges Verhalten ihr gegenüber: – es herrscht Einstimmigkeit darin, die abscheulichen Westbrooks zu verdammen. Falls sie es wagen sollten, sich an den Gerichtshof zu wenden, würde sich ein Schauspiel aus solch fürchterlichen Schrecken entfalten, daß es sie mit Schande und Schmach bedecken würde.«[92]

Shelleys Darstellung scheint nicht richtig zu sein. Ein Brief Claires, viele Jahre nach diesen Ereignissen geschrieben, erklärt Harriets Verschwinden im November mit einem Wohnungswechsel, der notwendig wurde, um eine neue Schwangerschaft vor ihrer Familie zu verbergen.[93] Als Vater kommt ein Armeeoffizier in Frage, den Shelley bereits zwei Jahre zuvor verdächtigt hatte, eine Liebesbeziehung zu Harriet zu pflegen. Damals schien Major Ryan nicht mehr als eine nützliche Ausrede für Shelleys eigenen Ehebruch zu sein, nun erscheint er als passende Schlüsselfigur. Bislang konnte diese Person jedoch nicht eindeutig identifiziert werden. Der in obigen Brief erwähnte »Smith« war wohl lediglich ein Nachbar Harriets. Es ist allerdings plausibel anzunehmen, Harriet wäre aus Gram über ihren Zustand und über die fehlende Unterstützung ihrer Familie ins Wasser gegangen. Das Scheitern ihrer Ehe und die damit verbundene gesellschaftliche Ächtung waren schon Grund genug für eine Spirale aus Depressionen, die sie immer tiefer in den Abgrund führte.

Um die eigene gesellschaftliche Position zu festigen und somit eine positive Grundlage für die Beantragung des Sorgerechts an seinen beiden Kindern zu schaffen, ließen sich Mary und Shelley so schnell wie möglich trauen. Die Hochzeit fand in London statt und führte auch zur offiziellen Aussöhnung mit Godwin, der die Familienehre wiederhergestellt sah. Godwin schrieb in einem triumphierenden Ton über die Heirat seiner Tochter, verschwieg allerdings, daß er mit Selbstmord gedroht hatte, sollten die beiden ihre Beziehung nicht baldigst legalisieren.[94] Ein wahrhaft merkwürdiges Verhalten für jemanden, der einst die Institution der Ehe als menschenunwürdig verdammt hatte.

Shelley schrieb an die in Bath zurückgebliebene Claire: »Die Trauung, so magisch in ihren Auswirkungen, wurde heute morgen in der St. Mildred's Church in der Stadt vollzogen. Mrs. und Mr. Godwin waren beide anwesend, und sie schienen nicht wenig Befriedigung zu verspüren. Tatsächlich hat Godwin mich und Mary ständig mit den geschliffensten und höflichsten Aufmerksamkeiten bedacht. Es scheint, als ob er keine Freundlichkeit für zu groß hält, um die Vergangenheit auszugleichen. Ich gebe zu, ich lasse mich nicht gänzlich hierdurch täuschen, obwohl ich meine Eitelkeit nicht völlig unempfindlich gegenüber bestimmten Aufmerksamkeiten in Gestalt von geschulter Schmeichelei machen kann. Mrs. Godwin präsentiert mir ihre echten Eigenschaften: Affektiertheit, Voreingenommenheit und herzlosen Stolz. Ihr gegenüber habe ich, ich gebe es zu, nie ein anderes Gefühl als Antipathie. Ihre liebliche Tochter liegt mir sehr am Herzen.«[95]

Der Prozeß über das Sorgerecht für die Kinder von Harriet Westbrook Shelley und Percy B. Shelley begann am 24. Januar 1817. Shelleys Hoffnung, die Angelegenheit rasch zu seinen Gunsten entscheiden zu können, wurde sogleich enttäuscht. Die Familie Westbrook hatte bereits rechtliche Schritte gegen ihn eingeleitet und nutzte seine politisch radikalen und religionskritischen Veröffentlichungen gegen ihn. Plötzlich sah er sich gezwungen, sich für die in *Queen Mab* enthaltenen Ansichten öffentlich rechtfertigen zu müssen. Das Urteil wurde am 27. März 1817 gefällt. Shelley wurde wegen »höchst unmoralischer Prinzipien« das Sorgerecht für Ianthe Eliza und Charles Bysshe abgesprochen. Wem die Kinder letztendlich anvertraut werden sollten, wurde erst entschieden, nachdem Mary und Shelley im März 1818 nach Italien abgereist waren. Vorerst blieben sie bei dem Ehepaar Hume aus Hanwell, die mit Shelleys Anwalt Longdill befreundet waren. Nach Shelleys Tod wurden die Kinder per Gerichtsbeschluß in die Obhut des Reverend James Williams und seiner Frau in Chelsfield, Kent, übergeben.

Nach den bedrückenden ersten Monaten des neuen Jahres, nach der juristischen Schlammschlacht, während der Shelley mit immer neuen Anschuldigungen und Diffamierungen konfrontiert wurde, las Mary Shelley den gerade erst veröffentlichten dritten Teil von Lord Byrons Verserzählung *Childe Harold's Pilgrimage* und erinnerte sich an die vergangenen Tage des letzten Sommers am Genfer See: »Liebster See! Für immer werde ich dich lieben. Wie vergangene Szenen und Erinnerungen durch die Macht des Geistes verklärt werden können! Er [Byron] besitzt diese Geisteskraft; und das erfüllt mich mit Wehmut, jedoch mit Freude vermengt, so wie es immer geschieht, wenn intellektuelle Energie sich offenbart. Ich denke an unsere Ausflüge auf dem See. Wie wir ihn trafen, als er zu uns hinunter kam oder unsere Ankunft mit einem gutgelaunten Lächeln begrüßte – wie überaus lebendig werden solcherlei Szenen durch jeden Vers seines Gedichtes in meiner Erinnerung. – Auch diese Zeit wird bald Erinnerung sein. Vielleicht werden wir ihn wiedersehen und uns erneut seiner Gesellschaft erfreuen; doch auch die Zeit wird kommen, wenn das, was heute noch Erwartung ist, nur noch Erinnerung sein wird. Am Ende steht der Tod, und in diesem letzten Moment wird alles ein Traum sein.«[96]

Ein bösartiger Sprößling: Frankenstein
1817–1818

LEIGH HUNT
»Ich sah, daß er ein Gentleman war...«
Edward Trelawny

Am 12. Januar 1817 kam Claire Clairmonts Tochter zur Welt. Sie wurde von ihrer Mutter Alba genannt, nach »Albé«, dem Spitznamen, den die Shelleys Byron in Anlehnung an die Initialien L. B. gegeben hatten. Lord Byron bestand später auf dem Namen Allegra, und das Mädchen wurde schließlich Clara Allegra Byron getauft. Mary Shelley schrieb an den Vater und informierte ihn über die gute Gesundheit von Mutter und Kind.[97] Sie hatte ihrer Stiefschwester in Bath beigestanden und folgte wenige Tage nach der Geburt ihrem Mann nach London. Shelleys erster Gerichtstermin der Verhandlung um das Sorgerecht seiner Kinder stand kurz bevor.

Shelley hatte sich mit dem Schriftsteller und Herausgeber Leigh Hunt und dessen Familie angefreundet. Die folgenden Wochen verbrachte er zusammen mit Mary im Haus der Hunts, wo die bedeutendsten Dichter und Denker Londons – Lamb, Hazlitt, Keats und viele andere – ein und aus gingen. Leigh Hunt und sein Bruder John brachten gemeinsam die Zeitschrift *Examiner* heraus, in der auch einige Werke Byrons und Shelleys erschienen. Der *Examiner* machte sich in konservativen Kreisen unbeliebt, indem er zu staatlichen und sozialen Reformen aufrief und den Prinzen von Wales, der 1821 als George IV. den Thron besteigen sollte und einen gewissen Ruf als dekadenter Verschwender hatte, verhöhnte und lächerlich machte. Wegen Verleumdung des Prinzregenten waren die Hunts 1813 zu einer Strafe von £ 500 und zwei Jahren Zuchthaus verurteilt worden. Das Redaktionsbüro des *Examiner* wurde kurzerhand ins Gefängnis verlegt, wo die Gebrüder Hunt täglich Familie, Freunde und Autoren empfingen und unverdrossen an ihrer Zeitschrift arbeiteten.

Thornton Leigh Hunt, Leigh Hunts Sohn, damals noch ein kleiner Junge, erinnerte sich viele Jahre später an Mary Shelley, die der Familie trotz vieler späterer Querelen und Mißverständnisse ihr Leben lang freundschaftlich verbunden blieb, und porträtierte sie in einem seiner Essays: »Zu jener Zeit schien es, als würde Shelleys Lebensgefährtin dessen überwältigende Vitalität nicht teilen. Marys intellektuelle Kraft war bereits augenscheinlich. Er muß die Macht ihrer Zuneigung und die Zärtlichkeit ihres Wesens bis zu einem bestimmten Grad gekannt haben, aber es ist bemerkenswert, daß ihre Jugend nicht die Zeit ihrer größten Schönheit war. Sicher ist, daß sie damals weder hinsichtlich ihrer Erscheinung noch im Tonfall ihrer Konversation ihrem Ruf gerecht wurde. Sie war unvergleichlich bleich. Obwohl ihre Figur durch ansprechende Kleidung gewonnen hätte, kleidete sie sich nachlässig. Und ihr entschlossenes Auftreten, das ihr sogleich den ironischen Titel ›Eigenwillige Dame‹ einbrachte, kam damals, zumindest in Gesellschaft, nur im negativen Sinne zum Ausdruck. Sie bekam schnell schlechte Laune, und ihr Ton wurde ein wenig nörglerisch und verdrießlich, wenn sie verärgert war.«[98]

Das wenig schmeichelhafte Porträt wird verständlicher, wenn man bedenkt, wie schwierig die Lage der Shelleys in den ersten Monaten des Jahres 1817 war. Es war noch vollkommen offen, ob Shelley das Sorgerecht für seine Kinder bekommen würde oder nicht. Zeitweise rechnete er sogar damit, wegen seiner politischen Einstellung, die ihm vor Gericht zum Vorwurf gemacht wurde, verhaftet zu werden. Er hatte schreckliche Angst davor, daß man ihm auch den kleinen William wegnehmen würde. Mary, die erneut schwanger war, machte sich mit Recht große Sorgen. Hinzu kamen die obligatorischen finanziellen Probleme, die durch William Godwins unablässige Bitten um Unterstützung und Harriet Shelleys hinterlassene Schulden nicht gerade verbessert wurden. Natürlich waren auch Claire und ihr Kind nach wie vor von Shelley abhängig – von Byron, der auf die Nachricht von der Geburt seiner Tochter immer noch nicht reagiert hatte, konnte sie keine Hilfe erwarten. Trotz dieser ungünstigen Umstände arbeitete Mary Shelley unablässig an ihrem Roman, den sie im Mai fertigstellen sollte.

Im März zogen Mary, Shelley und Claire mit den Kindern William und Alba und dem Kindermädchen Elise nach Great Marlow, einem Dorf an der Themse im Landkreis Buckinghamshire, nicht weit von London entfernt. Mary schrieb in ihren Anmerkungen zu den Gedichten Shelleys, daß die Bevölkerung des Ortes überaus arm war und die meisten Frauen als Spitzenklöpplerinnen arbeiteten. Die Shelleys verbrachten zunächst einige Tage in Gesellschaft von Thomas Love Peacock und dessen Mutter, die ebenfalls in Marlow wohnten. Am 28. März konnten sie endlich in Albion House einziehen, ein malerisches zweistöckiges Gebäude in der am Ortsrand gelegenen West Street mit hohen, schmalen Fenstern, das heute als »Shelley Cottages« bekannt ist. In dem Haus war es so klamm und feucht, daß Shelleys umfangreiche Bibliothek innerhalb eines Jahres verschimmelt war.

Mary Shelley lud Leigh Hunt, seine Frau Marianne und deren Kinder in das neue Haus ein. Die Hunts, die ihre Wohnung in Hampstead aufgegeben hatten und einige Wochen warten mußten, bis ihr neues Heim in Paddington bezugsfertig war, blieben bis Juni ihre Gäste. In ihrer Einladung beschrieb Mary ihren Haushalt als »sehr poetisch und politisch« – wobei sie weniger an ihren *Frankenstein* dachte, an dessen Überarbeitung ihr Mann eifrig mitarbeitete, sondern eher an die neuen Projekte Shelleys und die Diskussionen über die aktuellen politischen Probleme.

Im Jahre 1817 erreichte die wirtschaftliche Depression in England einen neuen Höhepunkt. Seit dem Ende der Napoleonischen Kriege herrschten Arbeitslosigkeit und Hungersnöte, die durch eine kurzsichtige Gesetzgebung eher verschlimmert als verbessert wurden. Nahrungsmittelpreise wurden angehoben und Gemeindeland wurde privatisiert, um den Profit der Großgrundbesitzer zu schützen. Die Opposition forderte eine Änderung des Wahlrechts, um die Vormachtstellung der Landbesitzer und der Aristokratie im Parlament zu brechen, doch ihre Reformbemühungen blieben lange Zeit fruchtlos. Die Protestaktionen und Demonstrationen verarmter Fabrikarbeiter weiteten sich aus und wurden zunehmend gewalttätiger. Im März wurde ein Attentat auf den Prinzregenten verübt, der seine Gleichgültigkeit gegenüber dem Elend eines großen Teils der Bevölkerung allzu offen zur Schau stellte. Die Folge war die Aussetzung des *Habeas Corpus Act*, eines wichtigen Gesetzes zur Verhinderung staatlicher Willkür, welches das

Recht eines jeden Bürgers auf eine ordentliche Gerichtsverhandlung im Falle einer Verhaftung beinhaltete. Liberale Intellektuelle und Vordenker der Reformbewegung, wie der Journalist William Corbett, mußten fluchtartig das Land verlassen, um einer Haftstrafe aufgrund ihrer unbequemen politischen Einstellung zu entgehen.

Vor diesem Hintergrund entstanden Percy B. Shelleys Pamphlet zur Wahlreform, *Proposal for Putting Reform to the Vote Throughout the Kingdom*, und seine umfangreiche Verserzählung *Laon and Cythna*, in welcher Ziele und Ideale der Französischen Revolution verteidigt und die Greueltaten der Schreckensherrschaft als konsequente Reaktion auf vorherige soziale Mißstände und politische Unterdrückung gewertet werden. Shelley verlegt den Freiheitskampf in den Orient und verknüpft die Handlung mit einer Liebesgeschichte. Die Helden der Romanze sind Bruder und Schwester. Shelley nutzte das Inzestmotiv in der Absicht, »den Leser aus der Lethargie des gewöhnlichen Lebens zu reißen«.[99] Der Kampf gegen die politische Tyrannei – hier repräsentiert durch den türkischen Sultan – ist bei ihm gleichzeitig ein Kampf gegen Bigotterie, Heuchelei, Intoleranz und Vorurteile. Die von Shelley skizzierte Alternative zum Elend der Gegenwart schließt an seine früheren, von Godwin inspirierten utopischen Konzepte an: »Die Liebe wird überall als das einzige Gesetz gefeiert, das die moralische Welt regieren sollte.«[100]

Die Verserzählung mußte auf Drängen des Verlegers Charles Ollier, dem Geschäftspartner von Thomas Hookham, zurückgezogen werden und erschien in entschärfter Fassung als *The Revolt of Islam*. Trotz der nachträglichen Änderungen blieb das Werk erfolglos und wurde von der Literaturkritik aufgrund der darin enthaltenen politischen und moralischen Argumentation verurteilt.

Mary Shelleys Roman *Frankenstein* und ihr gemeinsam mit Shelley verfaßtes Reisebuch *History of a Six Weeks' Tour*, zwei Werke, die wie *The Revolt of Islam* zwischen Dezember 1817 und Januar 1818 veröffentlicht wurden, wirken im Vergleich zu den gleichzeitig entstandenen Pamphleten und Dichtungen ihres Mannes auf den ersten Blick recht unpolitisch. Die Texte scheinen eher von Skepsis erfüllt als von dem für Shelley typischen Idealismus. Im

Vorwort von *Laon and Cythna* wird die Vervollkommnung des Menschen im Sinne Godwins noch als Gegenentwurf zur Bevölkerungstheorie des Thomas Malthus präsentiert, der die zunehmende Verelendung der unterprivilegierten Massen als mathematisch zwangsläufig darstellte. In *History of a Six Weeks' Tour*, einem Büchlein, das Mary Shelley im Sommer 1817 aus überarbeiteten Briefen und Tagebucheinträgen ihrer beiden Reisen in die Schweiz zusammengestellt hatte, finden sich hingegen nur eine Handvoll kritischer Bemerkungen zum Thema Krieg und Tyrannei. *Frankenstein* enthält zwar, neben einigen bösen Seitenhieben auf ein unfähiges und ungerechtes Justizsystem, zahlreiche Passagen, in denen William Godwins und Percy B. Shelleys Ideale und Tugendbegriffe unverkennbar durchschimmern, doch die gesellschaftskritischen Aspekte treten nie so sehr in den Vordergrund wie in Shelleys politisierenden Werken oder auch in Godwins propagandistischem Roman *Caleb Williams*.

Frankenstein bietet keine Lösungsvorschläge für die angedeuteten sozialen und moralischen Probleme. Die Vervollkommnung des Menschen, in Percy B. Shelleys Dichtungen und Godwins Theorien eine Notwendigkeit, erscheint hier als reine Hybris. Man kann das Buch sogar als Satire auf die romantische Idee der Vervollkommnung lesen, denn Godwins Gesellschaftsutopie prophezeite die Überwindung von Krankheit und Tod durch den Menschen. Dies ist im Grunde auch Frankensteins Ziel, doch der Versuch, diesen Traum zu verwirklichen, scheitert hier zwangsläufig an der menschlichen Unvollkommenheit und an einer dunklen Vorbestimmung, der niemand entkommen kann.

Schon auf den ersten Seiten von Mary Shelleys Roman versichert Victor Frankenstein seinem Retter Walton, dem er seine Lebensgeschichte erzählt, daß höhere Mächte über sein Los entscheiden: »Nichts kann mein Schicksal ändern. Hören Sie meine Geschichte, dann werden Sie sehen, wie unwiderruflich es vorbestimmt ist.«[101] In der überarbeiteten Fassung gibt es noch ein Fünkchen Hoffnung auf den »Geist des Guten«, doch in der Urfassung herrscht die Vorsehung uneingeschränkt und ohne sie je als calvinistische Idee *göttlicher* Vorbestimmung zu spezifizieren, wie es Frankensteins Genfer Herkunft durchaus entsprochen hätte. In der

Theorie Godwins hatte eine rein materialistische Vorstellung die Prädestinationslehre Calvins abgelöst, und es ist nicht mehr Gott, der das menschliche Geschick lenkt, sondern die Natur und die Kausalität. Mary Shelley scheint dieses Konzept von ihrem Vater übernommen zu haben.

Die Anspielungen auf Godwin, dem der Roman gewidmet ist, und auf seine Philosophie sind zahlreich, doch *Frankenstein* enthält auch einige für Percy B. Shelley typische Themen und Motive, wie sie beispielsweise in der bereits erwähnten, gleichzeitig entstandenen Verserzählung *Laon and Cythna* zu finden sind. Das in diesem Text wichtige Inzestmotiv wird in Mary Shelleys Roman vage durch die verwandtschaftliche Beziehung Victor Frankensteins und seiner Geliebten Elizabeth angedeutet, die möglicherweise auch auf die enge Beziehung Shelleys zu seiner Schwester anspielt. Dies wurde, unter anderem auch aus Rücksicht auf die Familie Shelleys, in der überarbeiteten Version von 1831 geändert, in der Elizabeth als Adoptivkind in die Familie Frankenstein aufgenommen wird.

Man kann, wenn man will, auch die entsprechende politische Dimension in dem Roman erkennen. Einige Interpreten des Romans sehen in dem Monster, das Frankenstein zum Leben erweckt und das sich gegen seinen Schöpfer wendet, ein Symbol für die jakobinische Schreckensherrschaft, in der die Ideale der Französischen Revolution nur deshalb verzerrt und verraten wurden, weil die Verantwortlichen aus dem Volk selbst niemals zuvor eine menschenwürdige Existenz erfahren hatten.[102] Auch dies wäre eine Parallele zu *Laon and Cythna*. Die Idee ist interessant, zumal das Monster seine Untaten mit seiner elenden Lebensgeschichte und mit der Gemeinheit und Bösartigkeit des Menschen rechtfertigt. Zynisch kommentiert es das »seltsame System der menschlichen Gesellschaft«, in der »unbefleckte Abstammung und Reichtum« als die höchsten Werte gelten. Fehlen beide Eigenschaften, wird man für einen Sklaven oder Vagabunden gehalten, »der dazu verurteilt ist, seine Lebenskraft dem Profit einiger Auserwählter zu opfern.«[103]

»Kann der, welcher am Tag zuvor noch ein niedergetretener Sklave war, plötzlich ein freisinniger, toleranter und unabhängig denkender Mensch werden?« schrieb Shelley in *Laon and Cythna*.[104]

In dieser Frage, die in Godwins Theorien verwurzelt ist, steht er *Frankenstein* sehr nahe. Mit Blick auf das Dilemma des Monsters könnte man diese Frage auch so stellen: Wie kann ein Ausgestoßener zu einem vollwertigen Mitglied der Gesellschaft werden? Wie kann jemand, der von einer menschenwürdigen Existenz ausgeschlossen ist, menschlich handeln oder auch nur lernen, was es heißt, menschlich zu handeln? Mary Shelley und Percy B. Shelley sind beide der Meinung, daß dies kaum möglich ist. Doch gibt es bei Percy B. Shelley, in Anlehnung an Godwins Glauben an den unausweichlichen Sieg der Vernunft, noch die Hoffnung auf eine Lösung des Problems durch »die Anstrengung von Generationen geistig hochstehender und tugendhafter Menschen«.[105] Dem namenlosen Monster Frankensteins wird hingegen jegliche Option genommen, einem sozialen und moralischen Ideal gerecht werden zu können, obwohl es die Voraussetzungen hierfür durchaus besitzt. Die Möglichkeit, sich als Wohltäter zu beweisen, wird ihm von Anfang an verwehrt. Auch wenn es wollte, könnte es nie nach Percy B. Shelleys »einzigem Gesetz«, der Liebe, leben. Seine Einsamkeit ist vollkommen. Es ist aus jeglicher Gemeinschaft und Gesellschaft ausgeschlossen, und selbst sein Schöpfer wendet sich von ihm ab.

Mary Shelleys Weltbild ist demnach weitaus schwärzer, ihre Visionen sind düsterer und ihr Menschenbild ist hoffnungsloser als alles, was in vergleichbaren Darstellungen ihres Mannes Percy B. Shelley und ihres Vaters William Godwin zum Ausdruck kommt. Vielleicht waren die Schicksalsschläge des vergangenen Jahres für den grimmigen Ton des Romans verantwortlich. Die Verzweiflung, die Verbitterung und die Einsamkeit in den Worten des Monsters wirken menschlicher als alles, was sein Schöpfer Frankenstein von sich gibt. Die Autorin war in der Lage, den Ursprung solcher Gefühle zu verstehen, und sie konnte sie durchaus nachempfinden, wenn sie etwa an das traurige Schicksal ihrer Halbschwester Fanny dachte, die ihre menschlichen Qualitäten nie unter Beweis stellen durfte. Mary Shelley wußte nur zu gut, daß der Versuch, übermenschliche Ideale zu verwirklichen, in der Zerstörung einfachen Glücks, alltäglicher menschlicher und familiärer Beziehungen münden kann.

Viele Details in *Frankenstein* sind direkt aus Mary Shelleys eigenen Erfahrungen hervorgegangen. Die Schauplätze kannte sie von ihren Reisen in die Schweiz. Die als bedrohte und brüchige Idylle geschilderten Familienverhältnisse der Frankensteins und der De Lacys des Romans sind jenen der Shelleys und Godwins ähnlich: Jung verstorbene Mütter, adoptierte Kinder, alleinerziehende Väter – es sind »Patchwork-Familien«, die weniger durch ihre Herkunft als durch ihr Schicksal verbunden sind. Die Darstellung der »Liebenswürdigkeit familiärer Zuneigung« wird im Vorwort ausdrücklich als Ziel der Autorin genannt. In vielen späteren Romanen und Erzählungen Mary Shelleys erscheinen ähnlich verworrene familiäre Beziehungen, die zwar nicht unbedingt den Idealen, aber durchaus den tatsächlichen Gegebenheiten der Zeit entsprachen.

Manche Aspekte des Romans *Frankenstein* haben ihren Ursprung in den zum Teil gemeinsam mit Shelley gelesenen Büchern. Der Untertitel, »Der moderne Prometheus«, stammt aus einer von Hesiod überlieferten Version des antiken Mythos, nach welchem Prometheus Menschen aus Lehm erschuf. In der umfangreichen Aufzählung der Lektüren zwischen 1815 und 1817 finden sich zudem alle wichtigen Vertreter des Schauerromans – William Beckford, M. G. Lewis, Ann Radcliffe, Charles Brockden Brown – neben zeitgenössischen Dichtern wie Coleridge, Wordsworth, Southey und Byron. Klassiker der Antike wurden ebenso verschlungen wie populäre Romane der Zeit. Die Zahl der literarischen Anspielungen, die sich im Roman wiederfinden, ist beeindruckend. Interessant sind natürlich vor allem jene Titel, aus denen das Monster seine Bildung bezieht, während es sich in der Scheune der Familie De Lacy versteckt: Miltons *Verlorenes Paradies*, Goethes *Die Leiden des jungen Werther*, Plutarchs *Lebensläufe* sowie Constantine Volneys *Ruinen der Weltreiche*[106] – Bücher, durch die es zunächst lernt, sich mit menschlichen Gefühlen und Idealen zu identifizieren, um dann durch schmerzliche Erfahrung zu erkennen, wie wenig es mit den Menschen gemein hat.

Bemerkenswert ist, daß es den Gott der Vergebung des Neuen Testaments der Bibel nie kennenlernt, sondern seine religiösen Vorstellungen aus dem Versepos Miltons bezieht, in dem Jesus als erbarmungsloser Krieger dargestellt wird, der gegen Dämonen der Hölle und ausgestoßene Engel in die Schlacht zieht. Während der Lektüre von *Paradise Lost* erkennt Frankensteins Geschöpf, daß es der von Gott verstoßenen Gestalt des Satan näher steht als Adam, dem bevorzugten Urvater des Menschengeschlechts. In der von Milton beschriebenen Eifersucht Satans auf die Menschen spiegelt sich sein eigener Neid auf das Glück jener, die nicht zur Einsamkeit verdammt sind. Doch selbst Satan hatte »Dämonenfreunde« als Gefährten, die ihn bewunderten und ermutigten.[107]

Durch seine Lektüren erfährt das Monster vom wahren Wesen des Menschen. Die blutrünstigen Schilderungen im Geschichtswerk Volneys lehren ihn Ekel und Verachtung angesichts menschlicher Greueltaten. Plötzlich ist es fraglich, wer die »Verkörperung des Bösen« ist – die Menschheit oder das unglückliche Monster. Dessen Weg zur Rache beginnt mit der Lektüre des Tagebuchs seines Schöpfers. Es begreift seine unnatürliche Herkunft, seine Einzigartigkeit, und es muß erkennen, daß seine Einsamkeit absolut und auswegslos ist. Es fordert von Frankenstein die Wiederholung einer Tat, die dieser längst als grotesken Fehlschlag bereut: die Erschaffung einer Gefährtin. Sollte er sich weigern, soll seine Familie dafür büßen. Frankenstein, der lange versuchte, sich vor der Verantwortung für sein Werk zu drücken, wird nun unausweichlich mit den Folgen seiner Machenschaften konfrontiert. Die Entscheidung, der er nun gegenübersteht, ist jedoch noch schwieriger: Soll er dem Wunsch seiner Kreatur folgen, um sich und seine Familie zu retten, oder soll er alles opfern, was er liebt, um weiteres Unheil zu verhindern? Was wiegt schwerer: Sein eigenes Leben, seine Verantwortung gegenüber dem Wesen, das er erschaffen hat, oder jene gegenüber der Menschheit, die durch eine neue, mächtigere Spezies bedroht sein könnte? Die Autorin läßt Frankenstein entsprechend seiner stoizistischen Erziehung entscheiden, nach welcher das Wohl des Einzelnen von geringerer Bedeutung ist als das Wohl der Gemeinschaft. Die Moral des Romans kreist am Ende also weniger um die Frage, ob der Mensch oder der Wissenschaftler gewisse Grenzen überschreiten darf, sondern eher darum, wem er in erster Linie verantwortlich ist und welche Ziele maßgeblich sind.

Der nach dem Unmöglichen strebende Wissenschaftler und die Erschaffung eines künstlichen Menschen sind demnach nur Mittel, um dieses moralische Dilemma zu verdeutlichen. Die Schuld Frankensteins liegt nicht in seinem Versuch, Gott zu spielen, sondern in seiner Unfähigkeit, sich seines Geschöpfes anzunehmen und es zum Nutzen aller in die menschliche Gemeinschaft zu integrieren. Hier konnte die Autorin erneut auf die Lehren ihres Vaters zurückgreifen: Gut ist, gemäß der utilitaristischen und stoizistischen Moral Godwins, die Mary Shelley zur Grundlage für Frankensteins Handeln macht, was bei möglichst vielen Menschen Gutes bewirkt. Frankensteins Tragödie besteht darin, daß er dieses Ziel stets vor Augen hat – sowohl bei der Erschaffung des Monsters als auch bei der Erkenntnis, daß er es jagen und töten muß, obwohl dies seinen eigenen Tod und den Untergang seiner Familie bedeutet.

Trotz solcher viel weiter führenden moralphilosophischen Dimensionen bleibt die wissenschaftliche Spekulation das zentrale und originellste Motiv des Romans, und die Spekulationen um künstliches Leben waren keineswegs aus der Luft gegriffen. Es gibt hierzu sowohl Vorbilder in der Literatur als auch in Mary Shelleys eigenem Umfeld. Die Diskussionen über künstliches Leben in der Villa Diodati wurden bereits erwähnt. Erwähnenswert ist in diesem Zusammenhang auch, daß Byrons Gast M. G. Lewis dort eine Lesung aus Goethes *Faust* veranstaltete – Mary Shelley kannte also Goethes Figur des Gelehrten Faust, dessen Unzufriedenheit mit einer Welt, die seinem Streben Grenzen setzt, ihn zum Teufelspakt motiviert. Ganz im Sinne des faustischen Überdrusses zeigt sich Frankenstein von den alltäglichen Forschungen an der Universität enttäuscht: »Ich war gezwungen, Schimären grenzenloser Pracht gegen eine so gut wie wertlose Realität zu tauschen.«[108]

William Godwins Roman *St. Leon*, dessen Held wie Frankenstein durch seine alchimistischen Entdeckungen Unheil heraufbeschwört, war eine weitere wichtige Inspirationsquelle, und auch Percy B. Shelley hatte sich in seiner Jugend mit alchimistischen und okkulten Lehren befaßt und für eine Wissenschaft begeistert, die von Magie kaum zu unterscheiden war. Der Vorname Frankensteins verweist nicht zufällig auf Shelleys erstes Pseudonym

»Victor«. Wie Frankenstein hatte er an der Universität Paracelsus und Cornelius Agrippa gelesen und sein Studentenzimmer mit Forschungsmaterialien und chemischen Apparaten vollgestopft. Aufgrund seiner Interessen kannte er wahrscheinlich die Legende über den künstlichen Menschen des Albertus Magnus, der von Thomas von Aquin zerstört worden sein soll. Auch Paracelsus spricht in einem seiner Werke von der Möglichkeit, daß Menschen ohne Mütter und Väter, sondern allein durch Kunst und Geschicklichkeit erzeugt werden könnten – und gibt gleich das passende Rezept dazu.[109] Mary Shelley hätte auch von ihrem Vater von solchen Geschichten erfahren können, der sich selbst eingehend mit der Geschichte der Alchimie befaßt hatte und zeitweilig daran dachte, ein Buch darüber zu schreiben. *Lives of the Necromancers*, ein umfangreiches Werk mit zahlreichen Biographien bekannter Magier und Alchimisten, erschien allerdings erst 1834.

Wer Mary Shelleys Roman als Wissenschaftskritik liest, wird überrascht sein, daß Victor Frankenstein zunächst keineswegs als Vertreter einer fortschrittlichen und fortschrittsgläubigen Wissenschaft auftritt, sondern sich im Gegenteil mit den halbvergessenen und verlachten Forschungen der Alchimisten beschäftigt – sich also bewußt *gegen* die moderne Wissenschaft wendet, obwohl er dann die fragwürdigen Ziele seiner okkulten Vorbilder mit modernen Mitteln erreicht. Diese anfängliche Rückwendung auf einen mittelalterlichen Okkultismus zeigt die Verbundenheit des Romans zum Genre der »gothic novel«. Am Ursprung dieses Genres stand Walpoles *Castle of Otranto*, vom Autor im Untertitel als »gothic tale« bezeichnet. »Gothic« bedeutet hier mittelalterlich, und die frühen Vertreter des Genres nahmen die Bezeichnung noch in dem Sinne wörtlich, daß ihre Geschichten vor mittelalterlichen Kulissen spielten. Bevorzugter Schauplatz englischer Autoren war Deutschland, dessen romantische Landschaften und verfallene Burgruinen bedrohlichen Phantasien idealen Raum gaben. Doch obwohl Mary Shelley mit ihrem *Frankenstein* bewußt an diese Tradition anknüpfte, gelang ihr eine neuartige Variante, die sich den Konventionen und Klischees des englischen Schauerromans weitgehend entzieht.

Die Autoren klassischer »gothic novels« fühlten sich den Idealen der Aufklärung verpflichtet. Sie wandten sich gegen den Aberglauben, indem sie Spukphänomene als billigen Budenzauber entlarvten, der in der Regel von finsteren Schurken veranstaltet wurde, um der schönen und tugendhaften Heldin ihr rechtmäßiges Erbe, ihre Unschuld oder beides zu rauben. In *Frankenstein* ist das Grauen real. Der junge Victor Frankenstein wird von seinem Vater dazu erzogen, sich nicht von übernatürlichem Schrecken beeindrucken zu lassen.[110] Das Phantastische wird als realistische Möglichkeit präsentiert und die Folgen werden konsequent durchgespielt. Die Unschuld Elizabeths, der Braut Victor Frankensteins, schützt sie nicht vor der Rache des Monsters. Die Rolle des Schurken bleibt unbesetzt, und die Grenzen zwischen Gut und Böse werden verwischt, indem die Autorin zwischen der Perspektive Frankensteins und seines Geschöpfes wechselt, die sich beide vor Walton, dem Erzähler der Rahmenhandlung, rechtfertigen dürfen. Dem Leser ist es also möglich, sich mit beiden Positionen zu identifizieren. Beide Figuren machen sich schuldig und beide wissen um ihre Schuld. Selbst das Monster bereut und sucht nach vollzogener Rache Erlösung im Tod. Das einzige, was ihnen bleibt, ist ihre Geschichte, die am Ende den Naturforscher Walton dazu bewegt, seine ehrgeizigen Pläne aufzugeben und der Mannschaft seines Schiffes die Heimkehr zu gestatten. Eine Auflösung des Schreckens, wie in Schauerromanen üblich, findet jedoch nicht statt, denn der angekündigte Tod des Monsters bleibt ungewiß.

Die wissenschaftliche Expedition in die Arktis, die in der Rahmengeschichte beschrieben wird, ist ein weiteres, für einen Schauerroman ungewöhnliches Element. Die Arktis und die Eiswüste der Alpengletscher, in der sich Frankenstein und sein Geschöpf begegnen, dienen der Autorin zur Illustration der Verlassenheit ihrer Figuren und der Ausweglosigkeit ihrer Situation. Die Landschaft als Spiegel der Seele ist ein Konzept, das der romantischen Dichtung eigen ist sowie jenen Autoren der Phantastik, wie Edgar Allan Poe, die sich der Romantik verpflichtet fühlten. Auch dies ist ein Aspekt, der über die ursprüngliche Idee der »gothic novel« hinausweist.

Frankenstein markiert den Beginn eines neuen Genres. Während die Handlungsmuster eines typischen Schauerromans – wie etwa

The Mysteries of Udolpho von Ann Radcliffe oder auch Shelleys *Zastrozzi* – der späteren Kriminalliteratur ähnlich sind, indem sie von einem rätselhaften Ereignis ausgehen und am Ende zur Enthüllung des Geheimnisses und rationalen Erklärung führen, oder aber – wie William Beckfords *Vathek* und M. G. Lewis' *The Monk* – ganz im Rahmen des Märchenhaften bleiben, ist Mary Shelleys Vorgehensweise eine völlig andere. Die Autorin fragt nicht, ob es das Übernatürliche gibt oder nicht. Sie geht davon aus, daß es tatsächlich existiert, und fragt danach, was die wahrscheinlichen Folgen wären. Grundlage der Handlung ist eine Spekulation, auf deren Wahrscheinlichkeit im Vorwort ausdrücklich hingewiesen wird. Die Autorin folgt den logischen und moralischen Konsequenzen ihrer Spekulation und betrachtet sie aus verschiedenen Blickwinkeln. Sie erforscht die Möglichkeiten, die ihre anfängliche Idee – die Erschaffung eines künstlichen Menschen – ihr bietet. Auf diese Weise ist ihr ein für ihre Zeit ungewöhnliches und hellsichtiges Werk gelungen, ein Vorbild für moderne Erzählmuster, für intelligente Genreliteratur und für kritische Science Fiction.[111]

Trotz oder vielleicht auch gerade wegen der Originalität des Romans hatte es Mary Shelley anfangs schwer, einen Verlag für *Frankenstein* zu finden. Percy B. Shelleys Verleger Charles Ollier, der *History of a Six Weeks' Tour* angenommen hatte, lehnte das Buch ab. Ebenso John Murray, in dessen Haus die Werke von Byron und Jane Austen erschienen und der den Roman in einer Rezension als »unschicklich« bezeichnete.[112]

Das Genre des Schauerromans – dessen Wurzeln im späten 18. Jahrhundert liegen – wirkte inzwischen etwas antiquiert. Seine typischen Tableaus und Motive wirkten in trivialisierter Form in den »Penny Dreadfuls«, den damaligen Groschenromanen, weiter oder wurden in Parodien der Lächerlichkeit preisgegeben. Gerade 1818 erschienen mit Jane Austens *Northanger Abbey* und Thomas Peacocks *Nightmare Abbey* zwei berühmte und einflußreiche Genreparodien. Die Vorsicht namhafter Verleger ist also verständlich, auch wenn wir gesehen haben, wie wenig *Frankenstein* tatsächlich mit den Klischees der »gothic novels« zu tun hat.

Am 23. August 1817 erhielt Mary Shelley endlich einen positiven Bescheid: Der Verlag Lackington & Co. zeigte Interesse an *Frankenstein*. Am 19. September wurden die geschäftlichen Bedingungen der Veröffentlichung vereinbart, Ende Oktober die letzten Korrekturen eingebracht. Im Dezember ergänzte Mary Shelley den Text noch um eine Widmung an ihren Vater, dessen neuen Roman *Mandeville, A Tale of the Seventeenth Century in England* sie gerade gelesen hatte. *Frankenstein; or, The Modern Prometheus* wurde als dreibändige Ausgabe – dem damals üblichen Format für Romane – gedruckt und am 1. Januar 1818 ausgeliefert.

Ein Exemplar des Romans ging an Sir Walter Scott, der ihn für *Blackwood's Edinburgh Magazine* rezensierte. William Godwin hatte den großen schottischen Autor wenige Monate zuvor persönlich kennengelernt, doch scheint er die Arbeit seiner Tochter nicht erwähnt zu haben, denn Scott vermutete Percy B. Shelley hinter dem Anonymus des Titelblatts.

Scotts ausführliche und überaus wohlwollende Rezension war für Mary Shelley sicherlich die erfreulichste von allen Reaktionen auf *Frankenstein*. Er war einer der angesehensten Autoren der Zeit, und sie hatte seine romantisch-historischen Romane stets mit Begeisterung gelesen. Im Juni schickte sie einen Brief an Scott, in dem sie sich in aller Bescheidenheit als die Autorin von *Frankenstein* offenbarte.

Sir Walter Scotts Artikel beginnt mit Überlegungen zur Verwendung des Übernatürlichen und Phantastischen in der Literatur. Er unterstreicht die Wichtigkeit einer natürlichen und realistischen Darstellung der Reaktionen der Romanfiguren auf das Übernatürliche. Nur so könne Unglaubwürdigkeit vermieden werden, und die phantastischsten Ereignisse blieben für den Leser im Rahmen des Möglichen. Scott wiederholte sein Argument einige Jahre später in seinem Essay *On the Supernatural in Fictitious Composition* (1827), in welchem er zudem ausführt, daß das Übernatürliche in der Literatur nur sparsam eingesetzt werden solle, um eine Gewöhnung des Lesers an solche Effekte und einen daraus entstehenden Überdruß zu vermeiden.

In der Rezension von *Frankenstein* lobt Scott, entsprechend seiner Theorie, daß die Geschichte trotz aller wilden und phantastischen Einfälle ihre Glaubwürdigkeit nur sehr selten verliert. Als negatives Beispiel nennt er den »Bildungsweg« des Monsters, sein Erlernen von Sprache und Schrift durch die Beobachtung des Sprachunterrichts, den De Lacy seiner arabischen Geliebten Safie erteilt, und durch die Lektüre von Goethe und Milton. Dies erscheint ihm allerdings eher unwesentlich, angesichts der Originalität der Romanhandlung und der »klaren und kraftvollen« Sprache.[113]

Die weiteren Besprechungen des *Frankenstein* schwankten zwischen der gutmütigen Anerkennung »gelegentlicher Anzeichen von Talent«[114] und der gnadenlosen Verurteilung eines »Machwerks von erschreckender und abscheulicher Absurdität«.[115] Doch auch in den ablehnenden Meinungen der Literaturkritik wurde auf die sprachlichen Qualitäten des Buches hingewiesen. In fast allen Rezensionen wurde *Frankenstein* mit den Romanen William Godwins, insbesondere mit *St. Leon*, verglichen. Aus heutiger Perspektive ist es erstaunlich, daß nur ein einziger Kritiker das Potential des Romans erkannte und darauf hinwies, daß er sich wohl als überaus populär erweisen würde.[116]

Lord Byron äußerte sich gegenüber seinem Verleger Murray zu *Frankenstein* und nannte den Roman eine »wunderbare Arbeit für ein neunzehnjähriges Mädchen«.[117] Doch Mary Shelley war früh erwachsen geworden, und nichts »Mädchenhaftes« spricht aus ihren Tagebucheinträgen und Briefen. Im August 1817 war sie zwanzig Jahre alt geworden, die Geburt ihres dritten Kindes stand kurz bevor, sie hatte gerade ihr zweites Buch geschrieben, beherrschte neben dem obligatorischen Französisch auch Latein und Grundsätze des Altgriechischen und verfügte über eine umfassende Bildung. Sie bewegte sich inmitten der intellektuellen Elite des Landes und hatte trotz aller Nähe zu ihrem geliebten Shelley und ihrem Vater Godwin eine eigenständige, skeptische Einstellung – künstlerisch, politisch und philosophisch. Insofern ist *Frankenstein* bereits das Werk einer intelligenten und reifen Frau, obwohl sie es selbst in ihrem Brief an Scott als »jugendlichen Versuch« wertet.[118]

Der Roman, der sie weltberühmt machen sollte, brachte ihr zunächst keinen nennenswerten Erfolg: An der ersten Auflage verdiente sie lediglich ungefähr £28 – nach Abzug der Produktionskosten, die der Verlag in Rechnung stellte.

Am 2. September 1817, wenige Tage nachdem Lackington & Co. ihr Interesse an *Frankenstein* bekundet hatten, brachte Mary Shelley ein Kind zur Welt. Das Mädchen wurde Clara Everina genannt und am 9. März 1818 zusammen mit ihrem Bruder William und der kleinen Alba in London getauft, wenige Tage, bevor die Shelleys mit den Kindern nach Italien aufbrachen.

Mary war bald wieder auf den Beinen und begrüßte zahlreiche Gäste in Marlow: Ihr versöhnlich gestimmter Vater war nun ein häufiger Besucher, Peacock kam zum Tee und dozierte über seine antiken Klassiker, William Baxter schaute vorbei und sprach mißmutig von seinem Schwiegersohn David Booth, der seiner Frau Isabel – Marys Jugendfreundin aus Schottland – jeden Kontakt zu den Shelleys untersagte. Der erzkonservative Booth war sechs Jahre älter als sein Schwiegervater. Obwohl er auf ein Versöhnungsangebot einging und gemeinsam mit Baxter zum Essen erschien, ließ er sich nicht von seinen Vorurteilen abbringen und bezichtigte Shelley der Bigamie: Er dachte, Shelley würde abwechselnd mit Mary und Claire zusammenleben, und überzeugte schließlich auch den wohlmeinenden Mr. Baxter von diesem Hirngespinst, das zumindest die fragwürdige Herkunft der kleinen Alba zu erklären schien.

Doch Mary Shelleys größte Sorge galt dem schlechten Gesundheitszustand ihres Mannes. Er war blaß und erschöpft, schlief oft auf dem Sofa ein, während seine Freunde sich unterhielten. Shelleys eigene Diagnose, die wohl eher auf seiner Hypochondrie beruhte als auf seinen medizinischen Kenntnissen, lautete Schwindsucht. Schwindsucht oder »Consumption« wurde damals für alle möglichen Krankheitsbilder als Befund genannt, so daß es nicht klar ist, welches Leiden sich Shelley tatsächlich zugezogen hatte. Sein Arzt, Dr. William Lawrence, riet ihm zur unbedingten Ruhe. Von seiner dichterischen Arbeit sollte er eine Weile Abstand nehmen. Man sprach über einen Umzug nach Kent, an die Meeresküste, über eine erneute Reise in die Schweiz oder nach Italien, in ein Klima, das seiner angeschlagenen Gesundheit förderlich sein sollte. Italien schien geeigneter, zumal sich Lord Byron dort niedergelassen hatte. Claire, die wieder mit den Shelleys in Marlow lebte, hoffte, ihre Tochter in seine Obhut geben zu können.

Im November kam es zu einem politischen Skandal, der Shelley aus seiner kränklichen Lethargie riß. Drei Arbeiterführer, die für eine bewaffnete Demonstration in Nottingham verantwortlich waren, bei der es einen Toten gegeben hatte, wurden öffentlich hingerichtet. Bald wurde jedoch offenbar, daß ein Agent der Regierung die Aktion angestiftet hatte. Dies geschah wenige Tage, nachdem die vom Volk geliebte Prinzessin Charlotte im Kindbett gestorben war. Shelley nahm diese beiden Ereignisse zum Anlaß eines Pamphlets mit dem Titel: *An Address to the People on the Death of the Princess Charlotte.* Hier prangerte er die Gleichgültigkeit der Politik gegenüber dem Elend der armen Bevölkerung an und fragte nach der Trauer um die Tausende gewöhnlichen Frauen, die jedes Jahr im Kindbett starben, ohne daß dies irgend jemand kümmere.

Bereits im September war es den Shelleys notwendig erschienen, Albion House in Marlow wieder zu verkaufen. Sie hatten dort einen glücklichen Sommer verbracht, doch bald zeigte sich, wie wenig das Haus für die kalten Monate des Jahres geeignet war. Die ständige Feuchtigkeit erwies sich als Problem für den von Erkältungskrankheiten geplagten Shelley und als Risiko für die fragile Gesundheit der Kinder.

Ende Januar war es endlich soweit: Die Shelleys zogen gemeinsam mit Claire zurück nach London, in die Russell Street 119. Die neue Wohnung war jedoch nur eine Zwischenstation. Man hatte sich entschieden, England so bald wie möglich zu verlassen, um nach Italien zu reisen. Am 12. März 1818 überquerten die Shelleys, Claire, die drei Kinder sowie ihre beiden Dienstmädchen Elise Duvilliard und Amelia Shields erneut den Ärmelkanal. Nach kurzer, stürmischer Überfahrt erblickte die von Seekrankheit geplagte Mary Shelley zum dritten Mal die französische Küste.

Bittere Früchte: Reisejahre in Italien
1818–1820

Allegra

»*Der Sproß der Freiheit und der Liebe.*«
Claire Clairmont über ihre und Byrons Tochter

Die Sonne scheint hell, und es ist eine Art Paradies, nachdem wir das Schattental des Todes durchquert haben«, schrieb Mary Shelley gutgelaunt an die Hunts in London, während sie in Lyon vom Hotelfenster aus den Jura und den Gipfel des Mont Blanc sehen konnte.[119] Sie sprach von einer langweiligen und strapaziösen Reise, die jedoch alle gut überstanden hätten. Kaum hatte die Reise begonnen, da schien es dem von Krankheiten und Depressionen geplagten Percy B. Shelley bereits wesentlich besser zu gehen. Doch das wirkliche Schattental lag noch vor ihnen.

Diesmal waren sie von Calais aus nicht über Paris, sondern über Douai, Reims, Dijon und Mâcon gereist. Nach einigen Tagen Aufenthalt in Lyon überquerten sie die Alpen auf einer unter Napoleon gebauten Straße über den Mont Cenis. Shelley war durch den Anblick der wilden Berglandschaft entzückt und sang, wie Claire in ihrem Tagebuch notierte, ohne Unterlaß, während ihre Mietkutsche auf der schneefreien Straße zügig vorankam.[120]

Am 31. März erreichten sie Turin, das seit dem Wiener Kongreß von 1815 zum Königreich Sardinien gehörte. Italien, das einem Flickenteppich aus Herzogtümern und Kleinstaaten glich, war während des Friedenskongresses unter Fürst Metternich neu geordnet worden. Norditalien teilte sich in Piemont-Sardinien, einschließlich der früheren Republik Genua, unter König Viktor Emanuel I. und das Königreich Lombardo-Venetien, das dem Reich der Habsburger angeschlossen wurde.

Bei der Einreise nach Piemont-Sardinien mußten die Shelleys um ihre umfangreiche Büchersammlung bangen, die sie mit sich führten. Sie enthielt Werke französischer Autoren wie Rousseau und Voltaire, welche den sardischen Zollbeamten aufgrund ihrer religionskritischen Tendenz bedenklich schienen und die üblicherweise verbrannt werden mußten. Nach dem Ende der Herrschaft

Napoleons war man zudem in allen Staaten Italiens bestrebt, den Einfluß der Franzosen zu tilgen und ihre Hinterlassenschaften konsequent zu beseitigen – auch wenn es sich dabei um nützliche Errungenschaften wie Straßenbeleuchtung und Pockenimpfung handelte. Shelleys Bücher entgingen jedoch dank der Fürsprache eines zufällig anwesenden Paters, der Shelleys Vater kannte, der strengen Zensur und wurden ihm nach sorgfältiger Überprüfung nachgeschickt.

Am 4. April erreichten die Reisenden Mailand, wo sie ungefähr drei Wochen blieben und Ausflüge in die nähere Umgebung, an den Comer See und nach Pisa, unternahmen. Mary Shelley schrieb an ihre Freunde in London: »Italien scheint viel zivilisierter als Frankreich – man sieht mehr Anzeichen von Ackerbau und Landarbeit und man trifft unzählige Bauern auf den Straßen […]. In Frankreich kann man meilenweit reisen, ohne irgend jemanden zu treffen. Die Gasthöfe sind unendlich besser, und das Brot, das in Frankreich ungenießbar ist, ist hier das feinste und weißeste auf der Welt. In Frankreich herrscht eine trostlose Atmosphäre der Unbequemlichkeit, die recht elend wirkt. In Italien ist es ganz anders, und alles rundum erscheint uns überaus angenehm.«[121]

Das ruhige und beschauliche Leben war nicht von langer Dauer. Claire und Shelley schrieben an Lord Byron, der in Venedig weilte, und baten ihn nach Mailand zu kommen, um die kleine Allegra abzuholen. Byron hatte sich einverstanden erklärt, sich um das Mädchen zu kümmern, eine Reise nach Mailand lehnte er jedoch ab. Die Shelleys liebten die »kleine Ba« wie ihre eigenen Kinder, doch Claire hatte es sich in den Kopf gesetzt, daß ihre Tochter unter der Obhut Byrons bessere Aussichten haben würde. Sie wollte das Mädchen um keinen Preis der »glänzenden Position« im Hause eines »mächtigen, adligen und von aller Welt bewunderten Mannes« berauben.[122] Wie ihre Briefe an Byron zeigen, hoffte sie insgeheim immer noch auf eine Beziehung zu dem Dichter, die über das gemeinsame Kind zustande kommen könnte: »Warum sollten Vater und Mutter eines Kindes, das sie beide so zärtlich lieb haben, sich nicht als Freunde beggenen?«[123]

Natürlich ging Byron, der gerade mit der temperamentvollen und rasend eifersüchtigen Bäckersfrau Margarita Cogni zusammenlebte, nicht darauf ein. Er bestand darauf, daß Claire ihm unter allen Umständen fernbleiben müsse. Shelley, der über Byrons ausschweifenden Lebenswandel in Venedig Bescheid wußte, warnte Claire wiederholt davor, ihm das Kind zu überlassen. Sie bestand jedoch auf ihrem Plan und schickte Allegra in Begleitung des Kindermädchens Elise nach Venedig, obwohl ihr der Abschied von ihrer Tochter unendlich schwerfiel. Für den Rest ihres Lebens sollte sie ihre Entscheidung bereuen.

Die Shelleys reisten mit Claire weiter nach Pisa, um sie von ihrer Trauer abzulenken. Die erste Sehenswürdigkeit, mit der die Reisenden konfrontiert wurden, waren aneinandergekettete Zwangsarbeiter, die unter Aufsicht an den Straßen arbeiteten. Der elende Anblick und das ständige Kettengerassel verdarben Mary den Tag und verfolgten sie derart, daß man beschloß, Pisa so bald wie möglich zu verlassen. Sie warteten lediglich auf eine Nachricht von Elise, ob Allegra wohlbehalten in Venedig angekommen war. Am 9. Mai brachen sie nach Livorno auf.

Mary Shelley hatte von ihrem Vater ein Empfehlungsschreiben für Maria Gisborne erhalten, die mit ihrem Mann John Gisborne seit siebzehn Jahren in Italien lebte. Mrs. Gisborne war als Tochter eines Kaufmanns in Konstantinopel aufgewachsen und hatte in Rom Malerei studiert. Mit ihrem ersten Ehemann war sie nach London zurückgekehrt, wo sie in den selben Kreisen wie Mary Wollstonecraft und William Godwin verkehrte. Einen Heiratsantrag Godwins nach dem Tod ihres ersten Mannes hatte sie abgelehnt, was an ihrer gegenseitigen Freundschaft nichts änderte. Shelley beschrieb die Dame in einem Brief an Peacock als »liebenswert & überaus kultiviert«, mit demokratischen Überzeugungen und einem sympathischen Hang zum Atheismus.[124] Mr. Gisborne bezeichnete er als extremen Langweiler, änderte jedoch später seine Meinung im positiven Sinne. Mary mochte beide Gisbornes, obwohl sie ihr anfangs etwas zurückhaltend erschienen. Sie besuchte die beiden beinahe täglich, sprach mit ihnen über ihre Eltern und begann nach ihrer Weiterreise eine Korrespondenz mit Maria Gisborne, die sie während ihres Aufenthalts in Italien aufrechterhielt.

Am 11. Juni verließen die Shelleys Livorno und zogen in ein kleines, frisch renoviertes Haus mit Garten in Bagni di Lucca. Sie nahmen einen neuen Diener, Paolo Foggi, der für sie kochte und den Haushalt regelte. Mary Shelley genoß die Stille des Ortes und die malerische Aussicht auf die nahen Weinberge und die fernen Gipfel des Apennin. Sie lernte Italienisch und las zur Vertiefung ihrer Sprachkenntnisse *Orlando Furioso* von Ludovico Ariosto, neben Geschichtswerken von Edward Gibbon und David Hume. Shelley übersetzte Platons *Symposion* und schrieb auf Marys Wunsch hin seine in Marlow begonnene Verserzählung *Rosalind and Helen* zu Ende. Abends besuchten Mary, Shelley und Claire das Casino und sahen der feinen Gesellschaft beim Tanzen zu.

Die Idylle wurde durch bedenkliche Nachrichten aus Venedig gestört. Allegra und Elise waren vom englischen Konsul Richard Hoppner und seiner Frau aufgenommen worden, die Byrons Palazzo Mocenigo mitsamt der Menagerie aus Papageien, Pfauen, Wölfen, Hunden, Affen und Katzen sowie häufig wechselnden Mätressen für keinen passenden Aufenthaltsort für ein fünfzehn Monate altes Mädchen hielten. Elise hatte sich bereits in Briefen an die Shelleys über Byrons Verhalten, seinen Kammerdiener und seinen Gondoliere beschwert und über ihre Einsamkeit gejammert. Claires Briefe an Byron blieben unbeantwortet. Hoppner schrieb später an Mary Shelley, Allegra wäre still und ernst wie eine »kleine alte Frau« und würde nachts das Bett nässen.[125] Im Sommer 1818 dürfte die Verfassung des so plötzlich von seiner Mutter getrennten Kleinkindes kaum besser gewesen sein. Für Byron war sie nur eine weitere Attraktion, die er vor seinen venezianischen Freunden und Liebschaften zur Schau stellen konnte.

Im August ertrug Claire die Sorgen um ihre Tochter und das hartnäckige Schweigen Byrons nicht länger. Sie überredete Shelley, sie nach Venedig zu begleiten, während Mary mit den Kindern in Bagni di Lucca zurückblieb. Sie erreichten Venedig am 22. August. Am folgenden Tag konnte Claire die kleine Allegra im Hause der Hoppners in die Arme schließen, wobei sie zweifellos einige deftige Details über Byrons venezianische Eskapaden zu hören bekam. Währenddessen besuchte Shelley den Dichter, der von Claires Anwesenheit in Venedig nichts ahnte, in dessen Palazzo.

Byron war bester Laune und freute sich über den unerwarteten Besuch. Um ihn nicht zu verärgern, ließ Shelley Byron in dem

Glauben, Claire und Mary wären in Padua und hofften, er würde die kleine Allegra zu ihnen bringen. Byron hatte nichts dagegen – im Gegenteil: Er war einverstanden, daß Claire ihre Tochter wiedersah, solange sie nur nicht in seine Nähe kam. Er bot Shelley eine Villa in den Euganeischen Hügeln oberhalb von Este an, die er für die Sommermonate gemietet hatte.

Shelley willigte ein und schrieb sofort an Mary, sie solle packen und schnellstmöglich nach Este reisen. Ihm war nicht wohl bei dem Gedanken, Mary und ihrem wenige Monate alten Baby, das zahnte und an Durchfall litt, diese Strapazen zuzumuten, doch schien es ihm als letzte Gelegenheit, Claire und Allegra zusammenzubringen, ohne damit seine Freundschaft mit Lord Byron zu gefährden: »Meine innig geliebte Mary, Du mußt bald kommen und mich schelten, wenn ich falsch gehandelt habe, und mich küssen, wenn ich richtig gehandelt habe, denn ich weiß ganz und gar nicht, ob es falsch oder richtig war [...].«[126]

Mary erhielt das Schreiben ein paar Tage später. Sie verließ Bagni di Lucca mit den beiden Kindern, mit Milly, dem englischen Dienstmädchen, und Paolo Foggi, dem italienischen Koch, am 1. September und erreichte die Villa »I Cappuccini« in Este nach fünf anstrengenden Tagen Kutschfahrt auf staubigen Straßen in der glühenden Sommerhitze. Shelley traf sie dort am 6. September. Inzwischen war die kleine Clara schwer krank. Zwei Wochen lang litt sie an hohem Fieber, ohne daß der Arzt in Este etwas ausrichten konnte. Mary und Shelley fuhren mit dem Kind nach Padua, um einen anderen Arzt zu konsultieren. Dieser war jedoch nicht zu Hause anzutreffen, so daß Shelley alleine weiter nach Venedig fuhr, um Byrons Arzt Dr. Aglietti zu finden. Mary folgte ihm am nächsten Morgen. Diese Reise mit dem sterbenden Kind in den Armen brannte sich so sehr in ihr Gedächtnis ein, daß sie mehr als zwanzig Jahre später auf derselben Strecke jedes einzelne Gebäude wiedererkannte. Nach Problemen mit dem österreichischen Zoll erreichte sie Venedig am 24. September. Clara war bereits bewußtlos. Das Kind starb, während Mary im Gasthof auf Shelley wartete.

Nach der Bestattung der kleinen Clara in einem schmucklosen Grab am Meer kehrten die Shelleys nach Este zurück, wo Claire und die Kinder auf sie warteten. Mary versank in Depressionen,

Shelley fühlte sich schuldig am Tod des Kindes und wußte nicht, wie er sich seiner Frau gegenüber verhalten sollte. Wenige Wochen später drohte neues Unheil: Der kleine William wurde krank, und die Shelleys eilten sofort nach Venedig, um Dr. Aglietti zu treffen. Mary hatte schreckliche Angst davor, ein weiteres Kind zu verlieren. Diesmal erwies sich die Lage als weitaus weniger ernst, und sie beschlossen erleichtert, ein paar Tage in Venedig zu bleiben.

Die Hoppners und Byron kümmerten sich um Mary und versuchten alles, um sie von ihren dunklen Gedanken abzulenken. Byron gab ihr das Manuskript seiner Verserzählung *Mazeppa*, einer Allegorie über gute und schlechte Herrschaft nach Motiven von Voltaire, und bat sie um eine Kopie in Reinschrift. Er machte sie mit Cavaliere Angelo Mengaldo bekannt, der den *Frankenstein* mit Begeisterung gelesen hatte. Mengaldo hatte unter Napoleon gedient und am Rußlandfeldzug teilgenommen. Er begleitete Mary Shelley in die Oper und erzählte ihr allerlei phantastische Begebenheiten aus seinem abenteuerlichen Leben, die sie später in verschiedenen ihrer Texte verarbeitete: z. B. in dem Essay *On Ghosts* und der Doppelgängergeschichte *Ferdinando Eboli*.

Währenddessen war Shelley häufig bei Byron zu Gast, der ihm den ersten Gesang seines *Don Juan* vortrug. Shelley wunderte sich, wie der Dichter bei all seinen Liebeleien und Exzessen noch Zeit zum Schreiben fand. Er beneidete die Leichtigkeit, mit der Byron seine Werke aufs Papier warf. Seine Freundschaft mit dem Lord inspirierte ihn zu der Verserzählung *Julian and Maddalo*, und seit einigen Wochen arbeitete er am ersten Akt von *Prometheus Unbound*. In diesem komplexen Drama symbolisiert die bekannte Figur aus der antiken Mythologie den Kampf des Menschen gegen politische Unterdrückung.

Ende Oktober kehrten die Shelleys nach Este zurück. Shelley reiste noch einmal zurück nach Venedig, um Allegra ihrem Vater zu übergeben, der sie vorübergehend wieder bei den Hoppners unterbrachte. Dann holte er Mary, Claire und den kleinen William in Este ab, und sie fuhren weiter nach Ferrara, wo sie den Kerker Torquato Tassos besuchten, dann nach Bologna und schließlich nach Rom. Hier verweilten sie eine Woche und besichtigten die Sehenswürdigkeiten, die zahllosen Kunstwerke und bewunderten die antiken Stätten. Shelley besuchte das pyramidenförmige Grab des Cestius am protestantischen Friedhof, unweit der Stelle, an der er selbst seine letzte Ruhe finden würde.

Als sie schließlich nach Neapel weiterreisten, wo sie die Wintermonate verbrachten, schienen sich Marys Depressionen angesichts einer Vielzahl neuer Eindrücke und Erlebnisse verflüchtigt zu haben. In späteren Jahren bezeichnete sie das Reisen als bestes Heilmittel gegen Melancholie. Im Januar schrieb sie einen ausführlichen Brief an Maria Gisborne: »Neapel ist, wie ich mir leicht vorstellen kann, ein herrlicher Wohnort für die meisten Leute – Wir leben an der [Riviera di] Chiaia, genau gegenüber den königlichen Gärten, so daß wir eine freie Aussicht auf die hübsche Bucht haben und das Rauschen der Brandung hören können. – Wir waren auf dem Vesuv, in Herculaneum, Pompeji, in den Ateliers, so daß Sie sich denken können, daß wir uns hier ein wenig amüsiert haben, insbesondere seit Shelley, teils durch die Verschreibungen unseres englischen Arztes, teils durch seine Ausflüge zu Pferde, eine bessere Gesundheit genießt als je zuvor in diesem Winter; und er hofft sogar auf eine gänzliche Heilung. Doch hat man uns fürchterlich geschröpft, und das hat uns bis zu einem gewissen Grad die Freude an dem Ort verdorben, und übrigens: Ich sehne mich danach, nach Rom zurückzukehren, eine Stadt, die ich mehr schätze als jede andere, die ich je besucht habe.«[127]

Über die Italiener scheint Mary Shelley indes keine sonderlich gute Meinung gehabt zu haben: »Sie benehmen sich, als wären sie allesamt vor fünfzig Jahren gestorben, und gehen nun ihrer Arbeit nach, wie die Geistermatrosen auf Coleridges verzaubertem Schiff – natürlich nur, wenn sie einen nicht gerade übers Ohr hauen.«[128] Diese Auffassung beruht möglicherweise auf unguten Erfahrungen mit dem italienischen Koch Paolo Foggi, der eher aus Langeweile als aus Leidenschaft das Genfer Kindermädchen Elise verführt und geschwängert hatte. Die Shelleys drängten die beiden zu heiraten und entließen sie. Zwei Jahre später rächten sich Foggi und Elise an den Shelleys, indem sie Gerüchte über ein uneheliches Kind Shelleys streuten, das Claire angeblich im Dezember 1818 in Neapel zur Welt gebracht hatte. Als Mary davon erfuhr, war sie entsetzt und wies jeden Verdacht einer Beziehung zwischen Shelley und Claire von sich. Sie schwor Isabella Hoppner, daß Claire damals kein Kind bekommen habe und daß alles erlogen sei.[129]

Allerdings entdeckte Professor Alberto Tortagolione 1936 im Archiv von Neapel die Geburtsurkunde eines Kindes, das am 27. Dezember 1818 geboren und am 27. Februar 1819 auf den Namen Elena Adelaide getauft worden war. Die Urkunde trägt die Unterschriften von Mary und Percy Shelley. Das Kind starb am 9. Juni 1820, der Name auf der Sterbeurkunde lautet »Elena Schelly«. Über die Herkunft dieses Kindes gibt es bis heute nur Spekulationen. Sollte Claire die Mutter gewesen sein, so gibt es keine Beweise dafür. Mary Shelley könnte freilich ihren Mann nur verteidigt haben, um ihren eigenen Ruf zu retten. Doch wenn man ihren entgeisterten Brief an Percy B. Shelley ernst nimmt, den sie schrieb, nachdem sie von den Anschuldigungen Elises erfahren hatte, erscheint es sehr unwahrscheinlich, daß sie in dieser Sache gelogen hat.[130]

Die wahrscheinlichste Erklärung für das geheimnisvolle Kind ist, daß Shelley ein neapolitanisches Waisenkind adoptierte und es zunächst bei einer Familie in Pflege gab. Im Juli 1820 kündigte er in einem Brief an die Gisbornes an, er würde seine »Neapolitanerin« bei sich aufnehmen, sobald sie wieder gesund wäre.[131] Es kam jedoch nicht dazu, da das Mädchen bereits verstorben war.

Ein weiteres Indiz für diese Erklärung ist, daß Mary Shelley in ihren literarischen Texten, die nach 1819 entstanden, immer wieder vergleichbare Geschichten über Waisenkinder aus vornehmen und aristokratischen Familien erzählte, die im Hause armer Bauern aufwachsen und schließlich von zufällig erscheinenden Männern ihres Standes gerettet oder adoptiert werden. Eine solche Geschichte erscheint in *Maurice, or the Fisher's Cot* aus dem Jahr 1820. Die neue Version der Herkunft von Elizabeth Lavenza in der *Frankenstein*-Ausgabe von 1831 entspricht ebenfalls diesem Muster: In der Urfassung von 1817 war Elizabeth Frankensteins Cousine, in der Version von 1831 ist sie das Waisenkind eines italienischen Freiheitskämpfers, das von Bauern großgezogen wird. Frankensteins Vater erkennt an der Schönheit und am Charakter des Kindes, im Unterschied zu den dunkeläugigen, dreisten Bauernkindern, ihre vornehme Abstammung und adoptiert sie. Elizabeth Raby in Mary Shelleys letztem Roman *Falkner* von 1837 erleidet ein ähnliches Schicksal: Nach dem Tod ihrer Eltern in einem einsamen Fischerdorf wächst sie bei armen Leuten auf, bevor sie vom Titelhelden gerettet und adoptiert wird. Andere Versionen derselben Geschichte finden sich in weiteren Erzählungen.

Mary Shelley nutzte gerne eigene Erlebnisse oder auch Berichte aus ihrem Bekanntenkreis als Grundlage für Details und Passagen in ihren fiktiven Texten. Die oft wiederholte »Adoptionsgeschichte« könnte ihren Ursprung also in dem Geheimnis um Elena Adelaide haben. Es entsprach auch durchaus dem Charakter Shelleys, fremde Kinder, die ihn auf irgendeine Art und Weise beeindruckten, von der Straße aufzulesen und nach Hause mitzunehmen. In Marlow hatte er zum Beispiel ein Mädchen namens Polly Rose von einem Ausflug mitgebracht. Daß Mary Shelley derartige Vorfälle in ihren Briefen und Tagebüchern nicht erwähnte, zeigt, wie wenig Begeisterung sie für solche unbedachten Aktionen ihres Mannes aufbringen konnte. Anders als Shelley war sie sich des Eindrucks, den ihr unkonventionelles Familienleben auf eher konservative Personen machte, wohl bewußt.

Im März des neuen Jahres zogen die Shelleys und Claire nach Rom. Sie wohnten im Palazzo Verospi am Corso und besichtigten erneut die antiken Stätten und die Kunstschätze des Capitols und des Vatikans. Shelley besuchte die Ruinen der Bäder von Caracalla, in deren Schatten er am zweiten und dritten Akt seines Dramas *Prometheus Unbound* schrieb. Mary übersetzte Vittorio Alfieris *Myrrha* aus dem Italienischen und nahm Zeichenunterricht bei der englischen Malerin Amelia Curran, die in früheren Jahren ein häufiger Gast im Hause der Godwins gewesen war. Miss Curran fertigte Porträts von Mary, Shelley, Claire und William an und begleitete sie bei ihren Spaziergängen und Besichtigungstouren. Doch die römische Idylle erwies sich als brüchig: Nach einigen friedlichen Wochen brach neues Unglück über sie herein.

Der kleine William litt plötzlich unter heftigen Magenschmerzen. Der Arzt, ein Engländer namens Dr. John Bell, diagnostizierte einen Wurmbefall und verschrieb starke Abführmittel. Da das schwülheiße Klima in Rom für das Kind äußerst ungesund war, beschloß man so bald wie möglich nach Bagni di Lucca umzuziehen. Doch nachdem es William für kurze Zeit etwas besser gegangen war, erkrankte er erneut und bekam hohes Fieber. Er starb am 7. Juni und wurde auf dem Protestantischen Friedhof beigesetzt.

»Ich kann Ihnen versichern, daß ich mich sehr verändert habe – Die Welt wird für mich niemals wieder dieselbe sein – alles was darin lebendig & neu war ist für mich verloren [...]. Eigentlich hätte ich am 7. Juni sterben sollen.«[132] Mary Shelley schrieb diese Zeilen einige Monate nach dem Tod ihres dritten Kindes. Sie war mit Shelley und Claire aus Rom geflohen und nach Livorno gereist. Eine neue Schwangerschaft machte ihr schwer zu schaffen, konnte sie aber nicht von ihren seelischen Schmerzen ablenken. Ihre Übersetzungsarbeiten, die sie aufgrund der Anregung Shelleys als Stilübung begonnen hatte, und ihre Zeichenstunden hatte sie aufgegeben, ebenso ihre täglichen Tagebuchnotizen. Alles versank in der Dunkelheit ihrer Depression. Dies also waren »die Früchte des verhaßten Italien«.[133]

Shelley, der über den Tod des kleinen »Will-man« ebenfalls todunglücklich war, aber nicht wußte, wie er Mary helfen oder beistehen konnte, zog sich zurück und beschäftigte sich mit der Arbeit an einem neuen Drama über die Vatermörderin Beatrice Cenci, deren Schicksal ihn schon lange interessiert hatte: der übermächtige Vater, der seine Tochter zum Inzest zwingt, die unschuldige Tochter, die schließlich zu denselben verachtenswerten Mitteln greifen muß wie ihr verhaßter Vater, um das Recht wiederherzustellen. Während er sich in seine Arbeit vertiefte, versuchte er gleichzeitig, neue Sorgen von Mary fernzuhalten und verheimlichte ihr Briefe William Godwins, die anstatt tröstender Worte Schimpftiraden auf Shelley und neue Geldforderungen enthielten.[134] Das Geld benötigte Godwin dringend, da er in ein Gerichtsverfahren um die Miete des Hauses in der Skinner Street verwickelt war, die er jahrelang nicht bezahlt hatte. Als Mary die Briefe ihres Vaters schließlich doch zu Gesicht bekam, mühte sie sich, sein schäbiges Verhalten zu erklären und mit ihrer ungebrochenen Liebe zu ihm zu vereinbaren. Früher hatte sie alles auf den Einfluß von Mrs. Godwin zurückgeführt. Nun kam sie zu einer neuen Erklärung, die sie in einem kleinen Roman verarbeitete.

The Fields of Fancy wurde im August 1819 begonnen und im Februar des folgenden Jahres fertiggestellt. Die endgültige, überarbeitete Fassung bekam den Titel *Matilda*. Mary schickte das Manuskript an ihren Vater, mit der Bitte, für dessen Veröffentlichung zu sorgen. Wie Shelley in *The Cenci* griff sie das tabuisierte Thema Inzest auf: Matilda wächst ohne Mutter auf. Ihr Vater bedeutet alles für sie, doch distanziert er sich zunächst von seiner Tochter und begibt sich auf Reisen. Endlich heimgekehrt, sieht er in Matilda das Ebenbild ihrer jung verstorbenen Mutter, deren Verlust er nie überwunden hat. Entsetzt über seine frevelhaften Gefühle für seine Tochter, entschließt er sich zum Selbstmord. Matilda erfährt davon und versucht ihn zu retten, doch sie kommt zu spät. Da sie es war, die ihren Vater zur Offenbarung seiner Gefühle gedrängt hat, gibt sie sich die Schuld an seinem Tod und denkt daran, ebenfalls den Freitod zu wählen.

Die Parallelen der Situation der Romanfiguren zum Verhältnis zwischen Mary und Godwin sowie Godwin und Mary Wollstonecraft sind offensichtlich. Wenn man bedenkt, wieviel Sorgen sich William Godwin bei der Flucht Marys und dem Selbstmord Fannys um seinen Ruf gemacht hatte, ist es nur zu verständlich, daß er sich nicht die geringste Mühe machte, *Matilda* zu veröffentlichen. Er nannte den kleinen, vom Schwermut der Autorin durchdrungenen Roman »abscheulich & geschmacklos«.[135]

Die Veröffentlichung war vielleicht gar nicht Mary Shelleys primäres Ziel. Es ist denkbar, daß sie Godwin zeigen wollte, wie sehr sie ihn und seine Eifersucht auf Shelley, die in seinen Briefen klar zum Ausdruck kam, verstand: Godwin hatte in ihr stets eine zweite Mary Wollstonecraft erblickt, deren natürliche Talente und mühsam erworbene Bildung seiner unausgesprochenen Meinung nach in ihrer Ehe verschwendet wurden. Natürlich waren Godwins Briefe an Mary in einem ganz anderen Ton verfaßt als die kalten Forderungen an Shelley – hier sprach der weise, gütige Vater, dessen philosophische Ratschläge ihr aus ihrer Lebenskrise helfen sollten. Entsprechend unterscheidet sich Mary Shelleys Darstellung der Vaterfigur, des Inzestmotivs und des Vatermordes erheblich von derjenigen in Percy Shelleys im selben Zeitraum entstandenen, thematisch ähnlichem Drama *The Cenci*.

In Shelleys Drama steht die Rebellion Beatrice Cencis gegen den anmaßenden, als Tyrann auftretenden Erzeuger im Mittelpunkt – der Vatermord erscheint als gerechte Rebellion. Bei Mary Shelley wird die namenlose Vaterfigur idealisiert, und die Tochter bezichtigt sich selbst des Vatermordes, bezeichnet sich selbst als das »Monster«, das ihren eigenen Vater in den Tod trieb. Eine ähnliche Situation wird in Mary Shelleys viel später verfaßter Erzählung *The Mourner* beschrieben, in welcher eine Tochter sich während eines Unglücks auf See weigert, ihren geliebten Vater zu verlassen, und gerade hierdurch seine Rettung verhindert, da auf dem letzten Rettungsboot nur noch Platz für eine Person ist. Böse, tyrannische und gefühllose Väter sind selten in Mary Shelleys Romanen und Erzählungen – während idealisierte Vaterfiguren in all ihren Texten seit *Frankenstein* eine wichtige Rolle spielen. Die Autorin war sich allerdings immer der Gefahr der Idealisierung des Vaters durch das Kind und die daraus entstehende Abhängigkeit bewußt, wie die in *Matilda*, *The Mourner* und später in *Lodore* geschilderten Schicksale zeigen.[136]

Die inzwischen wieder offen ausgesprochene Abneigung Percy B. Shelleys gegen William Godwin, den er als Verräter an seinen eigenen Idealen betrachtete, scheint die Spannungen zwischen ihm und Mary, die durch den Tod der beiden Kinder ausgelöst worden waren, noch vergrößert zu haben. Ihre später so idealisierte Beziehung erlebte eine ernste Krise, die sich nicht nur dadurch äußerte, daß Mary ihren Mann bei seinen Ausflügen nicht oder nur selten begleitete. In *Matilda* erscheint die Figur des Dichters Woodville, der versucht, die Heldin nach dem Tod ihres Vaters vom Selbstmord abzubringen. Matilda reagiert auf sein Angebot mit Verbitterung: »Wahrscheinlich plant er schon ein Gedicht mit mir als Hauptfigur. Für ihn bin ich nur eine Farce und ein Schauspiel, doch für mich ist alles bittere Wirklichkeit: Er zieht seinen Nutzen daraus, und ich habe die Last zu tragen.«[137]

Es scheint naheliegend, diese Zeilen biographisch zu deuten. Die Gräben zwischen Mary und Shelley erwiesen sich jedoch nicht als unüberwindbar. Shelley, der auf Marys anhaltende Niedergeschlagenheit stets unsicher und hilflos reagierte, versuchte die Liebe auf eben jene Art zu retten, die Mary in *Matilda* kritisierte: Er machte ihr Leid zu Literatur, beklagte in *To Mary Shelley* ihre zunehmende Kälte und Distanzierung und las ihr aus klassischen Werken vor, in deren menschlichen Tragödien sie ihr eigenes Schicksal und die Möglichkeit der Erlösung reflektiert sehen konnte.

Mary Shelley wußte um den schmerzlichen Unterschied von Realität und Poesie, den Percy Shelley in seiner Phantasie zu überwinden hoffte. Aber sie wußte auch, daß dieser Unterschied ebenfalls Teil der Dichtung werden kann: In den letzten Gesängen des »Fegefeuers« in Dantes *Göttlicher Komödie* fand Shelley die Zeilen, die sie berührten und vielleicht überzeugten. Hier begegnet der Dichter Mathilde, die die werktätige Frau symbolisiert, er ist jedoch durch einen unüberwindbaren Fluß von ihr getrennt. Im einunddreißigsten Gesang tauft Mathilde Dante in Lethe, dem Fluß des Vergessens – die Voraussetzung für den Eintritt ins Paradies.

Percy Shelley las seiner Frau häufig aus *Paradise Lost* und aus der *Göttlichen Komödie* vor, und sie verwies in ihrem kleinen Roman wiederholt auf Dantes Werk, indem sie ihre Matilda mit seinen Frauenfiguren – Leah, Mathilde, Beatrix – identifizierte. Man kann ihren Roman also ebenso als offene Kritik an Shelley wie als Zeichen der beginnenden Heilung und Vergebung lesen. Dieser Prozeß wurde in Mary Shelleys nächsten Arbeiten, den mythologischen Dramen *Proserpina* und *Midas*, weitergeführt. Diese Nachdichtungen antiker Mythen dienten ihr als Rahmen für kleine Dichtungen Percy Shelleys, die sie in ihren Text einfügte. Mary und Shelley tauchten wieder gemeinsam in den Fluß, der sie eben noch getrennt hatte, und tranken beide das Wasser Lethes.

So einfach war es nicht – so groß war die Macht der Literatur nicht, daß Mary darüber den Schmerz des Verlustes vergessen und die Entfremdung von Shelley mit einem Schlag überwinden konnte: Doch die formal und inhaltlich gegensätzlichen literarischen Arbeiten des traurigen Jahres 1819 enthielten bereits den Keim einer neuen Vertrautheit und Intimität, die in den Arbeiten von 1820, nach der Geburt ihres Sohnes Percy Florence, zum Ausdruck kam und die sich an ihrem gemeinsamen Interesse an klassischer Literatur und Mythologie aus einem Abgrund der Depressionen und gegenseitiger Vorwürfe emporranken konnte.

Verlorene Kinder: Florenz und Pisa
1820–1821

TERESA GUICCIOLI

»Ein nettes, hübsches, unprätentiöses Mädchen«
Mary Shelley über Byrons letzte Liebe

Im Oktober 1819 zogen die Shelleys mit Claire nach Florenz. Sie wohnten im Palazzo Marini in der Via Valfonda, wo sie Marys Niederkunft abwarteten. Claires Bruder Charles Clairmont besuchte sie auf einer Reise von Spanien nach Wien und sorgte für etwas Abwechslung vom eintönigen Alltag, den Mary mit Lesen und Schreiben verbrachte, während Shelley mit zunehmender Begeisterung durch die prachtvollen Kunstsammlungen der Stadt zog.

Am 12. November kam Mary Shelleys viertes Kind zur Welt. Es wurde entsprechend der Anregung von Sophia Stacey, dem Mündel von Shelleys Onkel Robert Parker, die mit einer älteren Begleiterin durch Italien reiste und am 11. November ein Zimmer im Palazzo Marini bezogen hatte, Percy Florence genannt. Die Geburt verlief ohne Probleme und beendete die kinderlose Zeit, die sowohl Mary als auch Shelley zutiefst verhaßt gewesen war. Doch nach dem Tod dreier Kinder bestand nun Mary Shelleys größte Angst darin, sie könne auch ihr viertes verlieren.

Der Winter in Florenz war der kälteste seit Jahren: »Wind! Eis! Schnee! Kann es in England schlimmer sein?« schrieb Mary an Mrs. Gisborne.[138] Daß es in England – abgesehen vom Wetter – tatsächlich schlimmer war, stand für sie jedoch außer Zweifel. In ihre Heimat zurückkehren wollte sie auf keinen Fall: Die Shelleys konnten in Italien mit einer vergleichbar geringen Geldsumme und ohne ständige Sorgen um ihre Finanzen gut leben. Zudem fürchtete Mary, ihr Mann könnte in England aufgrund seiner politischen Überzeugungen verfolgt und verhaftet werden.

Dies war keine irrationale Angst. Im August des letzten Jahres war eine Arbeiterdemonstration bei Manchester von berittenen Soldaten aufgelöst worden. Es gab elf Tote und mindestens vierhundert Verletzte. Die konservative Regierung der »old stupid

Tories« reagierte mit den »Six Acts« – Verordnungen, die Presse- und Versammlungsfreiheit einschränkten. Percy B. Shelleys poetische Reaktion auf das sogenannte »Peterloo Massaker« war das Gedicht *The Mask of Anarchy*, in welchem er die verantwortlichen Politiker namentlich erwähnte – Castlereagh, Sidmouth, Lord Eldon stehen hier stellvertretend für Mord, Betrug und Heuchelei. Shelleys Verleger in London weigerten sich aus Furcht, das Gedicht drucken zu lassen, so daß es erst zehn Jahre nach seinem Tod erscheinen konnte, als eine liberale Reformperiode die Zeit der repressiven Politik ablöste.

Mary Shelley verfolgte das politische Geschehen in England genau und kommentierte es in ihren Briefen. Als sie im März 1820 von der Aufdeckung der Cato-Street-Verschwörung, einem geplanten Bombenattentat auf das Kabinett, und der Verurteilung aller Beteiligten erfuhr, schrieb sie an Marianne Hunt, deren Mann möglicherweise in die Pläne eingeweiht gewesen war: »Nicht, daß ich gerne in England wäre, wenn ich könnte – mir würde eine Ladung Freunde & Bücher von der Insel genügen. Ich bin zu sehr deprimiert über den dortigen Zustand der Versklavung und meine Nutzlosigkeit, über die geringe Wahrscheinlichkeit von Freiheit & die große Wahrscheinlichkeit von Tyrannei, um mir zu wünschen, Zeugin seiner stufenweisen Degeneration zu sein […].«[139]

Inzwischen waren die Shelleys nach Pisa umgezogen. Mary mochte die Stadt, aber sie hegte eine fast irrationale Abneigung gegen ihre Einwohner – sie sah überall nur Spitzbuben, Schurken, Gauner, Bettler, Zwangsarbeiter auf den Straßen, Frauen mit häßlichen Gesichtern und schmutzigen Baumwollkleidern. Nachdem sie ihre bisherigen Dienstmädchen Elise und Milly entlassen hatte, suchte sie verzweifelt nach einer Dienerin, die sie nicht allzu sehr betrog und bestahl. Falls Mary Shelley immer noch eine tiefe Verbitterung über die Tragödien des letzten Jahres spürte, so ließ sie dies vor allem an den Dienstboten und an Claire aus, mit der sie häufig aus nichtigen Gründen zankte.

Ein Lichtblick war die Freundschaft mit Margaret Mason, die mit ihrem Liebhaber George Tighe und zwei unehelichen Töchtern, Laurette und Nerina, seit 1814 in Pisa lebte. Mrs. Mason war eine der Töchter Robert Kingsboroughs, die Mary Wollstonecraft als Gouvernante betreut hatte. Von ihr hatte sie auch ihre festen politischen und sozialen Überzeugungen und die entsprechende Einstellung zur Kindererziehung und Gleichberechtigung der Frau übernommen. 1791 hatte sie den Earl of Mountcashell geheiratet, ohne ihre zahlreichen Kontakte zu Radikalen und Revolutionären in England und Irland aufzugeben. In London hatte sie auch Godwin kennengelernt, der ein Kinderbuch von ihr veröffentlichte, das sich als recht erfolgreich erwies und in viele Sprachen übersetzt wurde. 1804 verließ sie ihren Mann, dem sie sieben Kinder geboren hatte. Sie hatte sich in den Gelegenheitsdichter und Privatgelehrten George William Tighe verliebt, einen Freund Mountcashells, und brannte ohne lang zu zögern mit ihm durch. Trotz der Napoleonischen Kriege und der entsprechend schwierigen Bedingungen reisten die beiden durch Europa und verbrachten einige Jahre in Deutschland, wo Mrs. Mason – wie sich Lady Mountcashell nun nach einer Romanfigur Mary Wollstonecrafts nannte – als Mann verkleidet Universitätsvorlesungen über Medizin besuchte. Nachdem sie vergeblich um das Sorgerecht für ihre Kinder gekämpft hatte, ließ sie sich mit Tighe in Pisa nieder, wo sie unter anderem ein Buch mit Ratschlägen für junge Mütter verfaßte.

Mrs. Mason war eine scharfsinnige, aber auch warmherzige Intellektuelle, die sich uneigennützig für das Wohl ihrer Mitmenschen engagierte und Klassenschranken ignorierte. Sie versorgte die Shelleys mit politischen Zeitschriften der letzten Jahre und unterhielt sie mit Anekdoten über radikale Oppositionspolitiker, die sie in England kennengelernt hatte. Sie teilte jedoch nicht Marys Resignation über die dortige Lage und riet ihr, von ihrem Gram und ihrer Verbitterung abzulassen, um ihren Sohn nicht negativ zu beeinflussen.

Claire, die in ständiger Sorge um ihre Tochter Allegra lebte, entwickelte eine besondere Zuneigung zu den Masons, in deren Haus sie stets willkommen war. Mrs. Mason half ihr, eine Anstellung als Gouvernante in Florenz zu finden, um sie aus ihrer bedrückenden finanziellen Abhängigkeit von den Shelleys zu befreien.

George Tighe steckte Percy Shelley kurzfristig mit seiner Begeisterung für Landwirtschaft und Kartoffelzucht an. Mary war der elfjährigen Laurette sehr zugetan und schrieb ihr als Geburtstagsgeschenk eine Erzählung mit dem Titel *Maurice, or the Fisher's Cot*. Das etwa vierzig Seiten umfassende Manuskript war lange verschollen und tauchte erst 1997, im zweihundertsten Geburtsjahr Mary Shelleys, im Familienarchiv der Nachfahren Laurettes wieder auf.

Eine Kopie von *Maurice* wurde an Godwin geschickt, der von einer Veröffentlichung wegen der Kürze des Textes abriet. Dabei ist jene Geschichte nicht nur eine der schönsten Mary Shelleys, sie ist auch ein Vorläufer der komplexen Erzählstruktur ihrer späteren Arbeiten.

Maurice beginnt mit der Ankunft eines Fremden in einem kleinen, an der Meeresküste gelegenen Dorf in Devonshire. Der Reisende wird Zeuge des Beerdigungszuges eines alten Fischers. Unter den Trauernden sieht er einen kleinen Jungen, und er erkundigt sich im Gasthof nach dessen Geschichte. Er erfährt, daß der Junge namens Maurice eines Tages im Dorf erschien und nach Arbeit suchte. Er half dem Fischer beim Ausbessern der Netze, dieser nahm ihn in seiner bescheidenen Hütte auf und behandelte ihn wie einen eigenen Sohn.

Im zweiten Teil der Erzählung trifft der Reisende Maurice bei der Hütte des Alten. Maurice erzählt ihm von seinem Leben im Hause seiner Eltern, armen Bauern, die ihn schlecht behandelten und von klein auf trotz seiner schwachen Konstitution hart arbeiten ließen. Er hatte seine Familie verlassen, um ein eigenes Auskommen zu finden, und nun, nach dem Tod des Fischers, müsse er wieder weiterziehen, um neue Arbeit zu suchen.

Der dritte und letzte Teil enthält den Bericht des Reisenden, der sich als Universitätsprofessor vorstellt, der jedes Jahr in seiner freien Zeit das Land durchstreift, um nach seinem Sohn zu suchen. Dieser war vor Jahren während eines Ausfluges in Devonshire entführt worden. Im Laufe seiner Erkundigungen, die sich wie ein Puzzle zusammenfügen, wird am Ende klar, daß Maurice tatsächlich sein Sohn ist.

Mary Shelley greift in ihrer Erzählung Motive auf, die sich in vielen ihrer Texte wiederfinden: das verlorene Kind, das Waisenkind aus gutem Hause, das unter armen Leuten aufwächst, die Vergänglichkeit des Glücks und der Trauer, das Schicksal, das Menschen trennt und zusammenführt. Typisch ist auch die Erzählweise. Die subjektiven Perspektiven der Figuren und die fragmentarischen Informationen in ihren Schilderungen fügen sich nach und nach wie ein Mosaik zu einem lückenlosen Gesamtbild zusammen. Diese Methode kannte Mary Shelley aus den Werken ihres Vaters, und sie sollte sie in ihrem letztem Roman, *Falkner*, perfektionieren.

Neben *Maurice* hatte Mary Shelley im Frühjahr 1820 verschiedene literarische Projekte begonnen. Seit März recherchierte sie für einen Roman um die Abenteuer des toskanischen Fürsten Castruccio, des Prinzen von Lucca, dessen Leben durch eine Biographie Machiavellis überliefert ist. Im April und im Mai schrieb sie ihre beiden bereits erwähnten mythologischen Dramen *Proserpine* und *Midas*.

Lediglich *Proserpine* wurde zu Lebzeiten der Autorin in leicht gekürzter Form veröffentlicht. Beide Dramen sind nicht nur deshalb interessant, da sie einige kleine Gedichte Percy Shelleys enthalten und somit Zeugnis für eine liebevolle Zusammenarbeit ablegen. Es handelt sich um Nachdichtungen antiker Sagen. Figuren und Motive der antiken Mythologie erschienen zwar nicht selten in den Dichtungen der englischen Romantik, allerdings kaum in unprätentiösen Nachdichtungen, sondern als Mittel der Satire, der Allegorie oder aus didaktischen Gründen. Mary Shelleys kleine Versdramen sind, so der spätere Herausgeber André Koszul, die frühesten Beispiele für die Wiederentdeckung klassischer Mythen und klassischer Schönheit in der englischen Romantik.[140]

Die Geschichte der Proserpina, der Tochter der römischen Göttin des Ackerbaus, Ceres, die vom König der Unterwelt entführt und gewaltsam zur Frau genommen wird, kannte Mary Shelley aus einem ihrer Lieblingsbücher, Ovids *Metamorphosen*. Ihre Version unterscheidet sich inhaltlich kaum vom Original. Wieder geht es um verlorene Kinder. Die verzweifelte Suche der Mutter nach ihrer Tochter, die sich vom »Kind des Lichts« zur »Königin der Hölle« wandelt, bildet den Kern der Handlung, und es dürfte klar sein, warum sich Mary ausgerechnet für diese Sage interessiert hat. Es gibt auch einen Zusammenhang zu dem Roman *Matilda*, in welchem die Heldin mit Proserpina verglichen wird. In Dantes

Göttlicher Komödie wird Mathilde wiederum mit der unschuldigen Proserpina identifiziert, die ahnungslos am Ufer des Flusses Blumen pflückt. Gerade diese Passage aus dem 28. Gesang des »Fegefeuers« hatte Shelley für seine Frau aus dem Italienischen übersetzt.

Der Ursprung des Versdramas *Midas* liegt ebenfalls in den *Metamorphosen*: König Midas' Wunsch, alles, was er berührt, solle sich in Gold verwandeln, erweist sich nach seiner Erfüllung als Fluch. In einer zweiten Geschichte werden dem König Eselsohren angezaubert, nachdem er sich selbstgefällig in das Urteil über den Sängerwettstreit zwischen Pan und Apollo eingemischt hat. Mary Shelley läßt in ihrer dramatisierten Version die einfachen und komischen Geschichten für sich selbst sprechen, ohne die offensichtliche Moral hervorzuheben. Ihr Umgang mit der Vorlage ist spielerisch und humorvoll. Das Motiv für die Wahl dieses Stoffes, zu dem es in der englischen Romantik kaum andere Bearbeitungen gibt, liegt jedoch im dunklen. Möglicherweise hatte Shelley, der seine Frau unermüdlich zu eigenen literarischen Arbeiten ermunterte, ihr das Thema vorgeschlagen.

Angesichts der vielen neuen Projekte, die Mary Shelley im Frühjahr 1820 begann, scheint es fast, als hätte sie die innere Lähmung nach den Katastrophen des letzten Jahres überwunden. Doch die dunkle Melancholie, die den Stil fast aller ihrer bedeutenden Texte nach 1819 beherrscht, zeigt, wie tief die seelischen Wunden wirklich waren. Im Sommer verdunkelten neue Sorgen den blauen Himmel Italiens.

Paolo Foggi, der ehemalige Diener der Shelleys, versuchte sie mit der geheimnisvollen Geschichte des neapolitanischen Kindes, dem angeblichen Sproß von Shelley und Claire, zu erpressen. Obwohl diese Machenschaften von Shelleys Anwalt abgeschmettert wurden, sorgten die Briefe Elise Duvilliards für Unruhe. Mary Shelleys geradezu flehentliche Verteidigung ihres Mannes gegenüber den Hoppners und den Gisbornes stieß auf ein eher geteiltes Echo, und der Skandal war für Byron ein willkommener Anlaß, Claire und den Shelleys jeden weiteren Kontakt zu Allegra zu verweigern.

Die Sommermonate hatten die Shelleys in Bagni di Lucca und Bagni di San Giuliano (heute: Bagni di Pisa) verbracht. Dr. Andrea

Vaccà Berlinghieri, ein vielseitig gebildeter Mann aus dem Freundeskreis der Mrs. Mason, der in den literarischen Salons von Pisa verkehrte, hatte Percy Shelleys beständiges Seitenstechen als Nierenleiden diagnostiziert und ihm warme Bäder verordnet, die ihm besser bekamen als die starken Medikamente, mit denen er von seinen früheren Ärzten traktiert wurde.

Im Juli erreichten Nachrichten von der Revolution in Neapel unter General Guglielmo Pepe die Shelleys in San Giuliano. Schon seit einigen Jahren sorgten zahlreiche, unabhängige und teils untereinander zerstrittene Geheimgesellschaften in den Kleinstaaten Italiens für Unruhe. Diese Geheimbünde, die Carbonari, hatten ihren Ursprung im Widerstand gegen die Marionettenregierungen Napoleons und wandten sich nun gegen die neuen absolutistischen Herrscher und die österreichischen Besatzer, ohne jedoch übermäßigen Rückhalt in der breiten Bevölkerung zu genießen. Die neapolitanischen Verschwörer erreichten kurzfristig die Durchsetzung einer demokratischen Verfassung mit konstitutioneller Monarchie unter Ferdinand I. Dieser stimmte jedoch einer militärischen Intervention Österreichs zu, durch die der ursprüngliche Status quo im März des nächsten Jahres wiederhergestellt wurde – nur daß nun ein Polizei- und Spitzelapparat für die Unterbindung neuer revolutionärer Experimente sorgte.

Mary Shelley begrüßte die Revolution und hoffte, daß die Lombardei und die Toskana sich ihr anschließen würden. Ihren Optimismus kann man im Vergleich zu den utopischen Überzeugungen ihres Vaters und ihres Mannes jedoch nur als halbherzig bezeichnen: »Letztendlich hoffe ich, daß die Menschen hier ihre gefallenen Seelen und Körper erheben, um etwas Besseres zu werden als das, was sie sind.«[141]

Im Oktober kehrten die Shelleys nach Pisa zurück, wo sie sich nun viel öfter als zuvor in Gesellschaft begaben und zahlreiche neue Bekanntschaften schlossen. Claire, die den Sommer über häufig Gast bei den Masons gewesen war, reiste weiter nach Florenz, um einen Monat im Haus des Arztes Antonio Bojti, eines Bekannten der Mrs. Mason, zu verbringen und dessen Kindern Englischunterricht zu erteilen. Sie hoffte, über die Beziehungen Bojtis eine Gouvernantenstelle zu bekommen. Die Abwesenheit Claires kam für Mary sicher nicht ungelegen, da die ständigen Querelen und Streitereien um banale Dinge an ihren Nerven zehrten, doch vermied sie – im Unterschied zu ihrer Stiefschwester – diskret entsprechende Bemerkungen in ihren privaten Aufzeichnungen.

Shelley, der sich um alltägliche Probleme seiner Familie nicht kümmern wollte und das Haus verließ, wenn es lästigen Streit gab, hatte Kontakt zu seinem Cousin und späteren Biographen Thomas Medwin aufgenommen und ihn nach Pisa eingeladen, wo sie nach der Abreise Claires zusammentrafen. Shelley freute sich ungemein, denn er hatte seinen Cousin seit beinahe sieben Jahren nicht mehr gesehen. Medwin hatte in Indien gedient und sich nach der Auflösung seines Regiments dazu entschlossen, den europäischen Kontinent zu bereisen. Seine Berichte über die Zeit in Indien und sein Tagebuch, aus dem er den Shelleys vorlas, waren wichtige Quellen für die entsprechenden Passagen in Mary Shelleys Roman *Falkner*.

In Medwins *Life of Shelley* (1847) findet sich eine lebendige Beschreibung des Dichters bei ihrem Wiedersehen in Pisa. Der gerade achtundzwanzig Jahre alte Shelley war laut Medwin extrem kurzsichtig, mit ersten grauen Strähnen im Haar: »Seine Gestalt war ausgezehrt und ein wenig gebeugt […], doch sein Auftreten war jugendlich und sein Gesichtsausdruck, ob ernst oder fröhlich, war überraschend intellektuell. In seinem Ausdruck lag eine Frische und Reinheit, die er nie verlor.«[142]

Medwin beschrieb auch, welch großes Interesse Shelley an der Arbeit seiner Frau hatte. Täglich las er die fertiggestellten Manuskriptseiten ihres neuen Romans und korrigierte sie mit dem Bleistift. *Castruccio, Prince of Lucca* sollte erst im Laufe des nächsten Jahres vollendet werden und im Jahr 1823 unter dem Titel *Valperga* erscheinen. Da nur Fragmente des ursprünglichen Manuskripts erhalten sind, ist nicht nachweisbar, inwieweit Shelley den Roman durch eigene Korrekturen und Vorschläge beeinflußt hat. Mary Shelley betrieb aufwendige Recherchen und las historische Abhandlungen und Zeitdokumente, um das Leben in der Toskana des Spätmittelalters so wirklichkeitsgetreu wie möglich darstellen zu können. Höchstwahrscheinlich beschränkte sich Percy Shelleys Mitarbeit – wie schon bei *Frankenstein* – auf stilistische Korrekturen.

Eine der illustren Persönlichkeiten, die die Shelleys in Pisa kennenlernten, war der Universitätsprofessor Francesco Pacchiani, den Mary in ihrem neuen Roman in der Figur des zwielichtigen Benedetto Pepi verewigte. Pacchiani war ein Salonlöwe der ebenso amüsanten wie zweifelhaften Sorte, der sich durch seine Eloquenz und sein Charisma in den vornehmen Kreisen unverzichtbar machte. Man hielt ihn für einen begabten Dichter, obwohl er nie etwas veröffentlicht hatte. Er war wohl auch ein guter Menschenkenner, denn er wußte, mit welchen Geschichten er sich bei den Shelleys interessant machen konnte. Pacchiani erzählte ihnen vom tristen Schicksal der Gouverneurstochter Teresa Viviani, die von ihrem Vater in ein Kloster gesteckt worden war, bis sich ein potentieller Ehemann fand, der für die Hand des bildhübschen Mädchens auf die Mitgift verzichten würde.

Niccola Viviani, Teresas Vater, war der perfekte Schurke, der anscheinend allem entsprach, was die Shelleys aus tiefster Seele verachteten. Das Los seiner Tochter entsprach den schlimmsten Heimsuchungen unschuldiger Heldinnen in romantischen Schauerromanen. Ihre Begeisterung für diesen Fall war also vorherzusehen – Percy Shelleys Begeisterung wurde jedoch zur Obsession, als er das Mädchen persönlich kennenlernte. »Sag, Herzensschwester, willst du mit mir fliehn?« lautet eine Zeile aus *Epipsychidion*, einem langen Gedicht, das Percy Shelley der schönen Teresa – oder Emilia, wie er sie in Anspielung auf eine Figur Boccaccios nannte – widmete. Seine häufigen Besuche und die Anstrengungen, die er auf sich nahm, um das Mädchen aus dem Konvent zu befreien, sorgten für unangenehmen Klatsch und Tratsch in Pisa.

Mary konnte über Shelleys neue Leidenschaft kaum begeistert sein. Betrübt mußte sie mit ansehen, wie ihr Mann wieder einmal sein Geld und seine Zeit in ein sinnloses Projekt – die Befreiung seiner »Emilia« – investierte. Falls Eifersucht sie quälte, so hat sie entsprechende Anspielungen in ihren Briefen und Tagebüchern allerdings diskret vermieden – wie alles, das einen Schatten auf den Charakter ihres geliebten Mannes hätte werfen können. Zunächst nahm sie selbst durchaus regen Anteil an dem Schicksal Teresas und brachte ihr kleine Geschenke und Bücher, später ärgerte sie sich über die »Gewöhnlichkeit« des Mädchens. Denn die Geschichte endete nicht, wie es einer Erzählung Mary Shelleys entsprochen hätte, mit Freiheit oder Tod, sondern mit der schnellstmöglichen Verheiratung Teresas an einen von ihrem Vater bevorzugten Kandidaten. Inzwischen hatte auch Shelley eingesehen, daß sein Idealbild Emilias nicht mit der realen Teresa übereinstimmte, aber er hatte bereits eine neue, schöne Dame entdeckt, der er seine Gedichte widmen konnte.

Jane und Edward Williams kamen im Januar 1821 nach Pisa. Edward Williams hatte wie Shelley Eton besucht und nach dem Schulabschluß eine Marinelaufbahn begonnen, die ihn schließlich nach Indien führte, wo er Thomas Medwin und eine junge Offiziersgattin namens Jane Johnson kennenlernte. Sie war seit vier oder fünf Jahren mit John E. Johnson verheiratet, brannte jedoch mit Edward durch, kurz nachdem sie ihn in England wiedergesehen hatte. Im Mai 1819 flohen die beiden auf den Kontinent und reisten durch Frankreich und die Schweiz nach Italien, wo sie Thomas Medwin trafen. Am 7. Februar 1820 brachte Jane ein Kind zur Welt, das dem Freund zu Ehren Edward Medwin getauft wurde. Nachdem sie den Winter in Südfrankreich verbracht hatten, erreichten sie Pisa im Januar 1821. Medwin machte die beiden sofort mit den Shelleys bekannt, und die beiden Paare, die aus ähnlichen Gründen ins Exil gegangen waren, wurden bald gute Freunde. Mary beschrieb Jane, die erneut schwanger war und im März einer Tochter das Leben schenkte, als bildhübsch, beklagte aber in einem neuen Anflug von Eifersucht ihren Mangel an Ausdrucksfähigkeit und Verstand. »Ned«, wie sie Edward Williams nannte, erschien ihr hingegen humorvoll, gefällig und liebenswert.[143] Später bezeichnete sie ihn als den Menschen, den sie neben Shelley am meisten liebte. Er war ein Mann, der selbst in den einfachsten Dingen etwas Wundervolles und Überraschendes erkennen konnte. Mary verbrachte viel Zeit mit ihren neuen Freunden. Shelley schwärmte ganz offen für Jane, die nicht so unbegabt und gewöhnlich war, wie Mary sie in ihrem Brief an die in Florenz weilende Claire beschrieben hatte. In ihr erblickte er – wie so oft, wenn ihm eine schöne Frau über den Weg lief – ein poetisches Ideal, das ihn zu neuen Versen inspirierte. Ob er darüber hinaus etwas für Jane empfand, ist nicht zu beweisen. Sein Gedicht

To Edward Williams klingt zwar wie die Apologie eines abgewiesenen Liebhabers gegenüber seinem Rivalen, mit der Schlange, die aus dem Paradies vertrieben wurde, war jedoch wahrscheinlich eine Krise in seiner Beziehung zu Mary gemeint.[144] Schon in *Epipsychidion* hatte Shelley indirekt die abgekühlte Leidenschaft seiner Frau beklagt; hier hatte er seine Mary mit dem sanften, kühlen Mond verglichen – als strahlend helle Sonne erschien ihm die schöne Italienerin Teresa Viviani.

Shelleys Umgang mit Ned Williams war mehr als nur freundschaftlich. Beide hatten eine große Liebe zum Meer und zur Seefahrt. Sie kauften gemeinsam ein kleines Boot aus geteerter Leinwand und paddelten damit auf dem Arno herum – zum Entsetzen der Italiener, die sie vergeblich vor den Gefahren ihres Unternehmens warnten. Das ziemlich fragile Boot war lediglich für ruhige Gewässer geeignet. Mary lächelte nachsichtig über den kindischen Leichtsinn ihres Mannes. Sie wußte, wie sehr er Bootsausflüge liebte und wie gerne er die Einsamkeit einer stillen Lagune zum Schreiben seiner Gedichte nutzte. Doch bald wurde ihr das Risiko bewußt: Ned brachte einen ohnmächtigen, totenbleichen Shelley nach Hause, der nach dem Kentern des Bootes beinahe ertrunken wäre. Für Shelley, der nicht schwimmen konnte, war es nur ein harmloser Unfall. Auch Mary maß dem Zwischenfall keine große Bedeutung zu, einige Jahre später sah sie darin jedoch das erste Vorzeichen für die kommende Katastrophe.

Während die Männer sich ihren mehr oder weniger abenteuerlichen Unternehmungen widmeten, beschäftigte sich Mary Shelley mit den Studien für ihren neuen Roman. Eine für sie besonders wichtige Bekanntschaft war der griechische Prinz und Freiheitskämpfer Alexander Mavrocordato, den ihr der »Teufel« Pacchiani vorgestellt hatte. Von kleiner, eher unauffälliger und korpulenter Statur, hatte Mavrocordato, trotz seines verwegenen Schnurrbarts, keineswegs das Aussehen eines romantischen Helden. Er beeindruckte Mary durch seine weitreichende Bildung und Intelligenz und erklärte sich spontan bereit, ihr bei ihren Griechischstudien zu helfen, während sie ihm Englischunterricht gab. Der Prinz reiste durch Europa, um Geld und Unterstützung für die Erhebung der Griechen gegen ihre türkischen Besatzer zu sammeln.

Am 6. März 1821 kam es zu einem ersten Aufstand der griechischen Rebellen unter Mavrocordatos Cousin Alexandros Ypsilanti in der Walachei, der von den türkischen Truppen niedergeschlagen wurde. Dies war nur der Auftakt zu weiteren kriegerischen Handlungen. Der Freiheitskampf der Griechen hatte begonnen, und die Begeisterung für ein freies Griechenland erfaßte zahllose europäische Intellektuelle, die – wie Shelley und Byron – mit jenem Land die Kultur der Antike und das Ideal der Demokratie assoziierten. »Welch eine Freude wird es sein, das befreite Griechenland zu besuchen«, schrieb Mary an Claire und schwärmte von der selbstlosen Aufopferung des Prinzen für die gerechte Sache.[145]

Auch Shelley begeisterte sich für den Freiheitskampf und interessierte sich brennend für die Aktionen der italienischen Carbonari und die Aufstände in Neapel und Genua. Täglich las er die Depeschen der österreichischen Armee, um die neuesten Nachrichten zu erfahren. Sein Drama *Hellas* verherrlichte das Streben der Griechen nach Unabhängigkeit und war Mavrocordato gewidmet. Dennoch war seine persönliche Beziehung zu dem griechischen Prinz nicht mit dem Enthusiasmus Marys zu vergleichen. Als dieser Pisa verlassen mußte, um sich den Kämpfern anzuschließen, war Shelley durchaus erleichtert, wie er in einem Brief an Claire zugab.[146]

Claire machte sich indes große Sorgen um die kleine Allegra. Sie hatte erfahren, daß Byron, der bei seiner neuen Mätresse Teresa Guiccioli in Ravenna weilte, entgegen seinen Versprechungen die gemeinsame Tochter in einer Klosterschule in Bagnacavallo untergebracht hatte, wo sie eine standesgemäße katholische Erziehung erhalten sollte. Iris Origo hat in ihrem Buch über Allegra zu Recht darauf hingewiesen, daß das Kloster, in dem Mädchen aus vornehmen italienischen Familien unterrichtet und erzogen wurden, ein geeigneterer Ort für das Kind war als der chaotische Haushalt Byrons. Aus Prestigegründen war man sehr am Wohlergehen der Tochter eines englischen Lords interessiert. In Bagnacavallo herrschte kein Luxus, doch die Klosterschwestern behandelten das Kind freundlich und gaben ihm ein Gefühl von Stabilität und Sicherheit, das ihm bis dahin unbekannt gewesen war.

Die Shelleys, die regelmäßig mit Byron korrespondierten, teilten Claires Ängste nicht, und Byron beeilte sich, ihre letzten Zweifel zu zerstreuen, indem er ihnen einige Zeilen in Allegras kindlicher Handschrift zusandte. Doch die Situation änderte sich plötzlich, als die neapolitanische Freiheitsbewegung von österreichischen Truppen niedergeschlagen wurde. Dies bedeutete auch das vorläufige Ende der revolutionären Bewegung in der Romagna, die von der Familie Teresa Guicciolis, den Gambas, unterstützt worden war. Liberale und Sympathisanten der Carbonari wurden verfolgt, und Byron, der in seiner Villa Waffen der Untergrundbewegung gelagert hatte, dachte daran, mitsamt seinem Gefolge, seinem Zoo, seiner Geliebten sowie deren Bruder und Vater in die Schweiz zu fliehen und Allegra mitzunehmen.

Shelley, der seit längerem geplant hatte Byron in Ravenna zu besuchen, brach sofort auf, um nach Claires Tochter zu sehen und dem Lord die Reise in die Schweiz auszureden. Byron konfrontierte ihn mit dem Skandal um das neapolitanische Kind, das angeblich von Shelley und Claire stammen sollte, versicherte ihm jedoch, die Geschichte nie geglaubt zu haben. Shelley war bemüht, die Mißverständnisse aus dem Weg zu räumen, und lud Byron und die Gambas ein, nach Pisa zu kommen. Er hatte die vage Vorstellung, seine wenigen englischen Freunde und Bekannten in einer Art Künstlerkolonie in Italien zu versammeln und eine Zeitschrift mit Poesie und politischen Texten herauszugeben. John Keats, dem er im Hause der Hunts begegnet war, hatte er bereits vor einigen Monaten eingeladen, doch der junge Dichter war im Februar in Rom an Tuberkulose gestorben.

Es scheint, daß Shelley hoffte, Lord Byron als sprudelnde Geldquelle und prestigeträchtiges Zugpferd für seine Projekte einspannen zu können. Obwohl der englische Dichter Thomas Moore Byron vor dem schlechten Einfluß Shelleys warnte, verteidigte Byron den »Atheisten« als den »am wenigsten selbstsüchtigen und sanftesten aller Männer«, mit dessen spekulativen Ansichten er jedoch nichts gemein habe.[147]

Byron war bereit, der Einladung nach Pisa zu folgen, aber es blieb zunächst ungewiß, was mit Allegra geschehen sollte. Er wollte nicht, daß sie in die Nähe ihrer Mutter kam, doch gestattete er Shelley, sie in Bagnacavallo zu besuchen. Shelleys Eindruck von dem Kloster war weitgehend positiv. Er beanstandete zwar den Mangel an geistiger Förderung, doch das Kind wirkte trotz seiner Blässe gesund und munter: »Ihre zarte Gestalt und ihre graziösen Bewegungen standen in einem auffälligen Gegensatz zu den anderen Kindern. Sie wirkte wie ein Wesen feinerer und höherer Art.«[148] Dennoch war sie zu Streichen aufgelegt, sprang wild umher und läutete die Sturmglocke, was die Klosterschwestern in Aufregung versetzte. Shelley konnte also Claire beruhigen, was die Gesundheit Allegras anging. Bedenken hatte er in bezug auf ihre religiöse Erziehung, die seinen eigenen Idealen vollkommen widersprach.

Mary gegenüber sprach Shelley von der Wahrscheinlichkeit, daß Byron Allegra mit nach Pisa nehmen würde. Er bat sie, sich nach einem Haus für Byron und einer geeigneten Pflegefamilie für Allegra umzusehen, denn es war sicher, daß der Lord das fünfjährige Mädchen weder ihrer Mutter, Claire, anvertrauen würde, noch den Shelleys, deren Moral er ebenso in Frage stellte wie ihre Fähigkeit, für das Wohlergehen ihrer eigenen Kinder zu sorgen. Die Gräfin Guiccioli riet Byron, das Kind im Kloster zu belassen – eine Lösung, die für sie wie für ihren Liebhaber wohl die bequemste war.

Claire wartete vergeblich auf das ersehnte Wiedersehen mit ihrer Tochter; ein Ereignis, von dem sie häufig träumte. Manchmal waren es Alpträume, in denen sie die Nachricht von Krankheit und Tod des Kindes erhielt: »Ich empfand so entsetzlichen Kummer, daß das Erwachen mir als das köstlichste Wohlgefühl der Welt erschien.«[149] Die Ungewißheit über das Schicksal Allegras war unerträglich. Sie dachte ernsthaft daran, ihre Tochter aus dem Kloster zu entführen. Die Briefe, die sie an Byron schickte, waren voller Vorwürfe – dann wieder schrieb sie ihm in flehentlichem Ton. Der Lord antwortete weder auf Drohungen noch auf mitleiderregende Bitten der Mutter, ihr einen Besuch bei ihrem eigenen Kind zu gewähren.

Als Lord Byron am 1. November 1821 mitsamt seiner Menagerie in Pisa eintraf und den Palazzo Lanfranchi bezog, den Mary Shelley für ihn gefunden und für sein Kommen vorbereitet hatte, war Claire wieder in Florenz. Sie hatte die Shelleys in Bagni di San

Giuliano besucht, wo diese den Sommer verbracht hatten, bevor sie wieder nach Pisa in die Tre Palazzi di Chiesa umzogen, die nicht weit von Byrons neuem Wohnsitz entfernt waren. Danach hatte sie einige Wochen bei Jane und Edward Williams in Pugnano gewohnt. Claires Abreise war so geplant, daß ein Wiedersehen mit Byron vermieden wurde. Doch auf der Straße nach Florenz sah sie durch das Fenster ihrer Postkutsche Byrons Troß in Richtung Pisa fahren. Der Lord hatte einen Umweg in Kauf genommen, um einen seiner englischen Freunde, den Kunstsammler Samuel Rogers, zu treffen. Es war das letzte Mal, daß Claire den Vater ihres Kindes sah, der von dieser zufälligen Begegnung nichts mitbekam.[150] Ihre Tochter Allegra sah sie nie wieder.

Der letzte Sommer: Shelleys Tod
1822

CASA MAGNI, das Domizil der Shelleys im Sommer 1822
»Das Meer kam bis an die Türschwelle.«
Mary Shelley

Der Winter in Pisa war von kurzer Dauer. Nach einigen wenigen kalten Tagen ging der milde Herbst in einen prächtigen Frühling über. Lord Byron erneuerte die Freundschaft mit Percy B. Shelley. Er ließ sich von dessen weitreichender Bildung inspirieren, empfing jedoch kaum andere Besucher und hielt sich von Shelleys italienischen Freunden fern. Seit November wohnten Jane und Edward Williams und ihre beiden kleinen Kinder in den Tre Palazzi, ein Stockwerk unter den Shelleys. Jane und Mary gingen häufig gemeinsam spazieren und in die Oper, oder sie trafen Byrons Geliebte Teresa Guiccioli, ein »nettes, hübsches, unprätentiöses Mädchen«,[151] die fast gegenüber im Palazzo Lanfranco am Arnoufer wohnte. Ihr Bruder, Pietro Gamba, war ebenfalls ein häufiger, gern gesehener Gast bei den Shelleys. Gamba war auch ein guter Freund Byrons und sollte ihn auf seiner Reise nach Griechenland begleiten. Er engagierte sich bei der republikanischen Untergrundbewegung, den Carbonari, war jedoch, wie Thomas Medwin bemerkte, ein harmloser Geselle, ein »Mann ohne Talente, dafür aber freundlich und liebenswert«.[152]

Im Dezember hatten die Shelleys einen Brief von Leigh Hunt erhalten, der sein baldiges Kommen ankündigte. Frau und Kinder sollten ihn begleiten. Alle freuten sich auf das Wiedersehen mit den Freunden aus England, das sich letztlich aufgrund einer Erkrankung Hunts und anderer ungünstiger Umstände um mehrere Monate verzögern sollte, ebenso wie die Arbeit an der gemeinsam mit Byron geplanten politisch-literarischen Zeitschrift *The Liberal*. Denn zwischenzeitlich hatte der Lord sein Interesse an dem Projekt wieder verloren, so daß die Finanzierung erneut in der Schwebe stand.

Shelley arbeitete an einem neuen Drama über Charles II. Er hatte zuvor Mary gedrängt, sich des Stoffes anzunehmen, die jedoch ablehnte, da sie nicht glaubte, diese Aufgabe bewältigen zu können. Sie war oft krank und litt unter starken Kopfschmerzen, so daß sie nur wenig schrieb. Ihre Überarbeitung des großen historischen Romans über Castruccio, den Prinzen von Lucca, war endlich abgeschlossen, und Shelley hatte an seinen Verleger Ollier geschrieben, um einen Vorschuß dafür zu bekommen. Als Ollier ablehnte, schickte Mary das Manuskript an ihren Vater, mit der Bitte, es zu veröffentlichen und den Erlös zur Tilgung seiner Schulden zu verwenden. Sie hoffte darauf, das Buch bald gedruckt zu sehen, denn sie war sehr stolz auf dieses Werk, dessen Vollendung sie viel Kraft gekostet hatte, und rechnete fest mit dem Lob der Kritiker. William Godwin, der mitten in einem komplizierten und kostspieligen Rechtsstreit mit seinem Vermieter steckte, nahm den Roman zwar mit Freuden an, ließ sich jedoch sehr viel Zeit für die Überarbeitung, die er aus kommerziellen Gründen für dringend notwendig hielt. Auch wollte er den Wert des Manuskripts nicht durch seine stadtbekannte finanzielle Not vermindern. Eine stark gekürzte Version sollte erst 1823 unter dem von Mary Shelley mißbilligten Titel *Valperga* erscheinen.

Gelegentlich besuchte Mary die Heilige Messe, die von einem anglikanischen Priester namens Dr. George Frederick Nott im Erdgeschoß der Tre Palazzi für die englische Gemeinde in Pisa gehalten wurde. Thomas Jefferson Hogg und einige andere frühe Biographen Shelleys haben ihr dies zum Vorwurf gemacht und behauptet, sie wäre still und heimlich zur Messe geschlichen, um ihren Mann, den notorischen Atheisten, nicht zu verärgern. In ihren Briefen und Tagebüchern schreibt sie jedoch offen über ihre Besuche bei Dr. Nott, der ihr beständig Einladungen geschickt hatte. In Pisa ging das Gerücht um, Nott hätte Shelley einen »Halunken« genannt, doch der Priester leugnete dies gegenüber Medwin, und Mary folgte schließlich seiner Einladung, um nicht nachtragend oder unhöflich zu erscheinen.

Shelley war kein Atheist in dem Sinne, daß er Religion und Religiösität vollkommen ablehnte. Er las häufig in der Bibel und las auch seiner Frau daraus vor, doch hatte er, als treuer Schüler Godwins, eine äußerst negative Einstellung gegenüber religiösen Institutionen, die er für die Verbreitung von Vorurteilen und Aberglauben verantwortlich machte. Mary Shelley war diesbezüglich weitaus weniger engstirnig, obwohl ihre Erziehung durch ihren Vater und dessen theoretische Schriften in dieselbe Richtung gezielt hatte. Sie war keine fromme Frau und keine sonderlich eifrige Kirchgängerin, hatte aber ein empfindliches Gespür für die kritische bis feindliche Haltung der Öffentlichkeit angesichts ihrer unkonventionellen Lebensweise. Sie machte sich viel Mühe, um gesellschaftsfähig zu erscheinen, und wünschte sich auch für ihren Mann den Respekt und die Aufmerksamkeit der Öffentlichkeit, die er in ihren Augen verdiente. Ihr deswegen Heuchelei vorzuwerfen, ist freilich Unsinn.[153]

Trotz ihrer angeschlagenen Gesundheit half sie Shelley bei einer Übersetzung von Spinozas *Tractatus theologico-politicus* und kopierte diverse Manuskripte Lord Byrons in Reinschrift. Byron hatte die Arbeit an den Fortsetzungen seines epischen Spottgedichtes *Don Juan* unterbrochen und sich mit kleineren Werken beschäftigt, die Mary und Shelley in Staunen versetzten. Beide hielten sein neues Versdrama *Cain*, in welchem die christliche Idee der Erbsünde hinterfragt wird, für eine Offenbarung und für sein bislang bestes Werk. Dennoch traf Mary Byron nur selten, der sich vor intellektuellen Auseinandersetzungen mit Frauen scheute und lieber die Rolle des sportlichen Lebemanns spielte. Shelley und Edward Williams begleiteten ihn gelegentlich bei seinen Ausritten, die er nach einem sehr späten oder eher mittäglichen Frühstück absolvierte, und machten Schießübungen, bei denen sich die Dichter und Schöngeister überraschend geschickt anstellten. Abends lasen sie laut aus einem Buch über Schiffsunglücke vor und planten, inspiriert von Byrons entsprechenden Erfahrungen am Drury-Lane-Theater, gemeinsam Theateraufführungen zu inszenieren.

Im Januar 1822 schloß sich eine neue, überaus merkwürdige Persönlichkeit dem Pisaner Zirkel an: Edward John Trelawny, ein dreißigjähriger Seemann, Abenteurer und Phantast, hatte Edward Williams und Thomas Medwin im Sommer 1820 am Genfer See kennengelernt. Trelawny war im Alter von zehn Jahren aus der Schule geflogen und von seinem Vater in der englischen Marineakademie eingeschrieben worden. Von 1805 bis 1812 diente er in der Royal Navy und reiste an Bord der Kriegsschiffe um die Welt.

In seinen Memoiren *Adventures of a Younger Son* beschrieb er, wie er desertierte, sich malaiischen Piraten anschloß, eine dreizehnjährige Araberin vor dem sicheren Tod rettete, sie dem letzten Wunsch ihres sterbenden Vaters gemäß heiratete und nach ihrem tragischen Tod nach England zurückkehrte. Obwohl diese wilde Geschichte höchstwahrscheinlich erfunden ist, dürfte sein tatsächliches Leben auf See zur Zeit der Napoleonischen Kriege kaum weniger abenteuerlich gewesen sein. Allerdings verließ er die Marine, ohne einen höheren Rang erworben zu haben, und heiratete die Tochter eines englischen Kolonialherren. Die Ehe scheiterte bald am unsteten Charakter des Bräutigams und wurde 1819 geschieden. Trelawny lebte von einer kleinen Rente, die ihm sein Vater zugesprochen hatte, und bummelte ziellos durch Europa. Nach der Lektüre von Shelleys provozierendem Jugendwerk *Queen Mab* beschloß er, den Dichter persönlich aufzusuchen. Aus den Briefen seines Freundes Edward Williams erfuhr er einiges über den Pisaner Kreis um Shelley und Byron, über ihren »Pistolenclub« und die Absicht, den Sommer am Meer zu verbringen. Trelawny war von der Vorstellung begeistert, sich den berühmten und berüchtigten Dichtern anzuschließen, und folgte bereitwillig der Einladung von Williams, ihn baldmöglichst in Pisa zu besuchen.

 Mary Shelley beschrieb ihre erste Begegnung mit Trelawny in einem Brief an Maria Gisborne: »Er ist eine Art halbarabischer Engländer – dessen Leben so wechselhaft verlief wie das von Anastasius [aus dem gleichnamigen Schelmenroman von Thomas Hood] & der so wortgewandt und schön von seinen Jugendabenteuern erzählt wie jener imaginäre Grieche – Er ist klug – über seine moralischen Qualitäten bin ich mir noch nicht im klaren – Er ist ein seltsames Geflecht, das ich mich zu entwirren bemühe – Ich würde gerne erfahren, ob Freigebigkeit mit Ungestüm verbunden ist – ein edler Charakter, der sich die Freiheit nimmt, einzigartig & unabhängig zu sein – Er ist sechs Fuß groß – rabenschwarzes Haar mit dichten & kurzen Locken, wie die eines Mohren – dunkelgraue, ausdrucksvolle Augen – [...] Seine Stimme ist eintönig, aber gefühlvoll & wenn er Geschichten aus seinem Leben erzählt, ist seine Ausdrucksweise kraftvoll & schlicht – ob er nun von blutrünstigen & grausigen Dingen berichtet oder von unwiderstehlich komischen.«[154]

Eines Abends brachte Trelawny das Modell eines amerikanischen Schoners zum Abendessen mit. Angesteckt von seiner Begeisterung, einigten sich Williams und Shelley darauf, ein kleines Boot bauen zu lassen. Auf Bauplänen basierend, die Williams von der Marine besorgt hatte, und unter der Aufsicht Trelawnys wurde der Schoner in Genua bei einem Kapitän im Ruhestand namens Daniel Roberts in Auftrag gegeben. Roberts baute noch ein zweites, größeres Boot für Lord Byron, der sich ebenfalls vom Seemannsgarn Trelawnys hatte beeinflussen lassen. Jane und Mary waren sich einig darin, das Schiff zu hassen, doch schwiegen beide, da sie ihren abenteuerlustigen Männern nicht ihren kindlichen Spaß verderben wollten.

1858 schrieb Trelawny ein kleines Buch über seine Begegnung mit den Shelleys und Byron. 1878 erschien eine erweiterte Ausgabe unter dem Titel *Records of Shelley, Byron and the Author*. Der Wahrheitsgehalt dieses Büchleins und der zahlreichen darin enthaltenen Anekdoten ist umstritten, doch gibt es keine zeitgenössische Darstellung der beiden Dichter während ihrer Zeit in Pisa und am Golf von La Spezia, die eindringlicher und lebendiger wäre. Auch Mary Shelley wird darin eindrucksvoll porträtiert: »Der auffälligste Zug ihres Gesichts waren die stillen, grauen Augen; sie war etwas kleiner, als englische Frauen es gewöhnlich sind, hatte sehr blondes, lichtes Haar, war geistreich und gesellig und in Gesellschaft von Freunden sehr lebhaft, trübsinnig dagegen, wenn sie sich einsam fühlte. Wie Shelley, wenn auch in geringerem Maße, besaß sie die Fähigkeit, sich mittels eines reichen Wortschatzes treffend auszudrücken, den sie durch den vertrauten Umgang mit den großen Werken unserer alten Schriftsteller erworben hatte. Keiner von beiden gebrauchte veraltete oder fremdsprachige Wörter. Diese Beherrschung unserer Sprache beeindruckte mich um so mehr, als ich sie dem von den Damen der Gesellschaft benutzten dürftigen Vokabular gegenüberstellte, wo ein Dutzend abgedroschener Phrasen ausreicht, alles auszudrücken, was man empfindet oder mitteilen zu müssen glaubt.«[155]

Percy B. Shelley wird von Trelawny als liebenswerter, aber überaus scheuer Mensch beschrieben, der die Einsamkeit in freier Natur brauchte, um arbeiten zu können, der jedoch schnell Feuer fing, wenn ihn ein Thema oder eine Unternehmung interessierte. Von Trelawny erfahren wir auch etwas über die dunklen Seiten des Dichters, seine plötzlichen Stimmungswechsel, Depressionen und seine Todessehnsucht, die sich auch in einigen seiner späten Gedichte widerspiegelt. Er schildert mehrere Zwischenfälle, bei denen Shelley beinahe zu Tode gekommen wäre, und zitiert einen Brief, in welchem der Dichter ihn bittet, Blausäure zu besorgen, als unfehlbares Heilmittel für all seine Leiden.[156]

Einmal lud Trelawny ihn ein, ihm an einer tiefen Stelle des Arno das Schwimmen beizubringen. Shelley zog sich rasch aus, sprang ins Wasser und ließ sich wie ein Stein auf dem Grund sinken. Er wäre wohl ertrunken – glaubt man Trelawnys Darstellung –, wenn ihn sein Freund nicht aus dem Wasser gezogen hätte.

Als Trelawny in Pisa eintraf, hatte man bereits verabredet, den Pisaner Zirkel während der Sommermonate an die Küste des Mittelmeeres zu verlegen. Obwohl Mary und Shelley das Reisen liebten, hatten sie es aus begründeter Angst um die Gesundheit ihres Sohnes bewußt vermieden, den häufigen Wohnortwechsel früherer Jahre fortzusetzen. Der Umzug an den nah gelegenen Golf von La Spezia war jedoch ohne größere Umstände zu bewerkstelligen; nur die Suche nach einer geeigneten Unterkunft gestaltete sich schwierig. Shelley und Williams waren bereits im Februar die Küste hinauf und hinunter gezogen, doch fand man erst Ende April, nach einer übereilten Abreise aus Pisa, ein Haus am Meer, das einigermaßen angemessen erschien.

Die fluchtartige Abreise aus Pisa hing mit einer schrecklichen Nachricht zusammen: Claires Tochter Allegra war am 20. April im Kloster Bagnacavallo an Typhus gestorben, und Shelley wollte vermeiden, daß sie davon erfuhr, während Byron sich in unmittelbarer Nähe aufhielt. Claire hatte das ganze Frühjahr über böse Vorahnungen gehabt und die Shelleys immer wieder gebeten, sich bei Byron dafür einzusetzen, ihr ein Wiedersehen mit ihrem Kind zu ermöglichen. Byrons hartnäckige Weigerung, dem Flehen Claires und den Bitten Shelleys nachzugeben, hatte zu einer merklichen Abkühlung im Verhältnis der beiden Dichter geführt.

Da Byron inzwischen von der Idee einer Künstlerkolonie am Meer abgefallen war und eine eigene Villa in Montenegro, einem

Vorort von Livorno, gemietet hatte, luden die Shelleys Claire ein, den Sommer mit ihnen in La Spezia zu verbringen. Als der Brief mit der Todesnachricht eintraf, war sie gemeinsam mit Jane und Edward Williams auf Wohnungssuche, die jedoch erfolglos blieb. Bei ihrer Rückkehr verabredete man den sofortigen Umzug an die Küste, ohne eine geeignete Unterkunft gefunden zu haben. Mary, Claire, Jane, die Kinder und Trelawny eilten voran, Shelley und Williams kümmerten sich um die Möbel und das Gepäck. Mary Shelley mietete das leerstehende und ziemlich abgelegene Bootshaus Casa Magni, und die beiden Familien konnten am 1. Mai einziehen, nachdem man die Möbel aus Pisa mit Booten herbeigeschafft hatte. Bewohnbar war nur das obere Stockwerk. Hier wurde Claire, die eigentlich nach Florenz zurückkehren wollte, endlich über den Tod ihrer Tochter aufgeklärt. Natürlich hatte sie längst Verdacht geschöpft, da sie merkte, wie ihre Freunde miteinander tuschelten und sich berieten, wie man ihr die Nachricht möglichst schonend beibringen könnte.

Dem Zorn auf Byron und der Verzweiflung darüber, daß sich ihre schlimmsten Visionen erfüllt hatten, folgte eine Zeit der hoffnungslosen Stille. Shelley korrespondierte mit Byron, der erst nach dem Tod Allegras die Maske des Zynikers fallenließ und Mitgefühl zeigen konnte. Er entsprach den Wünschen Claires und ließ ihr ein Porträt und eine Locke des Kindes zukommen. Den Leichnam ließ er nach England überführen und in der Kirche von Harrow bestatten, die ihm aufgrund seiner eigenen Kindheitserinnerungen teuer war.

Eines Tages behauptete Shelley, er hätte von der Terrasse der Casa Magni aus ein Kind in der Meeresbrandung gesehen, das lachte und ihm zuwinkte: Allegra! – Hatte er die Geschichte erfunden, um Claire zu trösten? Was auch immer er gesehen hatte – weitere, noch seltsamere Visionen sollten folgen.

Claire reiste schließlich doch nach Florenz. Am 7. Juni kehrte sie zurück, um den Rest des Sommers mit den Shelleys und den Williams im Haus am Meer zu verbringen.

Mary Shelley beschrieb die Sommerresidenz im Kommentarteil der 1839 erschienenen Werkausgabe Percy B. Shelleys: »Die Bucht von [La] Spezia hat eine beträchtliche Ausdehnung und wird durch ein felsiges Vorgebirge in einen großen und einen kleineren Abschnitt geteilt. Die Stadt Lerici liegt an der Südspitze, und inmitten der kleineren Bucht, die den Namen jener Stadt trägt, befindet sich das Dorf San Terenzo. Unser Haus, Casa Magni, lag in der Nähe dieses Dorfes; das Meer kam bis an die Türschwelle, dahinter erhob sich ein steiler Hügel. Der Besitzer des Grundstücks, auf dem es gebaut war, war wahnsinnig. Er hatte begonnen, ein großes Haus auf dem Gipfel des Hügels dahinter zu bauen, doch da ihn seine Krankheit von der Fertigstellung abhielt, verfiel es zu einer Ruine. Er hatte (und dies scheint für die Italiener das eindeutige Symptom einer vollkommenen Geisteskrankheit zu sein) die Olivenbäume am Hang des Hügels gerodet und Waldbäume gepflanzt. […]

Die Landschaft war von unbeschreiblicher Schönheit. Die blaue Weite des Meeres, die beinahe völlig von Land umschlossene Bucht, das nahegelegene Schloß von Lerici an ihrer Südspitze und das ferne Porto Venere im Westen; die verschieden geformten, schroffen Felsen, die den Strand begrenzten, über die nur ein einziger, gewundener Pfad in Richtung Lerici führte. […]

Die Einheimischen waren noch wilder als der Ort. Unsere Nachbarn in San Terenzo waren Wilden ähnlicher als alle Menschen, unter denen ich je gelebt habe. […] Bei einem Schiffbruch auf einer Insel in der Südsee hätten wir uns kaum weiter entfernt von der Zivilisation und ihren Annehmlichkeiten fühlen können.«[157]

Mary Shelley konnte die Schönheit dieses romantischen Ortes nicht in vollen Zügen genießen. Sie hatte bereits den ganzen Winter über an heftigen Kopfschmerzen gelitten. Seit drei oder vier Monaten bereitete ihr eine neue Schwangerschaft ernste gesundheitliche Probleme. Die Haushaltsführung, die sie ungern jemand anderem überließ, erschien ihr bald als unlösbare Aufgabe. Anfang Juni war sie so krank, daß sie das Haus nicht verlassen konnte. Am 16. Juni erlitt sie eine Fehlgeburt und wäre beinahe am Blutverlust gestorben. Hilfe zu bekommen, war wegen der Abgelegenheit des Ortes nicht einfach, doch Shelley hatte rechtzeitig Eis kommen lassen und es gelang ihm, die Blutung und die wiederholten Ohnmachtsanfälle zu stoppen. Später erinnerte sich Mary, daß sie sich bereits mit dem Tod abgefunden hatte, der ihr völlig schmerzlos und einfach erschien.[158]

Sie erholte sich körperlich, doch seelisch hatte sie einen neuen Tiefpunkt erreicht. Shelley, der angesichts ihrer schweren Depression wieder einmal nicht wußte, wie er helfen konnte, hielt es für das Beste, sie in Ruhe zu lassen. Er beschäftigte sich mit seinem neuen Spielzeug, dem Segelboot, das am 12. Mai eingetroffen war. Der kleine zweimastige Schoner mit offenem Deck war wie verabredet in Genua fertiggestellt und auf Anordnung Trelawnys von zwei Vollmatrosen und dem Schiffsjungen Charles Vivian nach Lerici überstellt worden. Die Matrosen wurden entlassen, der Schiffsjunge blieb an Bord. Byron hatte auf die Segel den Namen »Don Juan« schreiben lassen. Shelley wollte sein Schiff unbedingt »Ariel« taufen, überlegte jedoch, ob ein solche Neutaufe Unglück bringen könnte. Ohne auf solch abergläubische Befürchtungen einen weiteren Gedanken zu verschwenden, kreuzten Shelley und Williams bald munter in der relativ sicheren Bucht und machten sich mit der Handhabung der Takelage vertraut. Sie riefen sich seemännische Begriffe zu und fühlten sich schon wie echte Teerjacken, die Wind und Wetter trotzten. Natürlich hatte Shelley stets ein Buch in der Tasche, in dem er zuweilen las, während er gleichzeitig versuchte, den Schoner im Wind zu halten. Sein historisches Drama *Charles II.* hatte er aufgegeben und ein neues Gedicht mit dem Titel *The Triumph of Life* begonnen. Das Segelboot wurde sein bevorzugter Arbeitsplatz, doch keines seiner neuen Werke sollte vollendet werden.

Für ihn war es, wie Mary Shelley Jahre später feststellte, die glücklichste Zeit seines Lebens. Für sie war es eine Zeit der Sorge, der Angst und der unheimlichen Vorzeichen: »Ich glaube, es war der Samstag nach meiner Krankheit, als ich noch nicht aufstehen konnte und im Bett bleiben mußte. Mitten in der Nacht wurde ich geweckt, da ich ihn [Shelley] schreien & in mein Zimmer stürzen hörte; ich war mir sicher, daß er schlief & versuchte ihn zu wecken, indem ich ihn rief, doch er fuhr fort zu schreien, was mich derart in Panik versetzte, daß ich aus dem Bett sprang und durch den Saal zu Mrs. Williams Zimmer lief, wo ich aufgrund meiner Schwäche hinfiel. Doch ich hatte solche Angst, daß ich sofort wieder aufstand – Sie ließ mich herein & Williams ging zu Shelley, der durch mein Aufstehen erwacht war. Er sagte, er hätte nicht geschlafen, & daß ihn eine Erscheinung, die er gesehen hatte, erschreckt hätte. – Doch da er behauptete, er hätte nicht geschrien, war es sicherlich ein Traum gewesen und keine Erscheinung, während er wach war. Was ihn erschreckt hatte, war dies – Er träumte, er läge in seinem Bett, als Edward & Jane hereinkamen. Sie waren ein furchtbarer Anblick, ihre Körper waren zerfleischt – die Knochen ragten aus der Haut hervor, die Gesichter waren bleich und mit Blut beschmiert, sie konnten kaum gehen, doch Edward war der Schwächere & Jane stützte ihn – Edward sagte: ›Steh auf, Shelley, das Meer überflutet das Haus & alles bricht zusammen.‹ Shelley stand auf – in seinem Traum – und ging ans Fenster, von wo man die Terrasse und das Meer sehen konnte & er dachte, er sähe das Meer hereinströmen. Plötzlich änderte sich seine Vision & er sah sich selbst, wie er mich erwürgte, und dies hatte ihn veranlaßt in mein Zimmer zu eilen, doch da er fürchtete, mich zu erschrecken, blieb er dem Bett fern, als mein Aufspringen ihn weckte oder, wie er es nannte, seine Vision verschwinden ließ.«[159]

Später erzählte Shelley, daß er weitere seltsame Visionen gehabt hätte. Einmal war ihm auf der Terrasse plötzlich sein Doppelgänger gegenübergestanden und hatte folgende Worte an ihn gerichtet: »Wie lange möchtest du zufrieden sein?«

Jane Williams und Trelawny, der mit Byrons neuem Schiff, der *Bolivar*, aus Genua gekommen war, waren Zeugen eines weiteren merkwürdigen Zwischenfalls: Jane sah Shelley vom Fenster des Erdgeschosses aus zweimal hintereinander in dieselbe Richtung auf der Terrasse vorübergehen. Trelawny hatte davon nichts bemerkt, und als sie nachsahen, war die Terrasse leer. Wie sich herausstellte, hatte sich Shelley zur fraglichen Zeit weder auf der Terrasse noch in der Nähe des Hauses aufgehalten.

Vorübergehend wurden die Shelleys jedoch von erfreulicheren Neuigkeiten abgelenkt: Die Hunts waren, nach etlichen Aufschüben und Verzögerungen aufgrund von Krankheit und Geldmangel, endlich in Italien eingetroffen. Am 20. Juni erreichten sie Genua, am 28. Juni waren sie in Livorno. Shelley und Williams verabschiedeten sich hastig von ihren Frauen und brachen nach Lerici auf, um mit der *Don Juan* nach Livorno zu fahren. Mary hatte schreckliche Vorahnungen und flehte Shelley an, nicht fortzugehen. Irgend etwas würde geschehen, dessen war sie sich sicher, und sie dachte dabei weniger an ihren Mann als an den kleinen Percy. Sie schrieb das unheimliche Gefühl nahenden Unheils ihrer schlechten Gesundheit zu und versuchte es zu unterdrücken – vergeblich.[160]

Der erste Juli war ein schöner, heißer Sommertag. Die *Don Juan* erreichte Livorno vor einer leichten Brise und ohne Schwierigkeiten. Byrons *Bolivar* lag im Hafen vor Anker, die Hunts hatten sich bereits in der Villa des Lords einquartiert. Das Wiedersehen nach so langer Zeit war zunächst recht herzlich, und man hatte sich viel zu erzählen.

Nach langem Hin und Her war Byron nun doch bereit, die Zeitschrift *The Liberal* zu unterstützen und sein Gedicht *A Vision of Judgement* für die erste Ausgabe freizugeben. Doch nun war es wieder ungewiß, wie lange er noch in Italien bleiben würde. Die in Aktivitäten der italienischen Untergrundbewegung der Carbonari verstrickten Gambas, die bei Byron in Montenegro wohnten, hatten Schwierigkeiten mit der toskanischen Regierung. Eine unrühmliche Prügelei zwischen Byrons Dienerschaft und einem italienischen Dragoner, die sich noch in Pisa zugetragen hatte, hatte für einen Skandal gesorgt und war immer noch nicht gänzlich aufgeklärt. Für die Behörden war es ein willkommener Anlaß, die Abschiebung der politisch verdächtigen Gambas und ihres englischen Gönners zu forcieren. Lord Byron bat das britische Konsulat zu intervenieren und machte sich wieder einmal ernsthafte Gedanken, ob er nicht mitsamt seiner Geliebten und deren familiärem Anhang nach Amerika auswandern sollte.

Byrons schlechte Stimmung wurde durch Leigh Hunts zunehmend anmaßendes Auftreten langsam ins Unermeßliche gesteigert. Hunt war mit seiner kranken Frau Marianne, sechs kleinen schmutzigen und lärmenden Kindern, einer Ziege und ohne einen Penny in der Tasche aufgekreuzt. Er hielt es für selbstverständlich, daß Byron für alle Unkosten aufkam, und erwies sich bald als recht unangenehmer Zeitgenosse und Plagegeist.

Shelley bat Williams, neuen Proviant für die Casa Magni zu besorgen, während er die Hunts nach Pisa begleitete. Byron überließ ihnen das Erdgeschoß seines Palazzo Lanfranchi, der bald von ungewohntem Krawall erfüllt wurde: Die Kinder trieben allerlei Unsinn und beschmierten zum Entsetzen der Gräfin Guiccioli die Wände. Byrons Bulldogge, die den Eingang zu seinen Privatgemächern bewachte, fiel über Hunts Ziege her und biß ihr ein Ohr ab. Marianne Hunt, von Byron als »gewöhnlich, gebärfreudig und schwindsüchtig« charakterisiert, zeigte sich von ihrer schlechtesten Seite und beschimpfte ihre großzügigen Gastgeber. Teresa Guiccioli war zum ersten Mal glücklich, daß sie kein Wort Englisch verstand.

Shelley hatte den Hunts bei der Einrichtung der neuen Wohnung geholfen und war erleichtert, als er sich wieder verabschieden konnte. Das Schicksal des Zeitschriftenprojekts war erneut ungewiß, wichtiger war nun, die frischen Vorräte von Livorno zur Casa Magni zu schaffen. Am Sonntag, dem 7. Juli, traf Shelley in Livorno ein, wo Williams bereits wartete. Trelawny hatte die Absicht, die beiden in Byrons Schiff, der *Bolivar*, zu begleiten, doch bekam er wegen fehlender Papiere Schwierigkeiten mit den Behörden. Inzwischen hatte sich das Wetter verschlechtert, doch Williams hielt die starke Brise für günstig und drängte Shelley, so bald wie möglich aufzubrechen. Die *Don Juan* lief am Nachmittag des 8. Juli aus, Trelawny mußte zurückbleiben.

Shelley hatte am Abend zuvor noch einmal Mrs. Mason besucht. Die exzentrische Dame freute sich, den Dichter bei bester Laune und guter Gesundheit zu sehen: Sein Gesicht war von der Mittelmeersonne gebräunt und er strahlte große Zuversicht aus – trotz aller Schwierigkeiten war er optimistisch, daß die Zusammenarbeit mit Hunt und Byron erfolgreich sein würde.

In der folgenden Nacht träumte Mrs. Mason, daß sie Shelley an einem unbekannten Ort traf. Er war bleich und schien furchtbar traurig. »Sie sehen krank aus, Sie sind müde, setzen Sie sich und essen Sie etwas«, sagte Mrs. Mason. »Nein«, antwortete er, »ich werde niemals wieder essen; ich besitze keinen Groschen mehr auf der Welt.« – »Unsinn«, sagte sie, »das ist kein Gasthaus – Sie müssen nichts bezahlen.« – »Vielleicht ist das um so schlimmer«, antwortete er.[161]

Zu dieser Zeit war Shelley bereits tot. Die *Don Juan* war auf ihrem Rückweg nach Lerici gesunken.

Mary Shelley wußte noch nichts von dem Unglück. Jane hatte am Montag einen Brief von Edward erhalten, der seine baldige Rückkehr ankündigte. Wann Shelley zurückkehren würde, der sich noch in Pisa aufhielt, war nicht sicher. Da das Wetter umgeschlagen hatte und ein heftiger Sturm aufgekommen war, der den ganzen Tag über anhielt, dachten die Frauen in der Casa Magni nicht daran, daß der Schoner unter solch widrigen Umständen ausgelaufen sein könnte. Am Mittwoch erfuhren sie von einem Fischer aus Livorno, daß die *Don Juan* den Hafen am Montag verlassen hatte. Freitags erreichte sie ein Brief von Hunt an Shelley: Er hoffe, Shelley wäre gut zu Hause angekommen, nachdem er trotz des Sturmes am Montag ausgelaufen sei ... Mary fiel der Brief aus der Hand. Sie zitterte am ganzen Körper.

Mary Shelleys Beschreibung jener Tage in einem langen Brief an Maria Gisborne – auf dem die obige Darstellung beruht – liest sich wie die Rohfassung einer ihrer Erzählungen. Sie scheint sich dessen durchaus bewußt gewesen zu sein: Die seltsamen Vorzeichen, die Träume, der Sturm, das bange Warten – dann, als Mary und Jane den Brief Hunts gelesen hatten, die sofortige Abreise nach Pisa. »Wir müssen ein schrecklicher Anblick gewesen sein – zwei arme, wilde, entgeisterte Kreaturen – die (wie Matilda) zum Meer fuhren, um zu erfahren, ob wir auf ewig zum Unglück verdammt wären.«[162]

Matildas rasende Kutschfahrt an die Küste, die mit der Gewißheit endet, trotz aller Bemühungen zu spät gekommen zu sein, schien sich nun in der Realität zu wiederholen. Als Motiv bleibt die vergebliche Suche nach dem oder der Geliebten, die an einem einsamen Grab endet, in Mary Shelleys späteren Werken erhalten. Früher hatte sie Shelley indirekt vorgeworfen, er würde ihr Leid zu Literatur machen, während sie mit der Wirklichkeit leben mußte. Nun setzte sie dieses Spiel auf ihre eigene Art fort: Durch ihre Worte wurde das eigentlich banale Ende Percy Bysshe Shelleys zum großen Finale einer klassischen Tragödie. Ihr persönlicher Verlust wurde zum Verlust der ganzen Welt. Ihre künftige Rolle als Hohenpriesterin des Shelley-Kultes scheint bereits vorgegeben. Dies heißt nicht, daß ihre Angst um Shelley und ihr Schmerz, als sie endlich von der Entdeckung seiner Leiche erfuhr, gespielt war. Es zeigt jedoch, auf welche Weise sie ihre Schicksalsschläge verarbeitete: durch Stilisierung, Dramatisierung, Legendenbildung – durch Literatur.

In dieser Hinsicht stand Mary Shelley keineswegs alleine. Nicht lange nach der Katastrophe verbreitete Kapitän Daniel Roberts, der die *Don Juan* gebaut hatte, Shelleys Boot wäre nicht im Sturm gekentert, sondern nachdem es von einem Fischerboot gerammt wurde. In Trelawnys Memoiren erscheint dann die Geschichte, Piraten hätten die *Don Juan* mit Byrons *Bolivar* verwechselt und den kleinen Schoner absichtlich gerammt, um den reichen englischen Lord auszuplündern. Kein Wort mehr von der Unerfahrenheit und dem Leichtsinn der beiden Freizeitsegler oder gar von der für rauhe See ungünstigen Bauweise ihres Bootes.[163] Diese Legenden dienten nicht zuletzt dazu, jegliche Verantwortung des Konstrukteurs des Schoners abzuweisen.

Mary Shelley und Jane Williams sollten erst eine Woche nach dem letzten Brief Hunts endgültige Gewißheit über das Schicksal ihrer Männer bekommen. Sie waren nach Pisa geeilt, wo man nichts über den Verbleib von Shelley und Williams wußte. Nach ihrer Rückkehr in die Casa Magni schickten sie Boten die Küste entlang, um zu erfahren, ob die beiden irgendwo gestrandet waren. Am 18. Juli erfuhr Trelawny von Wrackteilen und Ausrüstungsgegenständen, die ans Ufer geschwemmt worden waren, und ritt selbst los, die Fundstücke zu inspizieren. In seinen Erinnerungen schilderte er, wie er schließlich zu den verstümmelten und halbverwesten Leichen Shelleys, Williams' und des Schiffsjungen geführt wurde, die in der Nähe von Viareggio und an der Bocca Lericcio, in der Nähe des Turms von Migliarino, entdeckt worden waren. Höchstwahrscheinlich waren die Leichen jedoch bereits gemäß der Vorschriften der Gesundheitsbehörde im Sand vergraben worden. Sicher ist, daß Trelawny am 19. Juli die Casa Magni aufsuchte, um die angstvoll auf Neuigkeiten wartenden Frauen zu informieren. Er begleitete Mary Shelley, Jane Williams, Claire Clairmont und die Kinder am darauffolgenden Tag zurück nach Pisa, wo sie ihre alte Wohnung in den Tre Palazzi di Chiesa bezogen.

Mary Shelley war Trelawny überaus dankbar, daß er keine Mühen scheute, um alle Formalitäten einschließlich der Bergung und

Feuerbestattung der Leichen für sie zu erledigen. Trelawny sorgte sogar dafür, daß das Wrack der *Don Juan* gesucht und geborgen wurde, in dem sich zahlreiche persönliche Gegenstände, Notizbücher und Bargeld fanden. Um eine Genehmigung für die Verbrennung der Toten zu erhalten, mußte Trelawny allerhand bürokratische Hürden überwinden. Die Gesundheitsbehörde schrieb vor, daß angeschwemmte Leichen an Ort und Stelle bestattet werden mußten. Doch der britische Konsul Edward Dawkins unterstützte seine Landsleute in dieser Angelegenheit.

Trelawny ließ eigens einen tragbaren Ofen bauen und transportierte diesen auf der *Bolivar* zu den Fundorten der Toten, deren Gräber im Sand mit Pfosten markiert waren. Lord Byron, Leigh Hunt, ein Offizier der Quarantänebehörde mit seinen Mitarbeitern und einige Soldaten waren zugegen, als am 13. August die Überreste Edward Williams' verbrannt wurden. Am folgenden Tag verbrannte man die Leiche Shelleys. Die Asche wurde in einem eigens angefertigten Kästchen aus Eichenholz einem englischen Kaufmann übergeben, der es nach Rom bringen sollte. Gemäß der Bitte Mary Shelleys sollte die Asche auf dem protestantischen Friedhof beerdigt werden, an jener Stelle, wo ihr Sohn William seine letzte Ruhe gefunden hatte. Im Grab des Kindes wurde jedoch seltsamerweise das Skelett eines Erwachsenen gefunden. Das Kästchen mit Shelleys Asche wurde schließlich am 21. Januar 1823 neben dem Grab von John Keats in der Nähe der Pyramide des Cestius bestattet.

Bei der Feuerbestattung Shelleys blieb das Herz unversehrt. Trelawny rettete es mit bloßen Händen aus den Flammen, wobei er sich Verbrennungen zuzog. Als Mary Shelley davon erfuhr, bat sie um dieses makabre Relikt, doch es stellte sich heraus, daß Leigh Hunt es für sich beansprucht hatte und nicht wieder herausgeben wollte. Nach einem grotesken Streit mit Hunt, der schließlich von Jane Williams überredet wurde nachzugeben, gelangte Mary Shelley in den Besitz des Herzens. Nach ihrem Tod wurde das zu Staub verfallene Organ in einer Ausgabe von Shelleys *Adonais* entdeckt. Gerade dieses Werk enthielt Zeilen über Tod und Vergänglichkeit, die für Mary tröstend gewesen sein dürften – hier bedeutet der Tod nicht das Ende, sondern die strahlende Vereinigung mit der Natur:

»Er lebt, erwacht – der Tod ist tot, nicht er;
Trauert nicht um Adonais.«[164]

Wie der Streit um das verkohlte Herz des Dichters beiläufig zeigt, war sein Tod gleichzeitig der Beginn einer Entfremdung zwischen Shelleys alten Freunden und seiner Witwe. Hier wird auf skurrile Weise deutlich, daß der Freundeskreis des Dichters Mary eher Shelley zuliebe akzeptiert hatte als aufgrund ihrer eigenen, weitaus weniger einnehmenden und spröden Persönlichkeit. Eifersucht spielte auf beiden Seiten keine unwesentliche Rolle. Mary Shelley wurde zum Vorwurf gemacht, ihren Mann in unliebsame Konventionen gezwängt und ihm die nötige Freiheit genommen zu haben. Ihr ernstes, zurückhaltendes Wesen, das Shelley oft mit dem kühlen Licht des Mondes verglichen hatte, erschien ihnen lieblos und kalt. Jane Williams hatte den Hunts erzählt, der Dichter wäre wegen Mary oft unglücklich gewesen. Konnte man dieser wortkargen, durch ihren verborgenen Schmerz wie versteinert wirkenden Frau das Andenken an den, in den Augen seiner Freunde, fast überirdischen Poeten überlassen? Obwohl sich Hunt und Mary im Laufe der Zeit wieder aussöhnten, ließ er in seinen Briefen über die Affäre um Shelleys Herz indirekt durchblicken, daß sie seiner Meinung nach keinen wirklichen Anspruch hatte, den Nachlaß ihres Mannes zu verwalten, geschweige denn über seine sterblichen Überreste zu verfügen. Er stellte seine eigene Liebe und Freundschaft zu Shelley eigensinnig über jede andere Beziehung.[165]

Für Mary Shelley waren die Ansprüche und indirekten Vorhaltungen aus Shelleys Freundeskreis ein zunehmender Anlaß zur Verbitterung, was zur Folge hatte, daß sie in deren Gesellschaft um so kälter und abweisender wirken mußte. Im August 1822 hatte sie freilich ganz andere Probleme und dachte gar nicht an die Möglichkeit der Entfremdung von jenen Menschen, die ihr zu Lebzeiten ihres Mannes so nahe und vertraut erschienen waren. Sie wußte nicht, was aus ihr werden sollte, von was sie leben sollte. Kein Tag verging, ohne daß sie Shelleys Tod beklagte und ihren eigenen Tod herbeisehnte. Italien, dessen landschaftliche Schönheit sie nach wie vor liebte, erschien ihr als das Grab all ihrer Träume. Sie wollte zurück nach England, aber zu wem konnte sie zurückkehren? Die Familie Shelleys wollte von ihr nichts wissen, und im Hause Godwin regierte die verhaßte Stiefmutter. So blieb Mary zusammen mit Jane Williams und Claire in Pisa. Trelawny besuchte sie gelegentlich, Byron und die Gräfin Guiccioli kamen zweimal in der Woche, Hunt und seine Frau hielten sich vorerst von ihr fern. Überwältigt von ihrem Verlust, schien ihr die Zukunft bedrohlich und schwarz. Dennoch hatte sie Pläne und wußte bereits, daß es für sie nur einen Weg gab, ihr Unglück zu überwinden:

»Ich zittere vor Grauen, wenn ich mich daran erinnere, was ich durchlitten habe; & wenn ich daran denke, von welch wilden und abscheulichen Gedanken ich besessen war, dann sage ich mir, ›Habe ich all dies wirklich empfunden?‹ – und dann weine ich vor Selbstmitleid. Doch jeder Tag bedeutet zusätzliches Leid & der einzige Ausweg ist der Tod. Ich wollte studieren & hoffe, daß ich es tun werde – ich wollte schreiben – & wenn es mir besser geht, werde ich es wohl tun – Doch wenn da nicht die stete Hoffnung wäre, wieder mit ihm vereint zu sein, dann wäre alles nur Narretei. Ohne diese Hoffnung könnte ich weder studieren noch schreiben, denn Ruhm & Nützlichkeit (außer in Bezug auf mein Kind) bedeuten mir gar nichts – Doch werde ich glücklich sein, falls irgend etwas aus meiner Feder Schmerzen lindern & erhöhen könnte, so wie die Werke der Göttlichsten unserer [englischen] Rasse dies bei mir vermochten. Aber wie kann ich dies erreichen?«[166]

Die Beschäftigung mit der Literatur half ihr über die Qual der nächsten Monate. Lord Byron hatte ihr die neuen Gesänge des *Don Juan* zur Transkription überlassen. Wichtiger war ihr die Beschäftigung mit dem Nachlaß ihres Mannes: Sie begann Percy B. Shelleys chaotische Notizen zu ordnen und die nachgelassenen Gedichte in Reinschrift zu übertragen. Zuweilen dachte sie daran, seine Biographie zu schreiben, doch schreckte sie davor zurück, ihre eigenen Gefühle dem Urteil der Öffentlichkeit zu unterwerfen. Dennoch enthalten ihre literarischen Arbeiten der nächsten Jahre immer wieder verschlüsselte Bruchstücke eigener Erlebnisse und Erfahrungen. Ihre umfangreichen Recherchen über die Geschichte der Toskana im Mittelalter nutzte sie als Grundlage für eine neue

Erzählung, die in der zweiten Ausgabe von Leigh Hunts *Liberal* erscheinen sollte.

A Tale of the Passions ist eine Geschichte aus dem mittelalterlichen Florenz, das vom blutigen Konflikt der kaisertreuen Ghibellinen und der Anhänger des Papstes, der Guelfen, geprägt ist. Mary Shelley erzählt von Despina, einer fanatischen Anhängerin Konradins, die als Mann verkleidet nach Florenz reist, um ihren einstigen Liebhaber und Anführer der Guelfen zu überreden, die Seiten zu wechseln. Sie scheitert und wird gezwungen, der Hinrichtung Konradins, des letzten Staufers, beizuwohnen: »Als man die Sänfte gegenüber dem Schafott aufstellte, auf das Konradin gerade zuging, und Lostendardo befahl, die Vorhänge zurückzuziehen, war die weiße Hand, die reglos an der Seite herabhing, dünn wie ein Blatt im Winter, und ihr edles Gesicht, von den dicken Knoten ihres schwarzen Haars umkränzt, war eingefallen und aschfahl, während man das tiefe Blau ihrer Augen durch die geschlossenen Lider dringen sah.«[167]

Die Darstellung des engelsgleichen, idealistischen Konradin gleicht der Charakterisierung Shelleys in Mary Shelleys Kommentaren zu seinen Gedichten. In der Todesszene am Schluß von *A Tale of the Passions* erfüllt sich der leidenschaftliche Wunsch Despinas, ihr Leben für ihr Idol hinzugeben, obgleich ihr politisches Ziel nicht erreicht wird. Doch fast scheint es, als wären diese Ziele zweitrangig angesichts der Vereinigung im Tod. In dieser erotisch aufgeladenen Darstellung des Todes spiegelt sich eine dunkle Sehnsucht, die auch in Mary Shelleys Tagebuchnotizen aus jener Zeit überaus präsent ist. Es erscheint wie ein Vorgriff auf die Morbidität und Melancholie Edgar Allan Poes und dessen Nachfolgern, den Autoren der Décadence. Bei Mary Shelley entspringt diese Melancholie, die viele ihrer späteren Werke durchdringt, ihrer persönlichen Erfahrung und Lebensbewältigung nach dem Tod ihres geliebten Mannes.

Im September 1822 zog Mary Shelley mit Byron und den Hunts nach Genua. Jane Williams kehrte nach England zurück, Claire zog nach Florenz und dann weiter nach Wien, wo sie eine Gouvernantenstelle annahm. Für Byron bedeutete es eine wesentliche Erleichterung, die Familie Hunt aus dem Haus zu haben. Er richtete sich zusammen mit Teresa Guiccioli, ihrem Bruder Pietro Gamba und ihrem Vater in der Casa Saluzzo in Albaro, einem Ortsteil von Genua, ein. Die Hunts bezogen gemeinsam mit Mary Shelley die Casa Negrotto, die sich in unmittelbarer Nähe befand.

Bald trafen die ersten Kritiken über Leigh Hunts erste Ausgabe des *Liberal* ein. Die Zeitschrift wurde als »schmutzige Veröffentlichung« geschmäht und erwies sich, trotz der Verbindung mit dem Namen Byron, als finanzieller Mißerfolg. Byron ertrug gelassen die immer neuen Bettelbriefe Hunts und unterstützte sein Projekt weiterhin, obwohl es ihn eigentlich nicht mehr interessierte und er den Herausgeber kaum noch persönlich traf. Er nahm die Angelegenheit von ihrer komischen Seite: »Ach! Der arme Shelley! Wie würde er lachen, wenn er noch lebte, und wie pflegten wir noch hin und wieder über die verschiedensten Dinge zu lachen, die in den Vorstädten [Londons] so ernst genommen werden!«[168]

Byron zeigte anfangs auch einige Sympathie für Mary Shelleys desolate Lage. Shelley hatte ihn und Peacock als Nachlaßverwalter bestimmt, aber es gab in seinem Testament keinerlei finanzielle Vorkehrungen für die Versorgung von Frau und Kind. Die Tatsache, daß man in Italien mit sehr viel weniger Geld auskommen konnte als in England, war einer der Gründe dafür gewesen, daß Mary Shelley nicht sofort nach London zurückgekehrt war. Doch trotz ihres bescheidenen Lebensstils wurde ihre Situation zunehmend ernster. Sie erhielt ein wenig Geld für ihre Transkriptionsarbeiten und schrieb weitere Texte für den *Liberal* – Essays über den florentinischen Historiker Giovanni Villani und über die Geliebte Jean-Jacques Rousseaus. Sie hoffte auf eine kleine Rente von Shelleys Vater, Sir Timothy Shelley, für den Unterhalt seines Enkelkindes Percy Florence. Byron versuchte zu vermitteln und erhielt einen Brief von Sir Timothy, in welchem er anbot, den kleinen Percy aufzunehmen, falls Mary Shelley auf ihr Sorgerecht verzichtete. Sir Timothy Shelley machte Mary für die Entfremdung seines Sohnes von seiner Familie verantwortlich und lehnte jeden direkten Kontakt mit ihr ab.

Natürlich ging Mary Shelley nicht auf dieses Angebot ein. Mehr als zuvor fühlte sie sich von aller Welt verraten und im Stich gelassen. Sie zog sich zurück und lebte in Erinnerungen und Träumen. Manchmal meinte sie die Stimme Shelleys zu vernehmen. Einmal sah sie ein weißes Segel am Horizont und dachte einen Moment lang, es wäre die heimkehrende *Don Juan* und alles sei nur ein schlechter Traum gewesen.

Trelawny schrieb ihr aus Rom über Shelleys letzte Ruhestätte. Er hatte sich gleich selbst ein Grab mit passendem Grabstein in unmittelbarer Nähe bestellt, um nach seinem eigenen Tod neben seinem verehrten Freund ruhen zu können. Mary Shelley erzählte er, sie könne auf der anderen Seite liegen oder sein eigenes, schmales Bett mit ihm teilen. Eine reichlich bizarre Liebeserklärung, die Mary ein wenig aufheiterte. Sie schätzte Trelawnys gleichzeitig dreiste und unschuldige Art, aber sie wußte auch, daß er monatelang Claire mit Liebesschwüren und Heiratsanträgen verfolgt hatte. Sie hielt ihn für ihren einzigen verbliebenen Freund, doch ihr Vertrauen in ihn war nicht grenzenlos.

Langsam besserte sich Marys problematische Beziehung zu den Hunts. Sie bemühte sich sehr, ihnen nicht zur Last zu fallen, und war ihnen oft eine große Hilfe, da beide kein Italienisch verstanden. Schließlich versprach sie, bis zum Sommer 1823 bei ihnen zu bleiben, um Marianne Hunt bei der Geburt ihres siebten Kindes beizustehen.

Mit Byron traf sie kaum noch zusammen, obwohl sie weiterhin seine Arbeiten in Reinschrift übertrug. Sein unvollendetes Drama *The Deformed Transformed*, in welchem der Krüppel Arnold einen Pakt mit dem Teufel eingeht, um den makellosen Körper des Achilles zu erhalten, war einer von zahlreichen Texten, die sie in Genua kopierte. Das Drama inspirierte sie später zu ihrer märchenhaften Erzählung *Transformation*. Wenn sie Byron sah und seine Stimme hörte, vermißte sie Shelley um so mehr, da es sie an frühere Zeiten erinnerte, als sie den beiden Dichtern bei ihren endlosen Diskussionen zugehört hatte. Dann erfuhr sie von Hunt, daß Byron sich gegenüber seinen vornehmen englischen Besuchern, Lord und Lady Blessington, schlecht über sie und ihren geliebten Shelley geäußert hatte. Die Doppelzüngigkeit schien ihr unerträglich. Nun nahm sie es ihm nicht mehr übel, daß er sich von ihr fernhielt.

Mary Shelley teilte Byron nach der Niederkunft Mariannes mit, daß sie nun bereit sei, nach England zurückzukehren. Für die

Gesundheit ihres Kindes schien es ihr das beste, obwohl sie ihre Heimat nicht allzu sehr vermißte. Ihr dreijähriger Sohn sprach kaum ein Wort Englisch, und der Gedanke, von einer Landschaft umgeben zu sein, die ihr Mann so sehr geliebt hatte, deren Teil er seiner eigenen Philosophie gemäß geworden war, bedeutete für sie Trost und Inspiration. Der Abschied fiel ihr nicht leicht, schien aber dennoch notwendig.

Byron hatte ihr versprochen, die Reisekosten zu übernehmen, doch als sie nichts mehr von ihm hörte, schrieb sie dies seiner insgeheim schlechten Meinung über sie und Shelley zu und lehnte es beleidigt ab, ihn erneut um eine noch so kleine Unterstützung zu bitten. Natürlich ahnte sie nicht, daß Hunt hinter diesen Mißverständnissen steckte. Dieser machte Byron regelmäßig eine gewisse Knausrigkeit und eine unbezahlte Wettschuld an Shelley zum Vorwurf, während der Lord versuchte, seine Finanzen in Ordnung zu bringen und die notwendigen Mittel für die nun fest beschlossene Expedition nach Griechenland aufzubringen. Am 1. Juli hatte Hunt, ohne das Wissen Mary Shelleys, Byron um Geld für ihre Reise gebeten, da sie sich sonst an Trelawny wenden müßte. Byron, der moralische Erpressung witterte, hatte entnervt geantwortet, daß er jeden Betrag zahlen würde, um ihre langweilige Gesellschaft nicht mehr ertragen zu müssen. Mary erfuhr von der Schmähung und war entsprechend beleidigt, doch Hunt ließ sich von der schlechten Laune des Lords nicht abschrecken. Er bat erneut um Geld für Mary, erhielt schließlich dreißig Pfund, die er jedoch nicht an sie weiterleitete. Sein letzter Brief an Byron enthielt die schlichte Forderung, nun auch noch den Umzug seiner Familie nach Florenz zu finanzieren.[169] Doch inzwischen waren Lord Byron, Pietro Gamba und Trelawny auf der *Bolivar* nach Griechenland aufgebrochen, um den Widerstand gegen die türkischen Besatzer mit Geld, Material und Truppen zu unterstützen.

Mary Shelley hatte sich lediglich von Trelawny verabschiedet. Teresa Guiccioli war, todunglücklich über Byrons abenteuerliche Pläne, eilends nach Bologna abgereist. Die Hunts, die Mary nach langen Querelen wieder in alter Freundschaft verbunden waren, beschlossen, nach Florenz weiterzuziehen. Mary Shelley war einen Augenblick lang versucht, sich ihnen anzuschließen, doch was sie wirklich wollte, war Unabhängigkeit. Ihr Vater hatte sie in ihrer Absicht bestärkt, ein neues Leben zu beginnen. Ein Leben als Schriftstellerin. Sie verließ Genua am 25. Juli 1823: »Ich verlasse Italien – ich kehre zurück in die trübseligste Realität, nachdem ich ein Jahr in diesem gesegneten und geliebten Land verträumt habe.«[170]

Alles verändert sich, alles vergeht: Valperga
1823

EDWARD WILLIAMS
»*Er ist in jeder Hinsicht das Gegenteil eines prüden Menschen.*«
Mary Shelley

M ary Shelley hatte einige Monate vor ihrer Abreise aus Italien erfahren, daß ihr Roman über den mittelalterlichen Tyrannen Castruccio endlich erschienen war. Sie hatte jedoch keine Gelegenheit, das unter dem Titel *Valperga: or, the Life and Adventures of Castruccio, Prince of Lucca* in einer dreibändigen Ausgabe bei G. und W. B. Whittaker veröffentlichte Werk selbst in Augenschein zu nehmen, und wartete ungeduldig auf Reaktionen und Rezensionen. Über die freimütige Bearbeitung des umfangreichen Textes durch ihren Vater wußte sie aus dessen Briefen Bescheid. Im Februar 1823 hatte er ihr geschrieben, daß er alles gestrichen hätte, was den Erfolg des Buches mindern könnte, insbesondere die aus seiner Sicht geschmacklosen Schlachtenszenen und ausführlichen Schilderungen der Feldzüge Castruccios.[171] Da von Mary Shelleys ursprünglichem Manuskript nur Fragmente erhalten sind, ist es nicht möglich einzuschätzen, wie stark der publizierte Roman von der Originalfassung abweicht.[172] Sicher ist, daß die Autorin, als sie das gedruckte Werk endlich prüfen konnte, mit dem Ergebnis nicht sonderlich zufrieden war. Doch äußerte sie sich erst Jahre später zu diesem Thema, als sie gegenüber Shelleys Verleger Ollier, der das Manuskript abgelehnt hatte, bemerkte, *Valperga* hätte nie eine faire Chance gehabt und wäre nie in angemessener Form veröffentlicht worden.[173]

Der unglücklichen Veröffentlichungsgeschichte folgte eine unglückliche Rezeption. Nach einer Handvoll belangloser Kritiken, die sich nicht ernsthaft mit dem Text auseinandersetzten, wurde der Roman vergessen. Die erste Neuausgabe erschien erst 1996 innerhalb der Werkausgabe. Obwohl Mary Shelleys erste Biographin, Lucy Rosetti, *Valperga* durchaus positiv bewertet, wurde der Roman im 20. Jahrhundert entweder ignoriert – wie in der einflußreichen Shelley-Biographie von Muriel Spark – oder als unbedeutend und mißlungen dargestellt.[174] Zu Unrecht: *Valperga* ist zwar kein einfacher, aber ein überaus interessanter Roman, der die durch Sir Walter Scotts und William Godwins literarische Werke vorgegebenen Erzählmuster gleichzeitig nutzt und überwindet.

Schon Percy B. Shelley, der die Entstehung des Romans voller Enthusiasmus begleitet hatte, hatte auf das intensive Quellenstudium seiner Frau hingewiesen, welches ihr die Fakten für den historischen und kulturellen Hintergrund liefern sollte. Ihre wichtigsten Quellen waren Machiavellis *La vita di Castruccio Castracani da Lucca*, Nicolao Tegrimis *Vita Castruccii Castracani*, Giovanni Villanis mittelalterliche Chronik von Florenz und Simonde Sismondis *Histoire des Républiques Italiennes du Moyen Âge*. Sowohl Scott als auch Godwin forderten von einem historischen Roman Authentizität in den Details und Glaubwürdigkeit in der Darstellung; Godwin ging sogar so weit, dem Roman die größere Wirklichkeitsnähe zuzuschreiben als der reinen Geschichtsschreibung.[175] Doch bleiben bei Mary Shelley die Fakten, die sie diversen Biographien und Geschichtswerken entnahm, Instrumente, die sie zu ihren eigenen Zwecken formt und zusammenfügt. Bereits in der Einführung erklärt sie, die historischen Daten ihrer Erzählung angepaßt zu haben. Ihre Absichten beschränken sich also nicht auf die künstlerische Darstellung einer vergangenen Epoche, und der Roman ist mehr als nur ein opulentes Sitten- und Zeitgemälde.

Valperga schildert den unaufhaltsamen Aufstieg des toskanischen Fürsten Castruccio Castracani im 14. Jahrhundert. Der Roman beginnt mit Schlüsselerlebnissen aus Castruccios Jugend. Als die Partei der republikanischen Guelfen die Herrschaft über Lucca erringt, werden die Anhänger des Heiligen Römischen Reiches, die Ghibellinen, aus der Stadt vertrieben und ins Exil geschickt. Der jugendliche Castruccio schwört Rache. Nach dem Tod seines Vaters wird er von dessen Freund, Francesco de Guinigi, aufgenommen. Guinigi ist ein alter Soldat, der den Krieg verabscheut und sein Glück in einem einfachen, bäuerlichen Leben gefunden hat. Er wird zum Mentor Castruccios, kann ihn jedoch nicht von seinen Träumen von Rache und Ruhm abbringen. Castruccio begleitet einen Freund Guinigis nach England, wo er in Intrigen um Edward II. verwickelt wird. Im Zorn ermordet er einen Höfling und muß England fluchtartig verlassen.

Zurück in Italien schließt er sich der Armee Alberto Scottos an und gewinnt dessen Vertrauen während seiner Feldzüge gegen die Guelfen. Er kämpft unter verschiedenen ghibellinischen Kriegsherren in der Lombardei und der Toskana. Schließlich erlangt er die Herrschaft über Lucca, die Heimatstadt seiner Familie. Nördlich von Lucca befindet sich die strategisch wichtige Burg Valperga (eine Erfindung Mary Shelleys), die von der republikanisch gesinnten Burgherrin Euthanasia regiert wird.[176] Ihre Familie war einst mit derjenigen Castruccios eng befreundet, sie selbst war seine Freundin in Kindestagen. Ihr Wiedersehen ist der Beginn einer tragischen Liebesgeschichte. Euthanasia will den Parteienkrieg beenden und träumt von einem vereinten Italien. Castruccio strebt die Herrschaft über die Toskana und die Unterwerfung der Guelfen an, er schwört jedoch, dem unter der vorbildlichen Verwaltung Euthanasias aufblühenden Gut von Valperga die Unabhängigkeit zu lassen und das von den Guelfen beherrschte Florenz zu schonen. In der Folge wird Castruccio alle Schwüre brechen und Euthanasia zur Entscheidung zwischen ihrer Liebe zu ihm und ihrer moralischen und politischen Pflicht zwingen.

Im zweiten Teil des Romans begegnet Castruccio einer geheimnisvollen jungen Frau, die als Heilige vom Volk verehrt und als Ketzerin von der Inquisition verfolgt wird. Beatrice ist die Tochter der Sektenführerin Wilhelmina von Böhmen, die sich als Wegbereiterin eines weiblichen Christus verstand. Nach dem Feuertod ihrer Mutter wird sie vom Bischof von Ferrara beschützt, der das Kind in die Obhut eines leprakranken Einsiedlers gibt, um es vor der Inquisition zu retten. Castruccio erfährt ihre Geschichte von dem Bischof, rettet sie erneut vor den Inquisitoren und wird ihr Liebhaber. Als er ihrer überdrüssig wird, verläßt er sie, um zu Euthanasia zurückzukehren. Beatrice beschließt, allem weltlichen Streben zu entsagen, und beginnt eine Pilgerreise nach Rom. Auf ihrer Reise begegnet sie Euthanasia, die nach und nach alles über sie und Castruccio erfährt.

Castruccio fühlt sich nicht an seine früheren Versprechen gebunden. Er führt einen gnadenlosen Eroberungskrieg und greift zunehmend zu Mitteln, die er früher verabscheute. Er schickt dreihundert Familien der Guelfen ins Exil, die in Valperga Zuflucht finden. Schließlich schickt er seine Armee gegen Valperga und bittet Euthanasia um freiwillige Aufgabe der Festung. Als sie sich weigert, erobert er die Burg mit Waffengewalt, wobei ihm die Vertrautheit mit der Anlage aufgrund seiner früheren Beziehung zu Euthanasia zugute kommt. Die Burgherrin flieht vor ihm und entzieht sich seinem erneuten Liebeswerben.

Im dritten Teil des Romans wird von Intrigen berichtet, die zum Sturz Castruccios führen sollen. Die Ketzerin Beatrice wird zum Instrument einer Intrige, die Euthanasias Diener, der zwerghafte Albino Bindo, zusammen mit der Hexe Mandragola aushekt. Beatrice war einer Vision gefolgt, die sie zu einem Haus führte, dessen namenloser Herr sie gefangennahm. Er hielt sie drei Jahre als Sklavin und setzte sie allerlei ungenannten Folterqualen aus, vergewaltigte sie und machte sie zu seinem willenlosen Spielzeug. Nun soll sie durch einen Trick der Hexe wie ein Geist vor Castruccio erscheinen und ihn an seine gebrochenen Schwüre erinnern. Beatrice erkennt in Castruccios Gefolgschaft einen Mann, Tripalda, der ihr während ihrer Gefangenschaft unsägliches Leid angetan hat. Durch den Anblick des Folterknechts in Gesellschaft ihres einstigen Liebhabers verliert sie den Verstand und stirbt kurz darauf.

Euthanasia wird von ihren Freunden gedrängt, sich einer Verschwörung gegen Castruccio anzuschließen. Sie gibt nach, als sie von immer neuen Greueltaten des »Prinzen von Lucca« hört. Tripalda ist einer der Verschwörer, doch Euthanasia kennt seine Vergangenheit und mißtraut ihm. Da sie einerseits den Prinzen stürzen, aber andererseits sein Leben retten will, versucht sie Tripalda zu erpressen. Dieser verrät die Verschwörer an Castruccio. Castruccio läßt seine Feinde hinrichten, doch gewährt er Euthanasia Exil in Sizilien. Ihr Boot geht während der Überfahrt im Sturm verloren. Das Ende des Romans entspricht den historischen Tatsachen: Castruccio erlebt den Höhepunkt seiner Macht und stirbt schließlich an einem Fieber, das er sich während eines letzten Feldzuges zugezogen hat.

Die Zusammenfassung zeigt, daß nicht der historische Konflikt der Ghibellinen und Guelfen im Mittelpunkt des Romans steht, sondern übergeordnete, vielschichtige, psychologische und moralische Konflikte. Die Charakteristika der Hauptfiguren Castruccio, Euthanasia und Beatrice stehen für unterschiedliche, an bestimmte

Weltbilder und Ideale geknüpfte Identitäten. Sie versuchen zusammenzufinden und scheitern dabei an ihren gegensätzlichen Prioritäten.

Am deutlichsten wird dies in der Figur der Euthanasia. Sie verkörpert die Ideale, die in den Schriften der Frauenrechtlerin Mary Wollstonecraft formuliert wurden: Unabhängigkeit, umfassende Bildung, Verstand und Sensibilität. Mary Shelley hatte die theoretischen Arbeiten ihrer Mutter erneut gelesen, während sie an *Valperga* arbeitete. Euthanasia ist gewissermaßen ihre Verbeugung vor den Werken und Zielen ihrer Mutter. Weisheit und Wissen sind für sie »reine Ausstrahlungen der Gottheit«.[177] Die Freiheit und politische Einigkeit Italiens sind für sie Ziele, denen sie ihre persönlichen Wünsche bereitwillig unterordnet. In Castruccio sieht sie zunächst ein Mittel, die friedliche Einigung Italiens herbeizuführen, doch muß sie erkennen, daß sein Streben nicht auf abstrakten Idealen basiert, sondern lediglich auf persönlichem Ehrgeiz. Ihre Anklage Castruccios ist sozusagen ein Appell der Aufklärung an den Geist des Mittelalters: »Hast du nicht in einem Land gelebt, das unter dem Krieg gelitten hat? Hast du nicht gesehen, wie die Bauern von ihren Höfen vertrieben wurden, ihre Weinstöcke herausgerissen, ihre Ernten vernichtet, ihre armen Kinder verloren oder verwundet, deren jeder einzelne Blutstropfen mehr wert ist als die Macht der Caesaren? [...] Was willst du? Ruhm, Ehre, Macht? Was sind sie anderes als Schande, Niedertracht und Tyrannei, wenn sie nicht durch Frieden erworben werden? Oh! Sei Herr deines eigenen Herzens; setze die Vernunft als Herrscher ein, mache die Tugend zum Hohepriester deiner Gottheit.«[178]

Als Euthanasia nach der Zerstörung Valpergas die Vergeblichkeit ihrer Appelle an Castruccio erkennt, wiederholt ihre Klage melancholische Überlegungen Mary Wollstonecrafts aus ihrem Reisebericht *Letters Written During a Short Residence in Sweden, Norway and Denmark*: »Die Erde ist wie das weite Meer, und wir sind nichts als vergängliche Luftbläschen; sie ist wie der Himmel, und wir der dünnste, vergänglichste Nebelhauch; alles verändert sich, alles vergeht – nichts ist von Bestand, nichts bleibt auch nur einen Augenblick lang, wie es war. [...] Ist alles, was wir rühmen, nur ein Schatten? Sind Tyrannei und Grausamkeit und Freiheit und Tugend nichts als Wörter?«[179] Trotz der in einem sinnlosen Tod gipfelnden Vergeblichkeit von Euthanasias Worten und Taten feiert Mary Shelley ihre Ideale, indem sie ihre Heldin den beiden Figuren Castruccio und Beatrice gegenüberstellt.

Im Gegensatz zur selbstbestimmten, unabhängigen Frauenfigur Euthanasia bleibt Beatrice in ihrem mittelalterlichen, fatalistischen Weltbild gefangen. Sie ist in jeder Beziehung ein Opfer, ein Spielball fremder Mächte, die sie nicht versteht. Am Ende ihrer Leiden offenbart sie ihre Zweifel an Gott: »Denk an Eifersucht, mitternächtlichen Mord, Neid, Unglauben, Verleumdung, Undankbarkeit, Grausamkeit und an all das, was der Mensch zum täglichen Zeitvertreib seinem Mitmenschen antut. Denk an Krankheit, Pest, Hunger, Lepra, Fieber und all den Schmerz, den unsre Glieder ertragen müssen. Oh! Die Hand Gottes muß die Hand eines strafenden Vaters sein, der so seine Kinder peinigt! Seine Kinder? Seine ewigen Feinde! Siehe, ich bin eine von ihnen! Er erschuf die Saat der Pestilenz, den Morast, den Durst, die Not; er erschuf den Menschen – jenen elendesten aller Sklaven!«[180]

Die Seele des Menschen, so Beatrice, sei ein Lagerhaus ewiger Schmerzen. Ihre Tirade ist der Aufschrei einer von Geburt an fremdbestimmten Frau, die selbst in ihren besonderen Gaben, ihrer Frömmigkeit und ihrer prophetischen Hellsichtigkeit, in die Irre geführt und von Intriganten gelenkt wird.

Die Schicksale der beiden faszinierenden Frauenfiguren werden über ihre Beziehung zum Titelhelden des Romans verknüpft. Castruccio ist zwar fähig, sein Leben zu meistern und seine Ziele zu verwirklichen, doch werden seine Errungenschaften immer fragwürdiger aufgrund der Mittel, die er einsetzt. Zudem strebt er diese Ziele nur aus persönlichem Ehrgeiz und aus Rachsucht an – die selbstlose Pflichterfüllung Euthanasias ist ihm fremd. Er ist wie Beatrice und im Gegensatz zu Euthanasia nicht in der Lage, die Grenzen seiner von Aberglauben und Gewalt geprägten Welt zu überwinden. Er ist nicht einmal in der Lage, die Botschaft Euthanasias und die seines alten Mentors Guinigi zu begreifen. Von anderen Tyrannen seiner Zeit trennt ihn lediglich ein vages Ehrgefühl, das ihm etwa verbietet, den Einflüsterungen seines schurkischen Freundes und Kriegsgewinnlers Pepi zu folgen, und seine stete Liebe zu Euthanasia.

Kritiker des Romans und Percy Shelley haben Castruccio mit einem »kleinen Napoleon« verglichen.[181] Falls Mary Shelley bei dieser Figur wirklich an Napoleon dachte, ist ihre Darstellung jedoch weit entfernt von den Heroisierungen und Verklärungen des Korsen, die in ihrer Zeit modisch waren. Ganz im Gegenteil: Castruccio könnte als Kritik an der fragwürdigen Verehrung Napoleons durch englische Romantiker wie Lord Byron gewertet werden. Sie teilte die Bewunderung für den »Tatmenschen« und »Selfmademan« nicht, der das Erreichen seiner Ziele mit dem Blut anderer bezahlte – auch wenn diese Ziele vorgeblich dem Geist der Aufklärung verpflichtet waren.

Eine offene Kritik am arkadischen Italienbild der Romantiker – wie es etwa in John Keats' *Eve of St. Agnes* erscheint – ist ihre Beschreibung von Armut, Elend, Schmutz, Aberglauben, politischer Zerrissenheit, Fremdherrschaft, Despotie und Bürgerkrieg – in welcher sich durchaus der durch Metternichs Heilige Allianz konstruierte Flickenteppich spiegelt, als den Mary Shelley das Italien der Jahre 1819 bis 1823 erlebt hat. Diese kritische Haltung nimmt fast satirische Züge an, als der junge Castruccio in sein Heimatland zurückkehrt und seinem Begleiter bei der Überquerung der Alpen erklärt, hier würde er das Paradies finden, sein Unglück zu heilen. Dieser antwortet trocken, er sei selbst Italiener. Die erste Nacht in Italien verbringen sie in einer armseligen, überfüllten, dreckigen, verqualmten und stinkenden Bauernhütte …

Der Tod Euthanasias und der Triumph des Tyrannen und Kriegsherrn Castruccio am Ende des Romans wirkten resignativ. Gegen Gewalt, Rachsucht, Ehrgeiz und Profitstreben scheinen die Ideen der Aufklärung, insbesondere der Frauenrechtlerin Mary Wollstonecraft, keinerlei Chance zu haben. Euthanasia hat am Ende nicht nur ihre Heimat, ihr persönliches Glück und ihr Leben verloren – sie bleibt ohne Nachkommen, ohne Erben, ohne Schüler, die ihr Wissen und ihre Ideale hätten weitertragen können. Selbst ihr Name wird vergessen. Hinzu kommt noch der zynische Kommentar von Castruccios Stellvertreter Vanni: »Ich hielt sie für einen Engel, und nun ist sie nur eine Frau – eine jener schwachen, närrischen Kreaturen, die wir alle verachten.«[182]

Ist dies als Kritik am eindimensionalen und idealisierenden

Frauenbild vieler romantischer Dichter zu verstehen? Auf jeden Fall kommt Mary Shelley in diesem Satz dem Werk ihrer Mutter näher als je zuvor oder danach. Sie übernimmt auch ihre Resignation angesichts der ausbleibenden Wirkung ihres sozialkritischen Werkes, indem sie Euthanasias Scheitern an mittelalterlicher Ignoranz zum Spiegel des ausbleibenden sozialen und politischen Fortschritts ihrer Zeit macht. Doch durch das tragische und hoffnungslose Ende des Romans wird die Notwendigkeit einer Veränderung im Sinne der darin aufgeführten Ideale nur um so deutlicher. *Valperga* steht in dieser Hinsicht in der Tradition der propagandistischen Romane William Godwins und Mary Wollstonecrafts, die zur Illustration ihrer jeweiligen sozialkritischen Thesen dienten.

Eine weitere Tradition, aus der die Autorin schöpft, ist – wie schon in *Frankenstein* – die »gothic novel«. Beatrice, die Hexe Mandragola und der Albino Bindo sind Figuren, die vollkommen den Vorgaben dieses Genres entsprechen. Am stärksten kommt dies in der Geschichte Beatrices zum Ausdruck: ihre rätselhafte Herkunft, ihre Konfrontation mit den Inquisitoren, der grauenvolle Aussätzige, der sie als Kind behütet, der namenlose Folterknecht, der sie drei Jahre lang gefangenhält. Dies sind Motive, die ihre Wurzeln in den klassischen Schauerromanen von Lewis, Dacre und Radcliffe haben. Eine originelle Variation ist die Sekte der Wilhelmina von Böhmen und die Vorstellung eines zweiten, weiblichen Christus. Ist Beatrice das prophezeite Gotteskind? Falls ja, so bleibt ihre Aufgabe unerfüllt, und die Qualen, die sie erduldet, bleiben sinnlos.

Im Gegensatz zu *Frankenstein* enthält *Valperga* nur wenige autobiographische Anspielungen. Einige Nebenfiguren können als Porträts von Personen aus Mary Shelleys Umkreis identifiziert werden. George Tighe war Vorbild für Castruccios Mentor Guinigi, der zwielichtige Pepi verdankt einige seiner Charakterzüge dem Pisaner Salonlöwen Professor Pacchiani. Euthanasias Vater, der Quell ihrer Bildung, Tugend und Weisheit, ist ein idealisiertes Abbild Godwins. Claire Clairmont bezeichnete Euthanasia als »Shelley in weiblicher Gestalt«, und Mary Shelley selbst bezeichnete den Tod ihrer Romanheldin als »prophetisch« in bezug auf den Tod ihres Mannes.[183] Überlegungen, die Beziehungen zwischen Castruccio,

Euthanasia und Beatrice mit jenen zwischen Mary, Shelley und Claire gleichzusetzen, können jedoch zum Verständnis des Romans wenig beitragen und sind nicht durch Quellen belegbar.

Allerdings gibt es eine stark autobiographische Episode, in welcher Euthanasia schildert, wie sie ihren sterbenden Bruder in Rom betreute: Die Darstellung des Ortes und der Umstände gleicht Mary Shelleys Erlebnissen während der Krankheit und des Todes ihres Sohnes William. Euthanasias Schilderung führt jedoch – ähnlich wie in *A Tale of the Passions* – zu einer sinnlich überhöhten, erotisierten Todeswahrnehmung, in der sogar die folgende erschreckende Selbstanalyse möglich ist: »Damals genoß ich den Schmerz.«[184]

Völlig zu Recht wunderte sich Mary Shelley darüber, daß die Reaktionen auf *Valperga* harmlos und milde ausfielen und daß die Kritiker es versäumten, sich über beabsichtigte Verstöße gegen den biederen Zeitgeschmack zu empören.[185] Nicht einmal Beatrices verzweifelte Tirade gegen den Schöpfergott wurde beanstandet. Lediglich Sir Walter Scotts Schwiegersohn, John Gibson Lockhart, rückte den Roman in die Nähe der sogenannten »satanischen Schule«, ein Begriff, der von Robert Southey geprägt worden war, um unbequeme und politisch oder moralisch provokative Dichter wie Byron und Shelley zu brandmarken.[186]

Valperga wurde weder zum Skandal noch hatte der Roman Erfolg. Mary Shelley nannte das Buch »eine weitere Stufe auf der Treppe, die ich hinaufsteige«.[187] Aus ihrer Perspektive steht es über *Frankenstein*. Tatsächlich ist es ein viel ambitionierteres Werk, dessen Vollendung die Autorin viel Kraft und viel Zeit kostete. Fünf Jahre vergingen zwischen der ersten Idee und der Publikation. Doch der rasende Zorn und der böse Witz, der ihren ersten Roman nicht altern ließ, fehlt in ihrem zweiten fast völlig. *Valperga* ist zugleich Klagelied und leidenschaftlicher Appell. Trauer und Hoffnung stehen dicht beieinander – nur erweist sich die Hoffnung als Illusion, und was bleibt, ist eine beängstigende Vision der geschichtlichen Realität, in der das Ringen um politische und persönliche Ideale nur dazu dient, einer schattenhaften und vergänglichen Existenz vorübergehend Sinn zu verleihen.

Die Witwe: Neubeginn in London
1823–1825

LORD GEORGE GORDON BYRON
»Was den Ruhm betrifft – davon hatte ich reichlich …«
Aus den Tagebüchern

Warum bin ich nicht in Italien – italienische Sonne & Luft & Blumen & Erde & Hoffnungen – sind verwandt mit Liebe Freude Freiheit – außerordentliche Wonne – sind sie es nicht, so tragen sie zumindest die entsprechenden Masken – doch hier hat alles die Farbe grausamer Realität – eine Realität, die mich schreien läßt ins Ohr der Mitternacht – aber ich darf nicht –«[188]

Nicht lange nach ihrer Rückkehr nach England begann Mary Shelley erneut mit ihren heimlichen Exzessen des Selbstmitleids, die sie in endlosen Tiraden ihrem Tagebuch anvertraute. Sie versank in Depressionen, Einsamkeit, Hoffnungslosigkeit. Nacht für Nacht betete sie um einen frühen Tod. Das einzige, was sie vorübergehend aus ihrer Lethargie zu reißen vermochte, war die Erinnerung an Shelley, die gelegentlich durch Gespräche mit Jane, einem Wiedersehen mit gemeinsamen Bekannten, wie dem Musiker Vincent Novello, oder vage Ähnlichkeiten der Aussprache, der Mimik, den leuchtenden Augen ihres geliebten und für immer verlorenen Mannes, die sie etwa bei dem berühmten Shakespeare-Darsteller Edmund Kean zu finden glaubte.

Die abgrundtiefe Verzweiflung, die sie in ihrem Inneren trug, blieb im kleinen Kreis ihrer Freunde und Bekannten unbemerkt. Sie duldete es nicht, daß ihre schwarzen Gefühle nach außen drangen. Godwin hatte sie gelehrt, ihre Trauer zu verbergen, um ihren Mitmenschen nicht zur Last zu fallen. In ihren Briefen gelang es ihr relativ gut, das Bild einer tapferen, lebenswilligen Frau erscheinen zu lassen. Da sie es nicht gewohnt war, ihre Gefühle öffentlich auszudrücken, mußte sie auf ihre unmittelbare Umgebung jedoch nach wie vor steif, zurückhaltend und kalt wirken. Dabei erschien ihre Lage im Sommer 1823 keineswegs so aussichtslos, und selbst das sonst so trübselige Londoner Wetter erwies sich zunächst als überraschend freundlich.

Mary Shelley war mit ihrem Sohn Percy nach einer einmonatigen Reise am 25. August in London angekommen. Ihr Vater und ihr Halbbruder William hatten sie freundlich begrüßt und vorübergehend im neuen Haus der Godwins an der Londoner Strand einquartiert. Nach dem unglücklichen und kostspieligen Rechtsstreit mit seinem Vermieter hatte Godwin die alte Wohnung in der Skinner Street und seine ruinöse Verlagsbuchhandlung aufgeben müssen. Die daraus resultierenden Probleme waren sein bevorzugtes Gesprächsthema, doch arbeitete er unverdrossen an einem neuen monumentalen Geschichtswerk, *The History of the Commonwealth of England*, welches in den kommenden Jahren in vier Bänden veröffentlicht werden sollte.

Mary Shelley beschloß tapfer, sich nicht von der tristen Unterkunft und ihrer allesverschlingenden Melancholie unterkriegen zu lassen, und erneuerte alte Bekanntschaften. Sie traf Hogg, der sich mit Jane Williams angefreundet hatte, Thomas Love Peacock, der sie in rechtlichen Dingen beriet, sowie Godwins liebenswerte, aber merklich gealterte Freunde Hazlitt, Lamb und Coleridge. Sie besuchte Musikabende bei den Novellos und sah ihre Jugendfreundin Isabel Baxter wieder, mit der sie sich nach der langen Zeit des Schweigens versöhnte.

Überrascht stellte sie fest, daß ihr *Frankenstein* in einer von Richard Brinsley Peake bearbeiteten Bühnenfassung im English Opera House ein außerordentlicher Publikumsmagnet war, obwohl sich die Kritiker nicht sonderlich freundlich darüber äußerten und besorgte Christen zum Boykott des Stückes aufriefen. *Presumption, or the Fate of Frankenstein* markierte den Beginn der zahllosen Bearbeitungen und Popularisierungen von Mary Shelleys Roman, die den Stoff meist auf die Grundidee und die entsprechenden Schaueffekte reduzierten. Dennoch mochte Mary Shelley die spektakuläre Inszenierung und bewunderte die pantomimische Leistung des blau angestrichenen Darstellers des Monsters. Sie besuchte zusammen mit ihrem Vater, ihrem Bruder und Jane Williams eine Aufführung am 28. August und amüsierte sich prächtig.[189]

Der Erfolg von *Presumption* (»Anmaßung«) inspirierte sogleich vier weitere Variationen des Frankensteinstoffes, die im Sommer und Herbst des Jahres 1823 auf Londoner Bühnen Premiere feierten – inklusive einer Parodie und einer Fortsetzung des Autors der ersten Bühnenfassung. Mary Shelley verdiente daran nichts, da Bühnenbearbeitungen von Romanen nicht unter das Copyright fielen. William Godwin hatte jedoch die Chancen erkannt und im Namen seiner Tochter eine Neuausgabe von *Frankenstein*, die er selbst überarbeitet hatte, bei G. und W. B. Whittaker – den Verlegern von *Valperga* – drucken lassen. Diese Ausgabe nannte erstmals Mary W. Shelley als Autorin des weiterhin überaus beliebten Buches.

Trotz der zunehmenden Popularität ihres ersten Romans war Mary Shelleys finanzielle Situation noch vollkommen unsicher. Bereits wenige Tage nach ihrer Heimkehr hatte sie an Sir Timothy Shelley geschrieben und ihre Bitte um eine Rente zugunsten ihres Sohnes erneuert. Sie erhielt eine Einladung von Sir Timothys Anwalt, William Whitton, der versprach, sich für ihre Belange einzusetzen, und ihr einen Vorschuß von £ 100 überreichte. In Erwartung weiterer, regelmäßiger Einkünfte, verließ sie das Haus ihres Vaters und mietete eine kleine Wohnung in der Speldhurst Street 14, am Brunswick Square. Ende November wurde ihr die schmale Rente von £ 100 jährlich bewilligt. Kurzfristig freute sie sich über ihr neues Zuhause und ihre Unabhängigkeit, doch bald verschlang der lange, kalte Londoner Winter den Traum von einem neuen Leben. Sie haßte diese Stadt, das triste Grau, sie haßte die Kälte. England war ihr fremd geworden. Sie war eine Gefangene in einem Labyrinth, das sie selber geschaffen hatte. Alle Wege führten zurück zur Trauer, zurück zu Shelley.

Sogar in ihren kleinen Zeitschriftenbeiträgen des Jahres 1824, die sie selbst als minderwertig betrachtete, ist Percy B. Shelleys Schatten stets präsent: In *Recollections of Italy*, einem kleinen Streitgespräch zwischen einem Italienverächter und einem Italienverehrer, erscheint Shelley als der »beste und nunmehr verlorene Freund«. In dem Essay *On Ghosts* wird das Gefühl der Rückkehr in ein verlassenes Haus beschrieben, in dem Mary und Shelley einst gelebt hatten: »Ich ging durch die Zimmer, die mit Gefühlen bittersten Kummers durchdrungen waren. Er ist hier gewesen; sein lebendiger Körper war von diesen Wänden umgeben, sein Atem hatte sich mit der Luft vermischt, seine Schritte waren auf diesen Steinen erklungen. Ich dachte: Die Erde ist ein Grab, das grelle Himmelszelt ein Grabgewölbe, wir sind nichts als wandelnde Leichen.«[190]

Wer könnte ihr diese verlorene Liebe ersetzen? Gelegentlich dachte sie daran, sich einer neuen Beziehung zu öffnen. Der überirdische Maßstab, den sie immer wieder, bewußt oder unbewußt, ansetzte, dürfte jedoch verhindert haben, worauf sie insgeheim hoffte: »Einen anderen Gefährten! – wo kann ich ihn finden – der mir verstandesmäßig überlegen ist & zumindest gleichwertig in seiner Güte, weit über mir in seiner Lebensführung – jemand, dessen Meinungen ich respektieren könnte, dessen Fähigkeiten ich bewundern könnte & dessen Persönlichkeit ich lieben könnte – nachdem *er* fort ist – das ist eine Chimäre und reiner Wahnsinn, auch nur davon zu träumen.«[191]

Mary Shelley war sechsundzwanzig Jahre alt, verwitwet seit eineinhalb Jahren. Es gab keinen Grund für sie, die vor Shelleys Tod geschrieben hatte, sie würde in der Einsamkeit einen Baum lieben, einsam zu bleiben. In ihrem Leben gab es durchaus Männer, die sie interessierten. Doch der Grund oder Anlaß für dieses Interesse war stets eine direkte oder indirekte Beziehung zu ihrem Shelley.

Arthur Brooke, ein junger Dichter und Journalist, der vor kurzem seine Frau verloren hatte, war einer dieser Kandidaten: Er besuchte Mary Shelley und Jane Williams, um mit ihnen über Percy B. Shelleys Leben und Werk zu sprechen. Er hatte 1822 eine Elegie auf den Tod des Dichters geschrieben. Mary genoß seine Gesellschaft, da sie nichts lieber tat, als über ihren verstorbenen Mann zu sprechen oder Loblieder auf ihn aus dem Mund seiner Freunde und Bewunderer zu hören.

Eine tiefergehende Beziehung entwickelte sie zu einem weiteren Shelley-Bewunderer: Bryan Waller Procter, ein Londoner Anwalt und Regierungsbeauftragter für Geisteskrankheiten, der unter dem Pseudonym Barry Cornwall populäre, aber recht oberflächliche Gedichte schrieb, gehörte zu einer Gruppe von Enthusiasten, die sich für die Veröffentlichung der nachgelassenen Werke Percy B. Shelleys engagierten. Er warb gemeinsam mit Thomas Lovell Beddoes, Thomas Forbes Kelsall und seinem Bruder Nicolas um Vorbestellungen, um die Finanzierung der Druckkosten für die Publikation der von Mary Shelley gesammelten, bearbeiteten und kommentierten *Posthumous Poems* sicherzustellen. Mary Shelley empfing ihn häufig zum Tee, um das Projekt zu besprechen, und fand in ihm einen scheinbar willigen Zuhörer ihrer Klagen, einen gewandten und gefühlvollen Redner und Gentleman, dessen dunkle, blaue Augen und kränkliche Konstitution gewisse Assoziationen weckten. Aber Procter war nicht Shelley, seine Dichtkunst war vergleichsweise mittelmäßig und sein Interesse an Mary basierte wohl ausschließlich auf der Tatsache, daß sie die Witwe seines Idols war. Als er nach der Veröffentlichung der *Posthumous Poems* seine regelmäßigen Besuche drastisch reduzierte, schrieb sie dies wohlmeinend seiner schlechten Gesundheit zu. Procter machte unterdessen einer Rivalin namens Anne Skepper, Stieftochter des erfolgreichen Schriftstellers und Anwalts Basil Montagu, den Hof und heiratete sie wenige Monate später.

»Doch nun bin ich ungeliebt«, notierte Mary Shelley in ihrem Tagebuch. »Nie nie wieder werde ich geliebt werden – niemals ach niemals werde ich lieben.«[192]

Es gab dennoch jemanden, der die traurige Witwe liebte. Der New Yorker Schauspieler und Bühnenautor John Howard Payne hatte Mary Shelley während ihrer Heimreise im Hause des Dramatikers James Kenney in Paris kennengelernt. Kenney war mit den Hunts und Charles Lamb befreundet, und Mary Shelley war mehrere Tage bei ihm zu Gast gewesen. Zurück in London hatte sie eine Leidenschaft fürs Theater und für italienische Opern entwickelt, und Payne verschaffte ihr mit auffälligem Eifer Karten für die Vorstellungen, die sie besuchen wollte. Er weckte ihr Interesse an amerikanischen Autoren wie James Fenimore Cooper, dessen Lederstrumpf-Romane sie mit Begeisterung las, und an Washington Irving, der seit 1815 in England lebte und ein guter Freund Paynes war. Nach einer Einladung zum Tee bei den Godwins im Juni 1825 begleitete er Mary Shelley nach Hause und gestand ihr endlich seine Liebe. Sie konnte oder wollte seine Gefühle nicht erwidern, bekundete aber beiläufig ihr Interesse an Irving, der auf beiden Seiten des Atlantiks große Erfolge mit seinen folkloristischen Erzählungen feierte, woraufhin sich der gutmütige Payne an seinen Freund wandte und einiges unternahm, um die gewünschte Beziehung zu knüpfen. Er schob dem Schriftsteller Briefe Mary Shelleys zu, ohne daß sie etwas davon wußte. Irving las die Briefe mit einiger Verblüffung und nicht ohne entsprechend geschmeichelt zu sein, doch gab er sich ihr gegenüber unwissend und machte sich nicht die Mühe, auf die ungewöhnliche Kuppelei einzugehen.

Mary Shelleys häufige Theaterbesuche, ihre Bekanntschaft mit Payne und ihre Bewunderung für Edmund Kean weckten in ihr den Wunsch, selbst eine Tragödie zu schreiben. Sie dachte dabei wohl auch an ihren Mann, der ihr oft zugeredet hatte, sie hätte das entsprechende Talent – eine Auffassung, die sie damals keineswegs geteilt hatte. Nun zeigte sie ihre Entwürfe Procter und ihrem Vater, die ihr einmütig davon abrieten, das Projekt fortzusetzen. Godwin schrieb ihr, ihre Figuren wären zu abstrakt und wirklichkeitsfern, und ihr Wunsch, Dramatikerin zu werden, würde allein auf Faulheit beruhen.[193] Sie war es nicht gewohnt, den Urteilen ihres Vaters zu widersprechen, warf ihre Manuskripte ins Feuer und begann einen neuen Roman, ein Werk, daß sich zu einem Monument ihrer Trauer und Vereinsamung entwickeln sollte: »Der letzte Mensch! Ja, ich könnte die Gefühle dieses einsamen Wesens gut beschreiben, da ich mich selbst wie das letzte Relikt einer geliebten Rasse fühle, dessen Gefährten vor seinen Augen ausgestorben sind.«[194]

Einen Tag später erfuhr sie vom Tod Lord Byrons in Missolunghi. Erneut hatte sie das Gefühl, dunkle Vorahnungen seien bestätigt worden. Sie schrieb an Teresa Guiccioli und bat sie, ihr alles über ihre entsprechenden Vorahnungen zu erzählen – eine seltsame Bitte, doch es kam ihr vor, als würde sich in dieser Reihe von Todesfällen ein unheimlicher Plan offenbaren. »Sind wir nicht alle Kassandras?« fragte sie die italienische Gräfin.[195] Hätten sich die Prophezeiungen der Seherin Kassandra auch dann erfüllt, wenn sie geschwiegen hätte?

Byron war bereits am 19. April einer Fiebererkrankung sowie den von seinen hilflosen Ärzten verschriebenen starken Abführmitteln und Aderlässen erlegen. Seine Mission in Griechenland hatte sich darin erschöpft, allerlei Gesindel mit hübschen Uniformen auszustatten und sie Paraden abhalten zu lassen. Der überdimensionale homerische Helm, den er eher aus repräsentativen denn aus kriegerischen Gründen mit sich führte, blieb ungetragen und verstaubte in einer Reisetruhe, während der Dichter vergeblich darauf wartete, daß sich die heillos zerstrittenen griechischen Rebellen über ihre Ziele einig wurden.

Trelawny hatte die Untätigkeit nicht lange ertragen. Er hatte Byrons Stützpunkt verlassen, um sich einem berüchtigten Räuber und Freiheitskämpfer namens Odysseus anzuschließen. Doch Byrons Tod erwies sich überraschenderweise als durchaus nützlich für die Sache des freien Griechenland: In der englischen Heimat wurde er zum Märtyrer stilisiert, und die Vorstellung, er hätte sein wertvolles Leben dem Gedanken der Freiheit geopfert, öffnete die Brieftaschen der Philhellenen, die freilich kaum eine Vorstellung von den Zuständen in einem Land hatten, das sie mit den Epen Homers und den großen Philosophen assoziierten.

Mary Shelley gehörte zum engen Kreis der Freunde des Dichters, die ihm nach der Überführung des einbalsamierten Leichnams im Haus von Sir Edward Knatchbull die letzte Ehre erwiesen. Am 12. Juli beobachtete sie den Bestattungszug, der auf dem Weg nach Nottingham an ihrer Wohnung vorbeiführte. Nun war auch Byron Mitglied jener Konklave, der alle Menschen angehörten, die sie einst geliebt oder bewundert hatte: »dem Volk der Gräber«.[196]

Obwohl sie im Streit auseinandergegangen waren, wollte sie sich an Byron nur im besten Sinne erinnern: »Schönheit lag in seinem Antlitz und Macht strahlte in seinen Augen – seine Fehler waren größtenteils Schwächen, die man ihm bereitwillig verzieh.«[197]

Und sie selbst? War sie wirklich dazu bestimmt, zusehen zu müssen, wie alle anderen vor ihr starben – so wie sie es in ihrem Plan für *The Last Man* vorhergesehen hatte?

Im Juni war der von Mary Shelley herausgegebene Band *Posthumous Poems of Percy Bysshe Shelley* im Verlag von Leigh Hunts Bruder John erschienen. Ihr kurzes Vorwort ist ein Loblied auf die vollkommenen Tugenden ihres verstorbenen Mannes und zugleich eine gezielte Verbeugung vor Shelleys Freunden, die sich für die Publikation engagiert hatten. Erst in ihren Kommentaren zu seinen gesammelten Werken aus dem Jahr 1839 sollte Mary Shelley eingestehen, daß ihr Shelley durchaus Fehler gehabt hatte, die ihn menschlich machten.

Die Gedichte aus dem Nachlaß, denen ein zweiter Teil mit Prosaarbeiten folgen sollte, waren überraschend erfolgreich. Anstatt der garantierten zweihundertfünfzig Exemplare wurden in kurzer Zeit dreihundert verkauft – die zu Lebzeiten gedruckten Gedichtbände waren lediglich in Auflagen von ungefähr dreißig Stück erschienen. Doch als Sir Timothy von der Veröffentlichung erfuhr, drohte er damit, die jährliche Zuwendung für die Erziehung seines Enkelkindes zu streichen. Immer noch sah er den Ruf seiner Familie durch die Schriften seines Sohnes gefährdet. Mary Shelley, die von dem Geld abhängig war, mußte den Band zurückziehen und versprechen, nichts von oder über Percy B. Shelley zu veröffentlichen, solange sein Vater am Leben war.

Sir Timothy reagierte zunächst positiv, indem er die Zuwendung im August 1824 verdoppelte, weigerte sich aber weiterhin, seine Schwiegertochter persönlich zu treffen. Sein Anwalt Whitton hatte ihr erzählt, daß sich der alte Mann »unter dem Ruhm seines unvergleichlichen Sohnes wand, als wäre es für ihn die allerschrecklichste Kränkung«.[198]

Mary Shelleys problematische Beziehung zur Familie ihres Mannes sollte sich nie wirklich ändern. In späteren Jahren wurden Treffen zwischen dem jungen Percy Florence und seinem Großvater arrangiert, zu denen Mary jedoch unerwünscht war. Das Verbot, Percy B. Shelleys Werke zu veröffentlichen, sollte erst 1838 aufgehoben werden. Ein Abbild dieser von Mißgunst und Vorurteilen bestimmten Beziehung erscheint in Mary Shelleys Roman *Falkner*: Hier verstößt der erzkonservative Katholik Raby seinen eigenen Sohn, nachdem dieser gegen seinen Willen unstandesgemäß eine Protestantin heiratet. Auch in *The Last Man* findet sich eine vage Anspielung auf das Verhalten Sir Timothys: Hier läßt die Königin-Witwe ihre eigene Tochter entführen, um eine unerwünschte Liebesheirat zu verhindern.

Die übertriebene Reaktion ihres Schwiegervaters auf die Veröffentlichung der *Posthumous Poems* erschien Mary wohl ebenso unverständlich wie unvernünftig. Zuweilen kam es ihr vor, als würde sich die ganze Welt gegen sie verschwören. Der letzte Mensch, in den sie ihre Hoffnung setzte, war Jane Williams – sie verfolgte sie geradezu mit ihrer Liebe und vertraute ihr vollkommen, ohne zu ahnen, daß gerade Jane ihr durch böswilligen oder auch nur gedankenlosen Tratsch einigen Schaden zugefügt hatte: »Nur Jane ist mir geblieben – wenn sie mich so sehr liebt wie ich sie, dann wäre das viel – ich will mich nicht beklagen – sie ist so freundlich & sie ist mein einziger Trost – und dennoch tröstet sie mich nicht.«[199]

Sie besuchte Jane häufig in Kentish Town, einem Vorort von London. Am 21. Juni zog sie selbst dorthin, um in der Nähe ihrer Freundin zu sein, und mietete eine Wohnung am Bartholomew Place 5. Was sie nicht wußte, war, daß Jane nicht nur gegenüber den Hunts schlecht von ihr gesprochen hatte, sondern auch Hogg eine Version der letzten Wochen und Monate Percy B. Shelleys vermittelt hatte, die keineswegs schmeichelhaft für sie war. In Janes Klatschgeschichten war Mary Shelley eine zänkische Xanthippe, die den edlen Dichter mit ihren Eifersüchteleien quälte, während sie, Jane Williams, seine letzte große Liebe gewesen sei. Aus diesem Bild ergab sich die für Mary nicht ganz nachvollziehbare Entfremdung von ihrem alten Jugendfreund Thomas Jefferson Hogg, der sie vor nicht allzu langer Zeit noch mit Liebesschwüren und Komplimenten verfolgt hatte.

Jane Williams Version der Ereignisse sollte zahlreiche Shelley-Biographien und -Porträts beeinflussen, was nichts über ihren Wahrheitsgehalt aussagt. Richtig ist, daß Shelleys letzte und schönste Gedichte »An Jane« gerichtet waren. Doch es entsprach seinem freimütig verkündeten Ideal, seiner Liebe und Zuneigung niemals irgendwelche Grenzen zu setzen. Mit seiner Liebe war er offen verschwenderisch – ein Umstand, mit dem Mary Shelley vielleicht nicht so gut zurechtkam, wie sie es ihm zuliebe gern gezeigt hätte. Um so mehr bedauerte sie es, daß sie sich ihm gegenüber je ungerecht verhalten hatte, und noch Jahre nach seinem Tod betete sie darum, sich seinem Vorbild würdig zu erweisen. In ihren Aufzeichnungen identifizierte sie sich mit der Rolle, die ihr in der Symbolsprache in Shelleys Dichtungen zukam: Sie war der kühle, freundliche Mond – die Sonne war für sie Shelley selbst, nicht die überirdisch schönen Frauen, die in loser Folge mit ihrem brennenden Licht in Verbindung gebracht wurden.

Janes Charakter erscheint im Vergleich zu Marys mehr oder weniger glücklichen Versuchen, sich mit Shelleys sonderbarer Phantasiewelt zu arrangieren, in keinem günstigen Licht. Ihr Motiv war wohl nichts anderes als Eitelkeit. Hunt, der ihrer Darstellung Glauben schenkte, kritisierte sie zu Recht dafür, sich nur hinter Mary Shelleys Rücken zu äußern, was ihre Absichten noch zweifelhafter erscheinen läßt.[200] Im nachhinein ist es allerdings eher positiv zu bewerten, daß ihr Verrat erst drei Jahre später ans Licht kam. Wer weiß, wie Mary Shelley im Sommer oder Herbst des Jahres 1824 reagiert hätte, in einer Zeit, da sie ihrem absoluten Tiefpunkt entgegensteuerte. Sie quälte sich mit Erinnerungen an vergangenes Glück. Sie dachte an Selbstmord. Ihre Studien und ihre literarische Arbeit setzte sie fort: ein Automat, ohne Überzeugung und ohne Hoffnung auf Erfolg. Aus der Trauer wurde Haß und Verbitterung, böse Gefühle, gegen die sie tapfer ankämpfte: »Mein Herz ist krank – ich werde stolz – ich werde euch alle verachten – ganz gleich ob ihr mich lobt oder tadelt – & dennoch kann ich nicht darauf verzichten zu lieben & geliebt zu werden – der Mangel an dieser süßen Nahrung füllt mein Herz mit Galle, meine Seele mit Kummer –«[201]

Doch selbst dieser kälteste und einsamste Winter ihres Lebens ging vorüber. Das endlose Lied ihrer Klagen hatte sich vorerst erschöpft. Eines Morgens, im Sommer des Jahres 1825, drei Jahre nach dem Tod Percy B. Shelleys, erwachte sie, und alles schien neu und anders: »Der Winter ging und der Sommer, so strahlend wie in Italien, erwachte – & verwandelte meine Verzweiflung in Glück – Zuneigung zu meiner liebsten Freundin beruhigte mein Herz – das erste Mal seit jenem verhängnisvollen Tag war mir das Leben keine Bürde – ich begrüßte den Morgen mit einem Lächeln, die Stunden vergingen in Ruhe – mein Percy war gesund, rastlose Sehnsucht schlief – närrische Ungeduld und wahnsinnige Klagen schmolzen im Licht der Sonne dahin.«[202]

Das Volk der Gräber: Der letzte Mensch
1826

Samuel Taylor Coleridge

»*Der phantasievollste unter den modernen Dichtern.*«
Mary Shelley

Mary Shelley hatte ihren neuen Roman in großer Eile niedergeschrieben. Die Abenteuer des letzten Menschen lenkten sie von ihrer eigenen Einsamkeit ab. Die Orte und Landschaften, die sie beschrieb, erinnerten sie an glücklichere Zeiten. Im Februar 1825 lag bereits ein erster Entwurf vor, die Überarbeitung und Reinschrift beschäftigten sie bis zum Ende des Jahres. Das Buch erschien am 23. Januar 1826 in drei Bänden bei Henry Colburn, London. Als Sir Timothy Shelley davon erfuhr, ließ er empört alle Zahlungen an seine Schwiegertochter stoppen, und es bedurfte einiges an Überredungskunst, ihm diese schäbige Aktion wieder auszureden. Mary Shelleys Anwalt Peacock machte ihm schließlich klar, daß sie nichts Verwerfliches oder gar Ungesetzliches getan hatte, zumal der Roman nicht ihren Namen, sondern lediglich den Schriftzug »by the Author of Frankenstein« trug.

The Last Man ist das erste Werk Mary Shelleys, das nicht von ihrem Mann bearbeitet und lektoriert wurde – ein Umstand, den sie zutiefst bedauerte. Sie brauchte die stete Ermutigung, die liebevolle und kenntnisreiche Kritik, den unerschöpflichen Enthusiasmus Percy B. Shelleys. Er war nicht nur Teil ihres Lebens, sondern immer auch an ihrer Arbeit beteiligt und interessiert gewesen. Das wechselseitige Vorlesen in den Abendstunden hatte ihre Arbeit und ihre Studien immer begleitet – nun schrieb sie gegen eine schmerzliche Stille an.

Auf dem Papier gab sie allem, was unwiderruflich verloren war, neues Leben. Sie beschrieb eine ferne Zukunft und Charaktere, die an ihre eigene Vergangenheit erinnerten. Sie beschrieb eine Idylle, die vielleicht möglich gewesen wäre, und sie stellte mit einer eisigen Unbarmherzigkeit klar, daß jede Idylle vergänglich ist.

The Last Man ist ein Roman über Vergänglichkeit, Tod, Auslöschung. Nicht nur das Glück und das Leben sind endlich – die

Zivilisation, die menschliche Spezies ist dem Zyklus von Leben und Tod unterworfen. »Es ist nicht der einzelne Mensch, sondern die Menschheit, deren Erhaltung zur Vervollkommnung des großen kosmischen Plans notwendig scheint«, hatte Mary Wollstonecraft in ihren Reiseerinnerungen geschrieben.[203] Ihre Tochter hatte auch diese melancholische Hoffnung aufgegeben.

In der Einleitung zu *The Last Man* beschreibt Mary Shelley, wie sie am 8. Dezember 1818 mit ihrem »Gefährten« in Italien die Höhle der Sibylle von Cumae besuchte, einen Ort, der traditionell mit Ereignissen aus Vergils *Aeneis* assoziiert wurde. Dort entdecken sie merkwürdige Manuskripte in allen möglichen ausgestorbenen und modernen Sprachen, teils auf Blättern und Baumrinden geschrieben. Diese »sibyllinischen Blätter« sind wohl eine Verbeugung vor Coleridge, dessen gesammelte Gedichte 1817 unter dem Titel *Sibylline Leaves* erschienen waren. Unter den in der Höhle gefundenen Schätzen ist ein Text, der paradoxerweise aus einer fernen Zukunft stammt – die Geschichte Lionel Verneys, des letzten Menschen.

Die Erzählung führt uns nach England am Ende des 21. Jahrhunderts; der letzte König hat abgedankt und ist gestorben, der Thronerbe Adrian, ein jugendlicher Idealist, lebt zurückgezogen von der Öffentlichkeit mit seiner Schwester Idris und der verbitterten Königinwitwe in Schloß Windsor. Die Regierungsmacht liegt in Händen eines zerstrittenen und weitgehend handlungsunfähigen Parlaments. Drei Parteien, die Demokraten, die Aristokraten und die Royalisten, ringen um die Vorherrschaft.

Der Erzähler der Ereignisse, Lionel Verney, und seine Schwester Perdita sind Waisenkinder eines früheren Vertrauten des Königs, der durch Leichtsinn, Spielschulden und Intrigen der Königin alles verlor. Sie leben in Armut als einfache Schäfer in Cumberland und sind halb verwildert, als sie zufällig auf Adrian treffen, der sich ihrer annimmt. Der Einfluß von Adrians Idealismus und seiner selbstlosen Liebe läßt Verney seine Einsamkeit, Verzweiflung und vagen Rachegedanken vergessen. Verney verliebt sich in Adrians Schwester Idris, während Adrian der griechischen Prinzessin Evadne den Hof macht, die in Windsor zu Gast ist.

Seit mehr als zweihundert Jahren herrscht Krieg zwischen Griechenland und der Türkei. Der reiche englische Lord Raymond kämpft auf seiten der Griechen und kehrt als gefeierter Kriegsheld heim. Sogleich wird er zum Mittelpunkt der englischen Gesellschaft. Die Königinwitwe sieht in ihm die Inkarnation ihrer großen Hoffnung, die Republik zu stürzen und die Monarchie wiederherzustellen, und sie versucht, ihre Tochter Idris mit ihm zu verkuppeln. Ein glückloses Unternehmen, denn Idris liebt Verney, während Raymond zwischen Evadne und Perdita schwankt. Dennoch engagiert er sich für die Partei der Royalisten, die zuvor in Bedeutungslosigkeit versunken war. Als man ihn zum Lord Protector von England wählen will, zögert Raymond, der einerseits von unbändigem Machtwillen getrieben wird, andererseits aber die Ruhe eines idyllischen Familienlebens sucht. Überraschend entscheidet er sich für die Liebe und heiratet Perdita. Prinzessin Evadne zieht sich enttäuscht zurück. Verney heiratet Idris, gegen den Willen ihrer Mutter, die mit allen Mitteln versucht, die Verbindung zu verhindern. Adrian, der an seiner vergeblichen Liebe zu Evadne zerbricht, flieht in die Einsamkeit Nordenglands.

Lord Raymond kann sein Eheglück nicht wirklich genießen. Mit Sorge beobachtet er die politische Entwicklung. Als der neue Lord Protector gewählt werden soll, versucht er, Adrian für diesen Posten zu gewinnen. Adrian, der sich für ungeeignet hält, lehnt ab, und Raymond stellt sich nun doch selbst der Wahl. Er gewinnt gegen seinen Widersacher Ryland, einen großmäuligen und unfähigen Populisten – möglicherweise eine Karikatur des Journalisten und politischen Radikalen William Corbett.

Zum großen Bedauern Perditas widmet sich Raymond nun mit all seiner Energie der Umsetzung »tausenderlei wohltätiger Pläne«, dem Aufbau eines englischen Utopia, ohne Krankheit, Armut und mühseliger Arbeit. Bei der Durchsicht einiger Entwürfe für eine neue Nationalgalerie entdeckt er eine Skizze, die ihn besonders begeistert, da sie ihn an seine Zeit in Griechenland erinnert. Die Architektin ist niemand anderes als die zuvor untergetauchte Prinzessin Evadne. Er beginnt eine heimliche Liebesbeziehung mit ihr, die jedoch bald ans Licht kommt. Seine Ehe mit Perdita droht zu zerbrechen. Evadne verschwindet erneut, als ihr Liebhaber die Versöhnung mit seiner Frau sucht.

Lord Raymond beschließt, nach Griechenland zu reisen, um seinen privaten Problemen zu entfliehen. Englische Truppen sollen den Griechen gegen die zunehmende türkische Bedrohung beistehen. Adrian schließt sich der Expedition an, kehrt jedoch bald schwer verwundet zurück, um seinen Freunden mitzuteilen, daß Raymond sich in türkischer Gefangenschaft befindet.

Perdita ist entsetzt und sofort bereit, ihrem Mann nach Griechenland zu folgen. Verney versucht vergeblich, sie abzuhalten, und begleitet schließlich sie und ihr Kind auf der langen Reise. Es gelingt, den Lord durch Drohungen freizupressen, und die Familie wird vorübergehend wieder glücklich vereint. Doch Raymond ist fest entschlossen, eine Schwäche der Türken auszunutzen und den Feldzug fortzusetzen. Vor Konstantinopel kommt es zu einer blutigen Schlacht. Die Türken werden unter großen Verlusten auf beiden Seiten besiegt.

Unter den schwerverwundeten Soldaten entdeckt man Evadne, die als Mann verkleidet in die Schlacht geritten ist. (Frauen, die sich als Männer verkleiden, erscheinen in vielen Texten Mary Shelleys, und 1827 sollte sie selbst in eine nicht weniger phantastische Maskerade verwickelt werden.) Sterbend verkündet die Prinzessin, durch ihren Tod Raymond für sich zu gewinnen. In einer fluchartigen Prophezeiung beschwört sie Feuer, Krieg und Pest, die Raymonds Untergang herbeiführen und ihrem eigenen Tod folgen würden.

Der Lord Protector ignoriert alle Warnungen und Vorzeichen und reitet gegen Konstantinopel. Entgegen aller Erwartung gibt es keine Gegenwehr. Die Stadt ist leer und verwaist. Raymonds abergläubische Truppen wenden sich ab und fliehen. Um seine Eroberung zu vervollkommnen, zieht der Lord alleine in die Stadt ein, die sich als gigantische Sprengfalle erweist. Raymond wird von Trümmern eines einstürzenden Gebäudes erschlagen.

Verney birgt seine Leiche und überführt sie nach Athen, um sie dort zu bestatten. Perdita will für den Rest ihres Lebens am Grab ihres Liebsten Wache halten, doch ihr Bruder betäubt sie, um sie und ihre Tochter Clara nach England zu bringen. Als sie an Bord des Schiffes erwacht, begeht sie Selbstmord, indem sie ins Meer springt.

Verney kehrt zurück zu seiner Familie. Ihm folgen seltsame und bedrohliche Gerüchte über Vorboten des Weltuntergangs und die Pest, die sich rasend in Afrika und Asien ausbreitet. Eine schwarze

Sonne erscheint am Horizont, und böse Omen sorgen für Panik in der abergläubischen Bevölkerung. In England sind Verney einige idyllische Monate im Kreis seiner Freunde und Familie vergönnt, die jedoch stets von Schreckensnachrichten aus aller Welt überschattet werden. Umweltkatastrophen, Seuchen, Überschwemmungen, Stürme – England bleibt vorerst verschont, doch der Strom der Flüchtlinge aus allen Erdteilen erreicht bald den europäischen Kontinent und stürzt ganze Nationen ins Chaos. Nicht lange und auch die britischen Inseln werden von Flüchtlingen aus aller Welt überrannt. Die neue Regierung unter Ryland erscheint hilflos, als die Pest auch in England ausbricht. Ryland, der nach dem Tod Raymonds zum Lord Protector gewählt wurde, macht sich aus dem Staub, um die eigene Haut zu retten.

Adrian wird Rylands Nachfolger. Er versucht mit Verneys Hilfe die Ordnung auf der völlig überfüllten Insel aufrechtzuerhalten, doch gegen die Ausbreitung der Pest ist jedes Mittel machtlos. Überlebende aus Nordamerika haben inzwischen Irland besetzt. Ihr Versuch, in England einzufallen, scheitert an Adrians Armee, doch Adrian beendet den Kampf und ruft zur Versöhnung angesichts der sich immer weiter ausbreitenden Seuche auf.

Nach wenigen Jahren besteht die Bevölkerung Englands nur noch aus ein paar Hundert Personen. Auch Verneys Frau Idris und die Königinwitwe sind gestorben. Adrian beschließt, die letzten Überlebenden auf den Kontinent zu führen. Sie wandern durch entvölkerte Landstriche und verlassene Städte. Verschiedene Parteien verweigern Adrian die Gefolgschaft und sind sich uneins, wie es weitergehen soll. Einige Überlebende geraten in den Bann eines wahnsinnigen Sektenführers, der in Paris ein Terrorregime errichtet. Er behauptet, über die Pest gebieten zu können. In Wahrheit läßt er jeden, der Anzeichen einer Krankheit hat, heimlich beseitigen. Das Regime der »Erwählten« stürzt, als ihr Anführer des Mordes überführt wird (»The Elect« bzw. »die Erwählten« war auch eine Bezeichnung Mary Shelleys für den Pisaner Kreis um Byron und Shelley).

Adrian zieht mit den letzten Überlebenden weiter in die Schweiz und über die Alpen nach Italien. Alle sterben, bis auf Verney, Adrian und Clara, die Tochter von Perdita und Raymond. Sie bilden eine jener für Mary Shelleys Werk typischen Familien, deren Mitglieder nicht verwandt und deren Beziehungen nicht institutionalisiert sind. An der Küste des Mittelmeers angekommen, drängt Adrian darauf, nach Griechenland zu segeln, um Clara das Grab ihrer Eltern zu zeigen. Verney hat böse Vorahnungen. Die drei brechen dennoch auf und geraten in einen Sturm. Das Boot sinkt, und nur Verney überlebt. Verzweifelt wandert er durch die verlassenen Städte Italiens, bis er schließlich Rom erreicht, wo er, umgeben von prachtvollen Kunstschätzen, ein wenig Ruhe findet. Er ist ein unglücklicher Robinson Crusoe, gestrandet in einer menschenleeren Welt. Einige Monate verbringt er mit der Aufzeichnung seiner Erlebnisse. Als er damit fertig ist, rüstet er ein Boot aus, um die Küste entlang zu segeln. Ohne wirkliche Hoffnung, einen weiteren Überlebenden zu finden, beginnt er eine letzte Reise ins Unbekannte.

Das Buch endet mit dem Thema von *Frankenstein*: der vollkommenen Einsamkeit und dem verzweifelten Versuch, dem Leben, das ohne einen Gefährten sinnlos erscheint, zumindest den Anschein von Sinn zu verleihen.

Der Ursprung des spektakulären Zukunftsromans läßt sich wie *Frankenstein* bis auf die Wochen am Genfer See im Sommer 1816, auf die Gespräche in der Villa Diodati und die Ausflüge zu den Alpengletschern zurückverfolgen. Percy B. Shelley hatte damals wiederholt auf die Möglichkeit einer weltweiten Katastrophe hingewiesen, auf das Erlöschen der Sonne, auf die »Degeneration der menschlichen Spezies« und auf eine Theorie des französischen Naturforschers Buffon, die eine Vereisung des gesamten Planeten vorhersagt.[204] Mary Shelley kannte Buffons Werk, durch welches die Vorstellung popularisiert wurde, die Erdgeschichte bestände aus Zyklen des Aufstiegs und Untergangs. Lord Byron hatte eine ähnliche Vision in seinem Weltuntergangsgedicht *Darkness* verarbeitet, das er in der Villa Diodati zu Papier brachte.[205]

Die Idee einer weltumspannenden Seuche könnte Charles Brockden Browns apokalyptischem Roman *Arthur Mervyn* (1799) entstammen, in welchem eine verheerende Gelbfieberepidemie in Philadelphia beschrieben wird. Mary Shelley hatte das Buch des Lieblingsautors ihres Mannes 1816 gelesen und erwähnt es in ihrem eigenen Roman, neben Daniel Defoes *Journal of the Plague Year* sowie Darstellungen aus der Einleitung zu Boccaccios *Decamerone*.²⁰⁶ Auch in den Tageszeitungen waren Nachrichten von Epidemien durchaus präsent. Zwischen 1818 und 1823 wurde wiederholt von einer Choleraepidemie berichtet, die in Kalkutta ausgebrochen war und sich über Jahre hinweg ungehindert ausbreitete. Übertragungswege und Ursachen epidemischer Krankheiten waren damals allerdings weitgehend unbekannt und bleiben auch in der Darstellung Mary Shelleys überaus vage.

Die Idee, das Schicksal des »letzten Menschen« zu beschreiben, war am Anfang des 19. Jahrhunderts nicht wirklich neu. Sie tauchte zum ersten Mal in *Le Dernier Homme* von Cousin de Grainville aus dem Jahr 1805 auf, einem Zukunftsroman, der in England anonym unter dem Titel *The Last Man: or, Omegarus and Syderia* publiziert wurde. 1823 schrieb Thomas Campbell ein Gedicht mit dem Titel *The Last Man*, und in einer Satire von Thomas Hood auf dieses inzwischen recht populär gewordene Motiv ist der letzte Mensch ein Henker, der den vorletzten Menschen hinrichtet. In Mary Shelleys Aufzeichnungen findet sich kein Hinweis darauf, daß sie diese Arbeiten kannte – angesichts ihres wachen Interesses an der aktuellen literarischen Produktion ist es jedoch eher unwahrscheinlich, daß sie etwa nichts von Campbells Behauptung wußte, Byron hätte die Idee für *Darkness* von ihm gestohlen, zumal diese Anklage von der Presse aufgegriffen und eifrig parodiert wurde.²⁰⁷

Mary Shelleys *Last Man* ist aber keineswegs nur die Variation eines modischen Themas. Es ist zum Teil eine Aufarbeitung ihres eigenen Schicksals, ihres Abstiegs in die Einsamkeit nach dem Tod ihres Mannes. In der Figur des Thronfolgers Adrian läßt sie Percy B. Shelley auferstehen: »In seinem Wesen lag eine Sensibilität und Liebenswürdigkeit, die unseren Gesprächen einen zärtlichen und überirdischen Ton verlieh. Zudem war er fröhlich wie die Lerche, die am Himmelszelt herumtollt, hochfliegend wie ein Adler in seinen Gedanken, unschuldig wie die sanftäugige Taube.«²⁰⁸

Das Porträt reflektiert jenen idealisierten, engelsgleichen Shelley, der auch in Marys Vorwort zu den *Posthumous Poems* präsentiert wird, gleichzeitig aber auch jene Kunstfigur aus Shelleys Gedichten, die stets daran scheitert, Realität und Ideal in Einklang zu bringen. So gelingt es Adrian nicht, eine ebenbürtige Partnerin zu finden – ebenso wie die zentrale Figur in Shelleys *Alastor*. Er bleibt in abstrakten Ideen gefangen und wirkt in Situationen, in denen er Entschlossenheit zeigen müßte, zögernd und unsicher.

Adrians Freund, der Kriegsheld Lord Raymond, ist im Gegensatz hierzu ein Tatmensch, ein Mann mit starkem Willen zur Macht, dem die Bewunderung der Öffentlichkeit überaus wichtig ist. Anders als der strahlende und unschuldige Adrian verkörpert er das Allzumenschliche: den Sieg der Triebe über die Vernunft und des Ehrgeizes über den Idealismus. Offenkundig stand Lord Byron Pate für diese Figur, die durch ihre Zerrissenheit und Widersprüchlichkeit viel menschlicher wirkt als Adrian. Raymond ist allerdings keine typische »byroneske« Figur, die längst in der populären Literatur Einzug gehalten hatte und sich lediglich an ein verklärtes Byronbild anlehnte, indem sie den Dichter mit dem von Weltschmerz geplagten, lebensüberdrüssigen Dandy seiner Dichtungen identifizierte. Er gleicht eher dem realen Byron, wie Mary Shelley ihn wahrgenommen hatte, als der einflußreichen Kunstfigur aus *Childe Harold's Pilgrimage*.

Es ist zwar naheliegend, die Figur des Erzählers Lionel Verney als Selbstporträt der Autorin zu interpretieren, doch läßt sich dies nur durch sein Schicksal als einziger Überlebender, der seinen Freunden und Geliebten beim Sterben zusehen muß, begründen sowie durch seine besondere Beziehung zu Adrian, der ihn aus einem quasi barbarischen Naturzustand rettet und für Tugend, Zivilisation, Bildung und Idealismus gewinnt. Zunächst ist er ein Ausgestoßener, der einen privaten Krieg gegen die zivilisierte Welt führt und sich gleichzeitig danach sehnt, an ihr teilhaben zu können. Seine Verlassenheit und der daraus entspringende Zorn sind der Situation und Einstellung von Frankensteins Monster nicht unähnlich. Er droht, in seinem Haß auf die Welt und seiner Selbstverachtung zu versinken, hat jedoch im Gegensatz zum traurigen Monster das Glück, Gefährten zu finden, die ihn lehren, seine Mitmenschen zu achten und das Leben bedingungslos zu lieben.

In der Figur der Perdita, Verneys Schwester, mischen sich verschiedene Erfahrungen und Eigenschaften Claires mit jenen Mary Shelleys: ihre Beziehung zu Raymond, der sie betrügt und mit ihrem Kind allein läßt, ähnelt Claires Affäre mit Byron. Ihr Charakter spiegelt aber auch ein wenig von Mary Shelleys Situation in den Jahren 1822 bis 1825 wider: Sie sucht die Einsamkeit, ihr Wesen ist »kalt und abweisend«, sie ist »mißtrauisch und still« aufgrund der Erfahrung, »ungeliebt und vernachlässigt« zu sein.[209] Die verzweifelte Selbstanalyse Mary Shelleys in den Tagebuchaufzeichnungen aus jener Zeit weist in dieselbe Richtung.

The Last Man enthält, wie Mary Shelleys vorherige Romane, zahlreiche biographische Anspielungen. Wie ihre früheren Werke zeigt auch die Geschichte des letzten Menschen eine kritische Haltung der Autorin gegenüber den idealistischen Positionen der Romantik. Durch die Konfrontation der Hoffnungen Adrians und Raymonds auf ein irdisches Paradies und die Vervollkommnung des Menschen mit der grausamen Realität der totalen Auslöschung werden Ideale als Illusionen bloßgestellt. Den Nutzen solcher Illusionen stellt Mary Shelley allerdings nicht in Frage, denn ohne sie wäre die menschliche Existenz nicht zu ertragen.

Die Autorin läßt Adrian aus der Schönheit der Schöpfung den Schluß ziehen, daß es einen gütigen Gott gibt, der den Menschen wohlgesonnen ist. Die Fähigkeit zu lieben, zu hoffen und die menschliche Vorstellungskraft sind für Adrian Beweise für einen gütigen Schöpfer: »Welch edles Geschenk, des Spenders würdig, ist die Vorstellungskraft! Sie nimmt der Wirklichkeit ihren bleiernen Farbton […].« Vorstellungskraft, Liebe und Hoffnung sind das Fundament eines idealistischen Weltbilds, in dem alle Ziele erreichbar scheinen: »Die Wahl ist unser; wir müssen nur wollen, und unsre Heimstatt wird zum Paradies. Denn der Wille des Menschen ist allmächtig, die Pfeile des Todes stumpft er ab, das Krankenlager macht er zum Ruhebett und er trocknet die Tränen der Qual.«[210]

Adrians Hoffnungen scheinen sich zunächst zu bestätigen. Nachdem Raymond zum Lord Protector gewählt wurde, beginnt sich England tatsächlich in ein Paradies zu verwandeln – zumindest in den Plänen der Politiker: »Unablässig war er von Projekten und Planern umgeben, die aus England einen Ort des Reichtums und der Wunder machen sollten: Armut sollte abgeschafft werden; Menschen sollten mit einer Leichtigkeit von Ort zu Ort transportiert werden wie die Prinzen Hussein, Ali und Achmed in den Märchen aus Tausend und einer Nacht; der menschliche Körper würde bald nicht weniger schön sein als jener der Engel; Krankheiten gäbe es nicht mehr; Arbeit würde von Mühen und Plagen befreit sein.«[211]

Von diesen wundervollen Vorstellungen bleibt nach dem Ausbruch der tödlichen Pest nur die groteske Prophezeiung des Hofastrologen Merrival, der aus einer Sternenkonstellation schließt, daß das irdische Paradies mit einiger Bestimmtheit kommen wird – in hunderttausend Jahren![212]

Mary Shelley kritisiert in ihrem Text die Position der Vorstellungskraft bzw. Imagination im Weltbild der Romantiker. Schon für die erste Generation der englischen Romantik hatte die Imagination Vorrang vor der rein verstandesmäßigen Auseinandersetzung mit der Realität. Es schien denkbar, daß die Welt durch die Wahrnehmung geformt wurde, nicht umgekehrt. Samuel Coleridge, der stark vom deutschen Idealismus beeinflußt war, hatte in seinem autobiographischen und theoretischen Werk *Biographia Literaria* über den Unterschied zwischen Vorstellungskraft und reiner Phantasie geschrieben und die Bedeutung der Vorstellungskraft noch einmal hervorgehoben. In *The Last Man* wird die Imagination jedoch wieder zur Phantasie, zu einer Seifenblase, die wirkungslos zerplatzt und nur noch die Funktion des Trostes hat.

Alle hochfliegenden Pläne, Projekte, Hoffnungen sind in Mary Shelleys Roman zum Scheitern verurteilt. Jeder Hoffnungsschimmer erweist sich als Illusion angesichts eines Kosmos, in dem sowohl persönliche Schicksale als auch das Schicksal der ganzen Menschheit ohne Bedeutung sind. Lionel Verney, der letzte Mensch, lebt ohne Hoffnung und Freude. Lediglich »rastlose Verzweiflung und die rasende Sehnsucht nach Veränderung« treiben ihn voran. Wie in *Frankenstein* wird die romantische Idee der Vervollkommnung des Menschen zu einem bösen Witz degradiert.

Obwohl *The Last Man* die wichtigsten Konzepte der Romantik gründlich widerlegt, bleiben einzelne Aspekte des Romans dieser Tradition verbunden. Es handelt sich hierbei jedoch um Aspekte, die bereits in der Vorromantik wirksam waren, wie die besondere Bedeutung des Erhabenen oder Sublimen. Die Beschreibungen großartiger Landschaften, machtvoller Naturschauspiele und der unaufhaltsamen Apokalypse sind für die Ästhetik von Mary Shelleys *Last Man* unverzichtbar. Die Alpengipfel, als Inbegriff des Erhabenen, dürfen natürlich nicht fehlen. Die sprachgewaltige Poesie Shakespeares, Miltons und der Bibel, die in der Vorromantik wiederentdeckt worden war, blieb auch für Mary Shelley wichtig, wie ihre zahlreichen Zitate belegen. Ebenso freimütig zitiert sie die romantischen Autoren selbst: Coleridge, Wordsworth, Keats, Byron und die Übersetzungen antiker Dichtung von Percy B. Shelley.

In *The Last Man* lassen sich auch einige Motive der Aufklärung aufspüren, wie die Figur des »edlen Wilden«, die schon für *Frankenstein* bedeutsam war und sich hier in der Gestalt des jugendlichen Verney manifestiert, der anfangs gemäß dem aufklärerischen Ideal in die Zivilisation eingeführt wird. Verneys Situation am Ende des Romans erinnert an die Erzähltradition der »Robinsonade«, nach Daniel Defoes klassischem Vorbild, nur daß Verney keine großen Aufgaben bewältigen muß, um sein Überleben zu sichern: Er zehrt von reichlich vorhandenen Vorräten und lebt bequem in den verlassenen Häusern und Palästen. Die unheimlichen, von wilden Tieren bevölkerten Städte und Ruinen, durch die der letzte Mensch wandern muß, haben erkennbare Wurzeln in der Tradition der »gothic novel«, nur daß diese Ruinen nicht mittelalterlichen Ursprungs sind, sondern die Reste der gegenwärtigen Bauwerke in einer fernen Zukunft.

Die Verlagerung der Romanhandlung in die Zukunft, zusammen mit den entsprechenden Spekulationen über politische, soziale, nationale und technologische Entwicklungen – von denen letztere allerdings kaum von Bedeutung sind – macht *The Last Man* zu einem Vorläufer moderner Science Fiction. Innerhalb dieses Genres sind der Weltuntergang und menschheitsbedrohende Katastrophen häufig aufgegriffene Themen. Mary Shelley steht mit ihrem Roman am Beginn einer modernen Erzähltradition, die erst am Ende des 19. Jahrhunderts wirklich populär werden sollte. Weltuntergangsvisionen finden sich z. B. in Camille Flammarions *La fin du monde* (1894), H. G. Wells' *The Time Machine* (1895), in *Olga Romanoff* (1894) von George Griffith, *The Purple Cloud* (1901) von M. P. Shiel, *Last and First Men* (1930) von Olaf Stapledon und in zahllosen weiteren spektakulären Romanen, die, bevor der Begriff »Science Fiction« eingeführt war, als »scientific romances« bezeichnet wurden. Frühere phantastische Apokalypsen finden sich im Werk Edgar Allan Poes, dessen dunkle Faszination für die Allmacht des Todes noch tiefer und umfassender ist als die entsprechende Morbidität bei Mary Shelley.[213] In Weltuntergangsromanen nach 1945 wird hingegen zunehmend die Bewältigung der Katastrophe und der Neubeginn der menschlichen Zivilisation thematisiert – eine Vorstellung, die in *The Last Man* ein reiner Wunschtraum bleibt.

Für Mary Shelley war ein solcher Neubeginn uninteressant. Ihre grundlegende Idee des Menschen, der wie sie selbst den Tod der Familie, der Freunde und Geliebten miterleben muß, um am Ende mit vollkommener Einsamkeit konfrontiert zu werden, sollte sie in späteren Romanen und Erzählungen variieren: Lady Katherine Gordon spielt die Rolle der traurigen Überlebenden in *The Fortunes of Perkin Warbeck* (1830), der Alchimistenlehrling Winzie in *The Mortal Immortal* (1833) muß nach der Einnahme eines Unsterblichkeitstrankes das Altern und den Tod seiner Geliebten mit ansehen, *Roger Dodsworth* (1826), der wiedererweckte Engländer aus dem 16. Jahrhundert, wird mit einer Welt konfrontiert, in der selbst seine Kinder und Kindeskinder längst zu Staub verfallen sind.

Diese Geschichte eines Mannes, der in einem Gletscher gefunden und nach fast dreihundert Jahren aufgetaut wird, basierte auf einer kuriosen Zeitungsmeldung, die 1826 für Sensationen sorgte, wurde jedoch erst nach dem Tod der Autorin veröffentlicht. Ein weiterer Versuch zu diesem Thema, diesmal über einen wiedererweckten antiken Römer, blieb unvollendet.

Über den Erfolg von Mary Shelleys drittem veröffentlichten Roman gibt es keine zuverlässigen Daten und widersprüchliche Informationen. Während in einigen modernen Darstellungen von den zahlreichen schlechten Kritiken auf den Mißerfolg des Romans geschlossen wird, findet sich in einer zeitgenössischen Rezension die Bemerkung, *The Last Man* wäre gerade einer der populärsten Titel der Saison. Der namenlose Rezensent schloß sogleich von der Beliebtheit des Romans bei den Lesern auf deren kindisches Gemüt. Er beanstandete sprachliche Unzulänglichkeiten, die völlige Unglaubwürdigkeit einer aus der Zukunft stammenden Ich-Erzählung und bezeichnete den Roman als lächerlich und »vollkommen absurd«.[214] Ein weiterer Rezensent vermißte in dem Roman die »schlichte Darstellung des alltäglichen Lebensdramas« und nannte ihn das »Produkt einer krankhaften Phantasie und eines verdorbenen Geschmacks«.[215]

Mary Shelley hielt *The Last Man* nichtsdestotrotz für gelungen. Jahre später bezeichnete sie das Buch als eines ihrer liebsten, obwohl sie gerne noch einige Veränderungen vorgenommen hätte: Sie dachte daran, »den Tonfall zu mildern« und »das beständige Beharren auf ein einziges Thema aufzulösen«.[216] Solche nachträglichen Korrekturen hätten jedoch wahrscheinlich die Faszination zerstört, die dieser eigenartige Roman immer noch ausüben kann. Die unaufhaltsame Apokalypse und die Auslöschung der Menschheit sind freilich Themen, die jemandem, der mit Bildern zweier Weltkriege, der Angst vor der Atombombe, biologischen Kampfstoffen und Seuchen wie AIDS oder SARS aufgewachsen ist, naheliegender erscheinen müssen als Mary Shelleys Zeitgenossen. Ihr unbarmherziger Pessimismus war sicher ungewohnt in einer Zeit, in der man von der Zukunft Reformen, Fortschritt und Verbesserung der Lebensumstände erwartete. Ebenso ihr kritischer Umgang mit dem utopischen Konzept einer englischen Republik, die sich dann als überaus fragil, populistisch und keineswegs utopisch entpuppt – ein Ansatzpunkt, der bereits den gesellschaftskritischen Dystopien des frühen 20. Jahrhunderts vorgreift.

Doch Mary Shelleys Vision ist, wie oben gezeigt wurde, tief in ihrer Biographie verwurzelt und will weder Warnung noch Prophezeiung sein, wie thematisch ähnliche Werke. Der letzte Mensch, der durch die verlassenen Straßen Roms wandert und den kalten Marmor antiker Statuen küßt, um sich die Illusion menschlicher Gefährten zu wahren, spiegelt nicht zuletzt den Überlebenswillen der Autorin. Trotz all ihrer persönlichen Katastrophen, ihrer unerwiderten Sehnsucht, ihrer Verzweiflung war sie entschlossen, nicht aufzugeben. In der Einsamkeit würde sie Bäume lieben.

Der Schatten des Dichters: Leben ohne Shelley
1826–1830

JANE WILLIAMS

»*Ihre Konversation ist* nicht bemerkenswert ...«
Mary Shelley

Seltsam, daß alle anderen von Veränderungen heimgesucht werden, daß es für jede andere Person neue Hoffnung & Erwartungen gibt – während ich hoffnungsloser als je zuvor weitermache – Ärger ohne Ende – wenn das so weitergeht, bin ich vor dem Frühling alt und grau.«[217] Mary Shelleys Tagebucheintrag zum Geburtsdatum ihres verstorbenen Mannes ist die Fortsetzung ihres endlosen Klageliedes, das nur kurze Zeit von der Illusion unterbrochen worden war, die Nähe zu Jane Williams würde zu inniger Freundschaft und Liebe führen.

Im September verbrachte sie einige Wochen mit Jane in Brighton, »ein Monat des Glücks«, mit ihrer »liebsten Freundin« – die das Ende ihrer gemeinsamen Ferien mit den Worten kommentierte: »Gott sei Dank ist es vorbei.«[218]

Mary, die diesen abfälligen Kommentar zufällig mitgehört hatte, versank erneut in Depressionen, die in ihrem kleinen Essay *A Visit to Brighton*, der von ihrem Aufenthalt inspiriert worden war, immer noch spürbar sind. »Es liegt eine gewisse Perfektion in der Häßlichkeit Brightons«, schreibt sie in ihrem Aufsatz, der im Dezember im *London Magazine* abgedruckt wurde, und die von den Sommergästen verlassenen Hotels und Teehäuser erinnern sie an ihren Roman über den letzten Menschen. Bei einem Ausritt nach Kemp Town wird sie von »zahllosen Bildern des Todes« heimgesucht. Nach ihrer Rückkehr erscheinen ihr die Einwohner Brightons wie Geister und Schattenfiguren.[219]

Es schien, als würde sie ihrer privaten Hölle aus Einsamkeit, Mißachtung und Ablehnung nie entkommen. In dieser nachtschwarzen Stimmung erreichte sie die Nachricht von ihrem Schwiegervater, er würde ihr nun die jährlichen Zuwendungen gänzlich streichen. Wieder einmal hatte er den ehrbaren Namen seiner Familie in Ankündigungen und Besprechungen zweifelhafter Veröffentlichungen lesen müssen. Mary Shelleys Bücher erschienen zwar anonym, doch da sie im Kreise der Rezensenten wohlbekannt war, wurde die Autorin in den Zeitungen und Zeitschriften namentlich erwähnt. Sir Timothy wurde anläßlich der recht häufigen Erwähnungen einer gewissen Mrs. Shelley in der Presse in Zusammenhang mit *The Last Man*, der Neuausgabe des *Frankenstein* und den immer noch beliebten Bühnenbearbeitungen dieses Romans immer wütender. Er wies seinen Anwalt Whitton an, Mary Shelley einen letzten Betrag zukommen zu lassen, mit dem jegliche Beziehung beendet sein sollte.

Nicht lange danach änderte sich die Situation jedoch grundlegend. Harriet Westbrook Shelleys Sohn Charles, der rechtmäßige Erbe von Titel und Vermögen der Familie, starb am 14. September 1826 an Tuberkulose. Nun war Marys Sohn Percy Florence der legitime Anwärter auf den Baronettitel. Thomas Love Peacock, der Nachlaßverwalter Percy B. Shelleys, begann langwierige Verhandlungen mit den Anwälten Sir Timothys, um die finanzielle Unterstützung für die Erziehung von Percy Florence zu erneuern. Doch es vergingen Monate, bis die Angelegenheit endlich geklärt werden konnte. Monate, in denen Mary Shelley immer wieder Geld von Hogg leihen mußte, um ihre Rechnungen bezahlen zu können. Im Frühjahr 1827 wandte sie sich persönlich an Sir Timothy, um ihm Zugeständnisse oder zumindest ein wohlwollendes Verständnis für ihre Situation abzuringen. Sir Timothy blieb dabei, mit seiner Schwiegertochter nur über seine Anwälte zu verkehren. Er ließ sich jedoch ein Jahr später dazu herab, seinen Enkel in dessen Schule in Kensington zu besuchen. Die Begegnung rührte den verbitterten Alten, wie dieser widerstrebend zugab. Sein Interesse an dem Jungen war erwacht, doch wiederholte er seine Besuche nicht so häufig, wie Mary Shelley es ihrem Sohn zuliebe gehofft hatte.

Im Juni wies Sir Timothy William Whitton an, die jährliche Zuwendung auf £ 250 zu erhöhen, zahlbar ab 1. September 1827. Die Summe sollte stufenweise erhöht werden, um den jeweiligen Anforderungen der Ausbildung des jungen Percy zu entsprechen. Die Gesamtsumme der zur Verfügung gestellten Mittel sollte allerdings nach dem Tod Sir Timothys plus fünf Prozent Zinsen an das Familienvermögen zurückgezahlt werden.

Der Sommer 1827 wurde nicht nur durch die widrigen Geldprobleme verdüstert. Im Juli erfuhr Mary Shelley endlich die ernüchternde Wahrheit über Jane Williams und die elenden Tratschgeschichten, die ihre »liebste Freundin« über sie in Umlauf gebracht hatte. Isabel Robinson, eine gemeinsame Bekannte, hatte ihr davon erzählt. Sie brachte es jedoch lange nicht über sich, Jane, die seit einigen Monaten mit Hogg zusammenlebte und sich nun Jane Williams Hogg nannte, mit ihrem Wissen zu konfrontieren. Ihre Beziehung kühlte dennoch merklich ab, und obwohl sich Mary und Jane einige Zeit später aussöhnten, war das Vertrauen dahin und von Liebe war nicht mehr die Rede.

»Nicht um alles in der Welt würde ich versuchen, die tödliche Schwärze meiner Gedanken diesen Seiten anzuvertrauen«, schrieb Mary Shelley nach den traurigen Enthüllungen in ihr Tagebuch, »laßt keine Spur von dieser Geschichte aus Grauen & Verzweiflung zurück – außer der tiefen, blutenden, verborgenen Wunde meines verlorenen Herzens.«[220]

Trost versprach sie sich lediglich von ihren Studien, von der Stille ihres ländlichen Refugiums, vom Schreiben. Sie hatte einen neuen Roman begonnen, der sich stilistisch und inhaltlich an den Werken Sir Walter Scotts orientieren sollte, die sie selbst immer wieder mit Vergnügen gelesen hatte. *The Fortunes of Perkin Warbeck* beschäftigte sie in den kommenden beiden Jahren, in denen sie zusätzlich kleinere Artikel, Rezensionen und Erzählungen für verschiedene Zeitschriften schrieb. Der Zusatz, »von der Autorin von *Frankenstein*«, half ihr nicht unwesentlich dabei, Abnehmer für diese Arbeiten zu finden.

Das zusätzliche Einkommen, das ihr die schriftstellerische Tätigkeit ermöglichte, war verhältnismäßig gering, doch gerade die Erzählungen, die sie ohne große Anstrengung aufs Papier warf, bedeuteten eine lukrative Verdienstmöglichkeit. Prachtvoll gestaltete Jahresbände und Anthologien, die Originalbeiträge sowie eigens angefertigte Illustrationen druckten, zahlten gut für Beiträge, die dem nicht sonderlich anspruchsvollen Geschmack einer bürgerlichen Elite entsprechen sollten. Zwischen 1828 und 1834 publizierte Mary Shelley regelmäßig je zwei bis drei ihrer Erzählungen, kleine Gedichte sowie Bruchstücke aus dem Nachlaß ihres Mannes in der von Frederick Mansel Reynolds herausgegebenen Anthologienreihe *The Keepsake*, die eher durch Harmlosigkeit als durch literarische Höhepunkte glänzte und Damen mit mäßiger Bildung gefällige Zerstreuung brachte. Mary Shelley nutzte in ihren Geschichten oft typische Motive der Schauerromantik – Doppelgänger, Körpertausch, Unsterblichkeit, Rache, tragische Liebe und vergangene Schuld. Zuweilen erinnern diese Texte auch an Novellen aus dem *Decamerone* von Boccaccio und dem *Heptamerone* der Herzogin von Navarra – Bücher, die Mary Shelley sehr gut kannte und auf die sie sich auch gelegentlich direkt bezog, wie z. B. in der Kurzgeschichte *The False Rhyme*.

Es gibt allerdings auch in diesen vergleichsweise unscheinbaren Texten auffällige autobiographische Anspielungen, Figuren, die an Shelley, an Byron und Claire erinnern oder an ihre eigene desolate Situation. Selbst in einer recht harmlosen, märchenhaften Erzählung wie *The Dream*, die auf der Ballade *The Eve of St. Agnes* von John Keats basiert, finden sich vergrämte Selbstbespiegelungen der Autorin: »›Das Einzige, was ich verlange‹, dachte sie, ›ist, in meines Vaters Schloß zu wohnen – an dem Ort, der mir seit meiner Kindheit vertraut ist – um mit meinen häufigen Tränen die Gräber meiner Lieben zu benetzen; und um hier in diesen Wäldern, wo ich wahnsinnig genug war, von Glück zu träumen, auf ewig das Begräbnis der Hoffnung zu feiern!‹«[221]

Die traurige Heldin dieser Erzählung wird letztlich durch einen wackeren Ritter aus ihrer Einsamkeit erlöst, doch gibt es bei Mary Shelley nie eine Garantie auf ein glückliches Ende. Nicht wenige Geschichten enden mit Verzweiflung, Tod oder gar Selbstmord, wie in der bedrückenden Erzählung *The Mourner* von 1829, die das Drama einer jungen Dame schildert, die sich am Tod ihres Vaters schuldig gemacht hat und diese Schuld nicht überwinden kann: »Die Idee, die sie hauptsächlich beschäftigte, obwohl sie ernsthaft versuchte, sie abzuschütteln, war Selbstmord – das Silberband zu durchtrennen, welches ein solches Maß an Anmut, Weisheit und Liebenswürdigkeit zusammenhielt, die Welt von einem Geschöpf zu befreien, welches ihr zur Zierde erschaffen wurde. Manchmal wurde sie von ihrer Frömmigkeit zurückgehalten; öfters ließ sie ein Gefühl unerträglichen Leidens mit Freuden über den furchtbaren

Vorsatz grübeln. Sie sprach davon, als ob es etwas Böses sei, doch dachte ich oftmals, daß sie dies nur sagte, um mich vor einem schlechten Einfluß durch ihr Beispiel zu bewahren, statt aus Überzeugung, daß unser aller Vater diesen letzten Akt seines unglücklichen Kindes mit Unmut betrachten würde.«[222]

Die Beschäftigung mit einem Thema wie Selbstmord war ungewöhnlich für erbauliche Jahrbücher wie *The Keepsake*, zumal die Autorin keinen Hehl daraus machte, daß dieser unglückliche Ausweg eine natürliche und notwendige Erlösung für die Heldin darstellt. Auch stilistisch sind Mary Shelleys kleine Werke denjenigen anderer Autorinnen, die für die populären Jahrbücher schrieben, weitaus überlegen. Sie verstand es ausgezeichnet, Landschaften und Orte, die sie von ihren Reisen her kannte, als farbigen Hintergrund ihrer Erzählungen zu nutzen. Ihre Liebe zu Italien wird in vielen dieser Texte deutlich.

Die Wahl, ein zusätzliches, wenn auch vergleichsweise recht geringes Auskommen als Schriftstellerin zu finden, entsprach ihren Interessen und ihrer Begabung, war aber gleichzeitig auch aus der Not geboren. Alternativen gab es kaum für eine Frau in ihrer Zeit und ihrer Position. Möglichkeiten, ihre Talente und ihre umfassende Bildung in anderen Berufen als Privatlehrerin, Gouvernante oder eben Autorin zu nutzen, waren ihr verwehrt. Sie hatte keinen Zugang zu Universitäten, und in der Politik hatte sie Schwierigkeiten, auch nur einen Platz als Zuhörerin der Parlamentsdebatten zu bekommen. Die Situation war nicht viel anders als vor dreißig Jahren, als Mary Wollstonecraft ihre Bücher publizierte, und sie änderte sich eigentlich erst im 20. Jahrhundert. Das Frauenbild im 19. Jahrhundert pendelte zwischen einer Idealisierung von Jungfrau, Ehefrau, Hausfrau, Mutter und der Dämonisierung »gefallener Frauen«. Gebildete, intellektuelle und künstlerisch tätige Frauen wurden als »Blaustrümpfe« karikiert – wie in Byrons Stück *The Bluestockings* sowie in einigen boshaften Zeilen seines *Don Juan*. Mary Shelley hätte Grund genug gehabt, der sozialkritischen Tradition ihrer Mutter zu folgen, doch blieb sie in diesem Punkt immer zurückhaltend, bis sie sich schließlich ganz von den radikalen Positionen ihrer Eltern und ihres Mannes distanzierte. Damit enttäuschte sie viele Anhänger Godwins und Shelleys. In den Jahren nach der Veröffentlichung von *The Last Man* war sie freilich viel zu sehr mit ihren privaten Problemen beschäftigt, um auch nur auf die Idee zu kommen, auf irgendeine Weise politisch aktiv zu werden.

In ihrem persönlichen Umfeld setzte sie sich jedoch mit all ihrer Kraft und Energie für ihre Freunde ein, wenn sie nur das Gefühl hatte, wirklich etwas Sinnvolles tun und erreichen zu können. Dies zeigt sich zum Beispiel in der bizarren Affäre um Mr. David Lyndsay alias Mr. Sholto Douglas alias Miss Mary Diana Dods.

Lyndsay war 1822 als Autor von *Dramas of the Ancient World* hervorgetreten; ein Buch, das viele Leser fand und auch von den Shelleys bewundert wurde. 1825 war eine Kurzgeschichtensammlung desselben Autors unter dem Titel *Tales of the Wild and Wonderful* erschienen. Zu dieser Zeit hatte Lyndsay bereits Freundschaft mit Mary Shelley geschlossen und erwähnt die Autorin lobend in Briefen an den Verleger William Blackwood.

Mary Shelley wußte also, daß »David Lyndsay« das Pseudonym von Mary Diana Dods war – oder »Doddy«, wie ihre Freunde sie nannten –, und sie half ihr, indem sie verschiedene ihrer Texte an Verleger vermittelte. Miss Dods war eine begabte Übersetzerin und Autorin mit klassischer Bildung, sie beherrschte zahlreiche Sprachen und besaß einen hellwachen, kritischen Verstand. Äußerlich wirkte sie aufgrund ihrer untersetzten, stämmigen Figur und ihrer kurzgeschnittenen, lockigen Haare wie ein Mann in Frauenkleidern. Es dürfte ihr nicht schwergefallen sein, eine neue Identität als Walter Sholto Douglas anzunehmen und sich als Ehemann ihrer Freundin, Isabel Robinson, auszugeben.[223]

Offensichtlich war Mary Shelley in die Charade eingeweiht. Sie war ab Februar 1827 häufig im Hause der Familie Robinson in Paddington zu Gast und hatte sich insbesondere mit den Schwestern Isabel, Julia und Rosa angefreundet. Die Sommermonate verbrachte sie mit ihrem Sohn, Isabel Robinson und Mary Leigh Hunt, einer der Töchter Marianne Hunts, in Sumpton, im ländlichen Sussex. Isabel hatte ein uneheliches Kind zur Welt gebracht und war in gesundheitlich schlechter Verfassung, doch Mary kümmerte sich um sie und pflegte sie hingebungsvoll. Anfang September mußten sich die Damen kurzfristig eine neue Bleibe suchen, da der Besitzer ihres Landhäuschens zahlungskräftigere Mieter gefunden hatte. Sie zogen in ein Bauernhaus in Arundel, wo Doddy zu ihnen stieß.

Vielleicht wurde der bizarre Plan, Doddy und Isabel als Ehepaar auszugeben, lediglich aus der bedenklichen Situation geboren, die ein uneheliches Kind für eine junge Frau aus gutem Hause bedeuten mußte. Über die tatsächliche Beziehung von Isabel und Doddy ist nichts bekannt. Ebensowenig weiß man, von wem der Plan ursprünglich stammte. Verschiedene Situationen und Figuren in Mary Shelleys Erzählwerk zeigen jedoch, daß sie sich sehr für Geschlechtertausch interessierte: Prinzessin Evadne verkleidet sich als Mann in *The Last Man*, in *A Tale of the Passions* erscheint die tragische Heldin Despina anfangs im Gewand eines Jünglings, in *The False Rhyme* nimmt die Heldin die Identität ihres Geliebten an und schmachtet an seiner Stelle im Burgverließ. Die Geschichte um Sholto Douglas und »seine« Frau Isabel erscheint wie eine weitere Phantasie aus Mary Shelleys Feder – nur daß es diesmal keine Erfindung war.

Mary Shelley gelang es, über den Schauspieler John Howard Payne die notwendigen Pässe zu bekommen, die es Doddy und Isabel erlaubten, als Herr und Frau Douglas mit der nunmehr völlig legitimen kleinen Tochter Adeline nach Paris zu fliehen, wo sie eine Zeitlang ganz offiziell als Ehepaar lebten.

Diese merkwürdige Affäre erlöste Mary Shelley vorübergehend aus ihren durch ihre allzu häufige Einsamkeit bedingten Depressionen. In ihrem Tagebuch notierte sie: »Oh Nacht! Welche Veränderungen du erblickt hast! Wie oft habe ich in deinen stillen Stunden mein Herz ausgeschüttet – Und nun – wie gründlich habe ich die tödliche Flaute meines Lebens abgeschüttelt – indem ich mich um eine Person kümmerte, deren Schicksal so seltsam ist.«[224]

Nach diesen aufrüttelnden und abenteuerlichen Erlebnissen gab sie ihre Wohnung in Kentish Town auf und zog zurück nach London, in ein Haus in der George Street, am Portman Square. Das Bedürfnis, in Jane Williams' Nähe zu sein, war verflogen und die Annehmlichkeiten, die das Leben in der Großstadt für sie bot, reizten sie mehr als die Schönheit der Natur und die Beschaulichkeit des Landlebens: »Gebt mir also London in seinem Überfluß; die Bond Street mit Kutschen verstopft; der Park voller Menschen; ein halbes Hundert Lakaien, die mit ihren Equipagen rund um Howell's warten – und die Artikel der *Morning Post*, die sich mit der neuesten Mode beschäftigen.«[225]

Mary Shelley liebte die Oper, die Theater, den Anblick der feinen Leute, die im Hyde Park spazierengingen. Laut Trelawny interessierte sie sich brennend für den neuesten Klatsch, die Mode, die Schauspieler, Sensationen und Mordgeschichten. Sie hatte sich immer gewünscht, am gesellschaftlichen Leben teilzuhaben. Früher war ihr dies durch den Pariastatus des von den vornehmen Kreisen geächteten Percy B. Shelley verwehrt worden sowie durch die Abneigung des Dichters für Formalitäten, Gesellschaften, Bälle und die dazugehörenden Konventionen, gegen die sie selbst nichts einzuwenden hatte. Nun war sie nicht mehr ausgeschlossen, weil sie immer noch mit den Rebellen der »Satanic School« in Verbindung gebracht wurde, sondern weil ihr einfach die finanziellen Mittel fehlten. So beschränkten sich ihre neuen Bekanntschaften meist auf Personen, die in den Zirkeln der Verlagsbuchhändler, der Schriftsteller und Intellektuellen verkehrten.

Recht häufig traf sie sich mit Thomas Moore, der an einer Biographie Lord Byrons arbeitete und ihre Hilfe erbeten hatte. Mary Shelley hatte Byron nicht nur persönlich gekannt, sie war mit seinem Werk bestens vertraut und hatte sogar seine berüchtigten Memoiren gelesen, die der Verleger Murray im Einvernehmen mit Lady Byrons Anwälten und dem Freund des Poeten, John Hobhouse, verbrannt hatte. Sie konnte Moore also mit Informationen versorgen, die kaum einem anderen Menschen zugänglich gewesen waren, und sie war überglücklich, dies tun zu können. Nichts tat sie lieber, als über ihre Zeit mit Shelley und Byron zu sprechen. Da sie Moore auch persönlich schätzte, schrieb sie an die Gräfin Guiccioli und an Trelawny, um zusätzliche Materialien für die Biographie zu bekommen.

Die Zusammenarbeit mit Moore war gleichzeitig eine willkommene Gelegenheit, Kontakt zu Londons angesehenstem Verleger, John Murray, zu knüpfen. Murray bezahlte sie für ihre Hilfe, und sie nutzte die Chance, ihm ihren neuen Roman zur Veröffentlichung anzubieten. Der Verleger lehnte ab, doch Mary Shelley schickte ihm hartnäckig neue Vorschläge zu Büchern, die sie gerne für seine populäre *Family Library* schreiben würde: eine Biographie von Madame de Staël, das Leben des Propheten Mohammed, die Geschichte der englischen Literatur, die Eroberung Mexikos und Perus, die Leben der englischen Philosophen, die Leben berühmter Frauen, eine Geschichte des Rittertums sowie die Frühgeschichte der Erde und der Zeugnisse »vorsintflutlicher« Zivilisationen. Keines dieser anspruchsvollen Projekte sollte verwirklicht werden, obwohl Murray an einzelnen Themen durchaus höfliches Interesse zeigte.

Mary Shelley mochte und vertraute Thomas Moore so sehr, daß sie ihm sehr persönliche Dinge anvertraute und bei ihm Rat bezüglich ihres Verhältnisses zu Jane suchte. Moore riet ihr, Jane Williams offen auf ihre unsäglichen Tratschgeschichten anzusprechen. Am 11. Februar 1828 entschloß sie sich endlich, dieser Empfehlung zu folgen. Jane war vollkommen überrascht und brach in Tränen aus. Erst drei Tage später konnten sie ihr Gespräch fortsetzen. Als Jane sie darum bat, ihre Freundschaft zu erneuern, blieb Mary kühl und reserviert. Der Seelenschmerz, den ihr Janes Vertrauensbruch zugefügt hatte, war einfach zu groß gewesen, um einfach darüber hinwegzusehen. Ihre Gesundheit hatte unter dem Schock gelitten. Dennoch brach sie den Kontakt zu Jane nicht ab, und die Zeit würde schließlich die ganze unschöne Angelegenheit in weniger grellem Licht erscheinen lassen.[226]

Mary Shelley war erleichtert, die peinliche Offenbarung hinter sich gebracht zu haben. Sie führte weiterhin ein »eintöniges Leben«, wie sie es selbst bezeichnete, arbeitete an ihrem Roman und verschiedenen Erzählungen. Ihre Besuche bei den Robinson-Schwestern setzte sie fort, und gelegentlich war sie bei Lord Dillon zu Gast, einem Bekannten von Medwin, Moore und Hunt, der – wie Mary – ein großer Italienliebhaber und ein begabter Geschichtenerzähler mit einer Vorliebe fürs Pikareske war. Henry-Augustus Dillon schätzte Mary Shelley als Mensch und als Schriftstellerin, doch wie er ihr gegenüber bemerkte, war er überrascht, wie sehr sich ihre Schreibweise von ihrer Persönlichkeit unterschied. Nach der Lektüre ihrer Romane hatte er den Eindruck gehabt, sie wäre

»voller Enthusiasmus, eher indiskret und sogar extravagant« – tatsächlich fand er sie jedoch »zurückhaltend, ruhig und im höchsten Grade feminin«.[227]

Inzwischen war Percy Florence alt genug, um zur Schule zu gehen. Mary Shelley gab ihn an ein Internat in Kensington, Edward Slater's Gentlemen's Academy. Die jährlichen Unkosten betrugen £45. Da sie nun ungebunden war, beschloß sie, einen lang gehegten Plan in die Tat umzusetzen und für ein paar Wochen nach Paris zu reisen. Ursprünglich wollte sie die Reise mit Jane Williams unternehmen, nun brach sie gemeinsam mit Julia und ihrem Vater Joshua Robinson auf, um Doddy und Isabel zu besuchen.

Die kleine Reisegesellschaft erreichte die französische Hauptstadt am 12. April 1828. Mary Shelley hatte sich schon während der Überfahrt schlecht gefühlt, bei ihrer Ankunft hatte sie hohes Fieber. Wie sich herausstellte, hatte sie sich mit Pocken infiziert und mußte bis Ende des Monats das Bett hüten. Als sie sich endlich wieder in Gesellschaft begeben konnte, war sie immer noch nicht vollständig geheilt, ihr Haar war kurz gestutzt und ihr von den Zeichen der schweren Krankheit entstelltes Gesicht mußte sie hinter einem schwarzen Schleier verbergen. Doch endlich konnte sie Doddy und Isabel wiedersehen, die mittlerweile als Mr. und Mrs. Douglas in exklusiven Kreisen verkehrten.

Mr. Douglas hatte sich mit der Familie Garnett angefreundet. Die Witwe Maria Garnett und ihre beiden Töchter Harriet und Julia zählten illustre Persönlichkeiten zu ihren häufigen Gästen; namhafte Künstler, Politiker und Schriftsteller wie General Lafayette, Prosper Mérimée, Henri Beyle alias Stendhal, um nur die bekanntesten zu nennen. Obwohl Mary Shelley sich mit den Garnetts nicht sonderlich gut verstand, wurde sie durch die Bekanntschaft mit einigen der bedeutendsten französischen Romantiker vollauf entschädigt. Ihr eigenes Werk war in Frankreich nicht gänzlich unbekannt. Anders als in Deutschland war ihr *Frankenstein* hier bereits 1821 übersetzt worden, und eine Bühnenbearbeitung des Stoffes war im Pariser Théâtre de la Porte Saint-Martin mit sechsundneunzig Vorstellungen überaus erfolgreich gewesen.

Der gerade fünfundzwanzig Jahre alte Prosper Mérimée fand seinerseits großen Gefallen an der berühmten englischen Autorin –

trotz ihres krankheitsbedingt eher abschreckenden Äußeren. Mérimée hatte wenige Jahre zuvor große Erfolge mit seinem respektlosen *Theater der Clara Gazul* gefeiert – Stücke, die vorgaben, das Werk einer aus politischen Gründen verfolgten spanischen Schauspielerin zu sein. Diese Sammlung von Theaterstücken mischte wilde Leidenschaften mit bösem Witz gegen Frömmlerei und Scheinmoral und absurden Bluttaten. Mary Shelley lernte seine neueren Arbeiten kennen; seine Gedichte aus *La Guzla*, die er übermütig als Übersetzungen antiker Manuskripte ausgab, und das Drama *La Jacquerie*, Szenen aus dem französischen Mittelalter. Sie veröffentlichte eine wohlwollende Rezension dieser beiden Bücher unter dem Titel *Illyrean Poems – Feudal Scenes*. Mérimées Beschäftigung mit dem Genre des historischen Romans in der Tradition Scotts, dessen Bücher auch in Frankreich viel gelesen wurden, interessierte sie sehr. Der französische Autor machte sich allerdings nichts aus breit angelegten Historiengemälden, sondern bevorzugte den knappen und pointierten Stil. An der Geschichtsschreibung gefielen ihm lediglich die Anekdoten, insofern sie den Charakterzug einer Epoche beispielhaft zum Ausdruck brachten.[228] Mary Shelley korrespondierte nach ihrer Rückkehr nach England mit Prosper Mérimée und suchte seinen Rat in bezug auf ihren historischen Roman *Perkin Warbeck*. Sie ließ ihm sogar etwas Geld zukommen und bat ihn, ihre Freundschaft geheimzuhalten. Einen Heiratsantrag, den ihr der offenbar beeindruckte Franzose schriftlich übermittelte, lehnte sie freundlich aber entschieden ab.

Am 26. Mai 1828 kehrte Mary Shelley glücklich und erschöpft nach England zurück. Immer noch war sie nicht vollkommen genesen, doch die vielen anregenden Gespräche und Begegnungen in Paris hatten zumindest ihre trübseligen Gedanken vertrieben. So verbrachte sie die folgenden Monate in Dover und Hastings, wo ihr Vater sie für ein paar Tage besuchte. Während sie sich langsam erholte, erfuhr sie, daß Trelawny von seinen griechischen Abenteuern heimgekehrt war. Sie hatte regelmäßig mit ihm korrespondiert und freute sich sehr darauf, ihn wiederzusehen. Ein Treffen kam jedoch erst im Herbst im Hause der Robinsons zustande, wo Mary Shelley den Rest des Jahres als Gast verbrachte. In ihren Briefen hatten sich die beiden immer wieder gegenseitig ihrer Liebe und Zuneigung versichert, doch das Wiedersehen verlief nicht ganz so glücklich, wie Mary es sich vorgestellt hatte. Möglicherweise lag es an den biederen Robinsons, die der unbändige Trelawny nicht ausstehen konnte – vielleicht auch an ihrer überaus zurückhaltenden Reaktion auf seine Absicht, eine Biographie Shelleys zu schreiben. Sie fürchtete, daß eine Indiskretion ihren Namen in einem unguten Licht erscheinen lassen könnte. Natürlich dachte sie dabei vor allem an Sir Timothy, der mit mißgünstigen Adleraugen über sie wachte, um ihr bei der geringsten Anmaßung den Geldhahn zuzudrehen. Trelawny, der von diesen Problemen nichts ahnte, war über Marys Weigerung, ihm Shelleys Briefe zu überlassen, nicht gerade erbaut. Er war davon ausgegangen, daß sie ihm hinreichend vertraute, nach allem, was er für sie getan hatte. Mangelndes Vertrauen war allerdings nicht unbedingt der Grund für ihre Weigerung, das Material freizugeben. Mary Shelley schrieb ihm, daß sie keineswegs befürchtete, er könne ihr und ihrem verstorbenen Mann nicht gerecht werden, daß sie sich aber einfach nur wünschte, »vergessen zu werden«. Es wäre schön, teilte sie ihm mit, wenn er Shelleys Leben beschreiben könnte, ohne sie zu erwähnen. Da dies allerdings nicht möglich sei, riet sie ihm, seine Erinnerungen an Shelley in seine Autobiographie aufzunehmen, die er seit längerer Zeit plante und an der er nach seiner Rückkehr nach Italien zu arbeiten begann.[229]

Das autobiographische Werk, das Trelawny 1831 mit tatkräftiger Unterstützung Mary Shelleys veröffentlichte, beschrieb lediglich seine Kindheit und seine wilden Jugendabenteuer unter malaiischen Piraten und holländischen Kauffahrern, ohne den Sommer des Jahres 1822 zu erwähnen. *Adventures of a Younger Son* enthielt jedoch auch zahllose, zum Teil von Mary ausgewählte Zitate aus Gedichten Shelleys und Byrons als Mottos über den einzelnen Kapiteln, und durch den beträchtlichen Erfolg des Buches wurde auch das Interesse am Werk der beiden romantischen Dichter neu entfacht. Trelawnys bereits erwähnte Erinnerungen an Shelley und Byron sollten erst lange nach Mary Shelleys Tod erscheinen. In der überarbeiteten Fassung dieser *Recollections* von 1878 ließ sich Trelawny dazu herab, Mary Shelley – die er in der Erstausgabe noch gepriesen hatte – mit Schmähungen zu überhäufen. Nun war sie die »ängstlichste Sklavin der Konventionen«, die er je kennengelernt hatte. Sie habe sich geziert, mit Shelley in der Öffentlichkeit aufzutreten, da sie sich seiner gewöhnlichen Kleidung schämte, und sie habe den Dichter allgemein schlecht behandelt.[230] Ob es solche »Enthüllungen« waren, die Mary zu verhindern hoffte? Wohl kaum: Obwohl sie dergleichen Vorhaltungen schon aus Janes Geschichten kannte, dachte sie wohl nie daran, daß der stets ritterliche Trelawny je so verächtlich über sie schreiben könnte. In seinen Briefen hatte er in einem eher spielerischen Ton von Heirat gesprochen. Sie hatte das Angebot im gleichen Ton ausgeschlagen, ohne daß es deswegen zu einem Zerwürfnis gekommen wäre. Es ist allerdings nicht unwahrscheinlich, daß Mary Shelley Trelawny nicht sonderlich ernst nahm und ihn als rauhbeinigen Abenteurer, schamlosen Lügenbaron und unersättlichen Frauenhelden lieber aus sicherer Distanz betrachtete, ohne sich von seiner Traumwelt vereinnahmen zu lassen. Trelawny scheint dies geahnt und ihr insgeheim übelgenommen zu haben. Entsprechend entwickelte sich die Beziehung der beiden zu einer eher oberflächlichen Freundschaft, die vor allem darauf baute, daß sich niemand über den anderen unangemessen äußerte oder vielleicht sogar die Wahrheit sagte …

Fast gleichzeitig mit Trelawny war Claire Clairmont in London erschienen. Sie hatte sich seit acht Jahren nicht mehr blicken lassen und nur selten geschrieben. Nun kam sie, nach Aufenthalten in Moskau und Dresden, zurück in ihre Heimat, um ihren Bruder Charles zu sehen, der mit seiner österreichischen Frau Antonie und ihren beiden Kindern das Elternhaus besuchte. Claire wohnte zunächst bei den Godwins und zog dann zu Mary Shelley, in deren neue Londoner Wohnung. Wieder zeigte es sich, daß Mary und Claire am besten miteinander auskamen, wenn sie eine gewisse räumliche Distanz beibehielten. Mary Shelley, die nicht gerade mit Reichtum gesegnet war, ärgerte sich darüber, die mittellose Claire den langen Winter über versorgen zu müssen. Claire, die sich so benahm und inzwischen auch so spitznäsig aussah, wie man sich eine Gouvernante gemeinhin vorstellt, bemäkelte den moralischen Verfall ihrer Landsleute und nörgelte über das dauerhaft schlechte Wetter. Anfang 1829 nahm sie sich ein eigenes Zimmer und kehrte im September zurück nach Dresden, nachdem sie sich in Karlsbad von einer nicht näher bezeichneten Krankheit erholt hatte.[231]

Den Rest des Jahres verbrachte Mary Shelley in ihrer gewohnten, schmerzlich empfundenen Isolation, umgeben von ihren Büchern und ihren zahlreichen Projekten. In aller Heimlichkeit half sie bei der Edition eines Sammelbandes mit Werken von Coleridge, Keats und Shelley, der in der berüchtigten *British Library* von Galignani erscheinen sollte – eine Buchreihe, die meist ohne jede Genehmigung der Autoren oder Rechteinhaber publizierte. Galignanis Lesesaal war zwischen 1804 und 1852 ein beliebter Treffpunkt für Engländer in Paris. Zugang wurde gegen Tages- oder Wochengebühr gewährt. Da faktisch kein internationales Copyright existierte, konnte das Unternehmen in Frankreich ungestraft Raubdrucke bekannter englischer und amerikanischer Autoren veröffentlichen. Ohne jede Scheu war der Herausgeber des Bandes, Cyrus Redding, an Mary Shelley herangetreten und hatte sie um ihre Mitarbeit gebeten. Sie korrigierte Reddings Vorwort, ergänzte fehlende Zeilen in Shelleys Gedichten und beschaffte eine Zeichnung nach dem Porträt des Dichters von Amelia Curran, die als Kupferstich in dem Sammelband abgedruckt werden sollte. Sir Timothy ahnte davon glücklicherweise nichts. Im Juni hatte er seine jährliche Zuwendung auf £ 300 erhöht.

Mary Shelley war im Mai 1829 erneut umgezogen, in eine Wohnung in der Somerset Street 33, Portman Square. Im Herbst beschäftigte sie sich mit der Korrektur und der Abschrift ihres *Perkin Warbeck*. Als diese Arbeit endlich beendet war, bemühte sie sich, ihrem Leben eine neue Richtung zu geben. Sie hatte genug von der Isolation und der fast klösterlichen Zurückgezogenheit, in der sie ihre Wochen und Monate verbrachte, die aber gleichzeitig notwendig war, um das beharrliche Schreiben, Studieren und Korrigieren zu ermöglichen. Mit Beginn des neuen Jahres versuchte sie sich als Gastgeberin und lud Bekannte zu Abendgesellschaften und Tea-Parties ein. Unter ihren Gästen waren ihre Freunde, die Robinsons, William Godwin, der Dramatiker James Kenney, Thomas Moore, aber auch große Namen wie Washington Irving und der junge Edward Bulwer (später als Edward Bulwer-Lytton bekannt), der sich bereits einen Namen als Dandy gemacht hatte und durch seinen Moderoman *Pelham; or, The Adventures of a Gentleman* berühmt geworden war. Sein *Paul Clifford*, den Mary Shelley mit

Begeisterung las, gehört zum damals überaus populären Genre der Räuberromane und basiert auf Berichten des *Newgate Calendar*, in welchem wahre Geschichten verurteilter Gauner und Verbrecher zu finden waren.

Die Veränderung, deren Ausbleiben sie so lange beklagt hatte, hatte sie nun aus eigener Kraft herbeigeführt, doch vollkommen glücklich und zufrieden konnte sie nicht sein: »Die Leute mögen mich & schmeicheln mir & folgen mir & dann lassen sie mich wieder alleine. Armut ist die Grenze, die man nicht überwinden kann – Dennoch amüsiere ich mich oft & zuweilen wird mein Interesse geweckt.«[232]

Beinahe acht Jahre nach dem Tod ihres Mannes hoffte Mary Shelley immer noch auf ein Leben jenseits der Trauer und kam dennoch immer wieder darauf zurück. Eine ihrer Gäste, Maria Jewsbury, beschrieb sie als erwachsenes Kind, gleichzeitig lebhaft und tiefgründig. Sie bezweifelte, daß sie eine glückliche Frau war, aber sie bezweifelte auch, daß sie zur Melancholie neigte.[233] Vielleicht war es wirklich nicht Melancholie, die ihr Glück so hartnäckig verhinderte, sondern etwas anderes, Schrecklicheres: Unter der gefälligen Oberfläche brannte die wachsende Verzweiflung über ihre Unfähigkeit, jemand anderen lieben zu können als Percy B. Shelley – oder seinen verblassenden Schatten.

Treue und Verrat: Perkin Warbeck
1830

CLAIRE CLAIRMONT

»Ein törichtes Mädchen.«
Lord Byron über Mary Shelleys Stiefschwester

Ich denke, mein neues Werk verspricht viel populärer zu werden als mein letztes«, schrieb Mary Shelley im November 1829 an ihren Verleger Henry Colburn. »Ich habe mir viel Mühe gegeben, und die Geschichte, auf der es basiert, scheint mir sowohl schön als auch interessant zu sein.«[234]

Colburn, der bereits *The Last Man* veröffentlicht hatte und inzwischen mit Richard Bentley zusammenarbeitete, nahm das Manuskript an, allerdings zu Bedingungen, die der Autorin nicht sonderlich gefielen: Sie sollte £150 erhalten, zahlbar in drei Raten, brauchte das Geld aber sofort, da sie Claire die Kosten für die Reise nach Karlsbad und Dresden geliehen hatte. Mangels Alternativen ging sie jedoch auf Colburns Angebot ein. Es ist fraglich, ob sie wußte, daß ihr Vater wenige Wochen später vom gleichen Verlag £450 für seinen neuen Roman *Cloudesley* erhielt, den sie sehr bewunderte und für *Blackwood's Edinburgh Magazine* rezensierte.

Cloudesley, so Mary Shelley, lebt von einer »glühenden Liebe zu allem, was die menschliche Form trägt«.[235] – Eine Liebe, von welcher in ihrem eigenen neuen Roman nicht viel zu spüren ist. Die Autorin verzichtet weitgehend auf reflexive Passagen und begnügt sich mit der Darstellung dramatischer Ereignisse und Schicksale, in denen verschiedene Motive aus ihren früheren Werken wiederkehren.

Mary Shelleys historischer Roman *The Fortunes of Perkin Warbeck* enthält – anders als *Frankenstein*, *Valperga* und *The Last Man* – keine Motive des Schauerromans und keine phantastischen Szenen oder Figuren. Sie hält sich eng an die Fakten, die sie verschiedenen Geschichtswerken und Biographien, wie Francis Bacons *History of Henry VII*, und John Fords Drama *The Chronicle History of Perkin Warbeck* entnahm – mit der einen, wesentlichen Ausnahme: ihr Perkin Warbeck, der am Ende des 15. Jahrhunderts Anspruch auf den Thron von England erhob, ist kein Betrüger, sondern tatsächlich der Sohn von Edward IV. Diese geschichtliche Spekulation wird von der Autorin überzeugend dargestellt.

Der historische Perkin Warbeck lebte zur Zeit der sogenannten »Rosenkriege«, in denen Anhänger des Hauses York unter dem Zeichen der weißen Rose und des Hauses Lancaster unter dem Zeichen der roten Rose um die Vorherrschaft in England kämpften. Edward von York gelang es, durch militärische Siege den Thron für sich zu gewinnen. Die Erben des Hauses Lancaster ließ er beseitigen. Nach seinem Tod riß Richard von Gloucester die Macht an sich und ließ die beiden Söhne seines Bruders, Edward und Richard, hinrichten, um seine eigene Position zu sichern. 1485 fiel der letzte Erbe der Lancaster-Partei, Heinrich von Tudor, in Wales ein und besiegte Richard III. in der Schlacht bei Bosworth.

Mit dieser Schlacht beginnt Mary Shelleys Roman. Die überlebenden Anhänger der weißen Rose, unter ihnen der junge Edmund Plantagenet, fliehen und beschließen, den Anspruch auf den Thron nicht aufzugeben und sich neu zu sammeln. Heinrich von Tudor heiratet Elizabeth, eine Tochter von Edward IV., um die verfeindeten Familien zu versöhnen, und erobert als Heinrich VII. den Thron von England. Die Yorkisten geben Lambert Simnel, einen Mann aus einfachen Verhältnissen, als legitimen Erben ihres Hauses aus. Der von ihnen angezettelte Aufstand wird jedoch von der Armee Heinrichs niedergeschlagen.

Unter den Anhängern Yorks spricht sich allmählich herum, daß Richard, einer der Söhne von Edward IV., heimlich ausgetauscht und aus dem Tower gerettet wurde. Er wächst unter dem falschen Namen Perkin Warbeck bei einem flämischen Geldverleiher auf. Edmund Plantagenet folgt den Gerüchten, doch der König hat ebenfalls davon gehört und schickt einen Spion namens Stephen Frion aus, um der Sache nachzugehen und Richard in seine Gewalt zu bringen, sollte die Geschichte sich bewahrheiten.

Frion findet die Wahrheit über »Perkin Warbeck« heraus, dem die Flucht nur um Haaresbreite gelingt. Er reist nach Spanien, wo er auf seinen Vetter Edmund trifft. In Andalusien schließen sich die beiden jungen Männer heldenhaft dem Kampf gegen die Mauren an, und Richard erlernt auf diese Weise das Kriegshandwerk. Sie lernen die Familie de Faro kennen, die ihnen Unterschlupf bietet. Nach einem Überfall der Mauren wird die schöne Tochter des Hauses, Monina de Faro, entführt. Richard rettet sie, und sie pflegt ihn, als er in der Schlacht verwundet wird.

Nach seiner Genesung soll Richard nach Irland reisen, um Truppen gegen Heinrich zu sammeln. Spione werden ausgeschickt, ihn zu entführen, er aber landet sicher in Irland, wo er freundlich aufgenommen wird. Die englischen Lords in Irland lassen sich leicht für einen neuen Feldzug begeistern, es fehlt ihnen lediglich an Disziplin und angemessener Ausrüstung. So folgt Richard, stets von Agenten seiner Feinde umgeben, einer Einladung des Königs von Frankreich an dessen Hof.

In Paris findet Richard zahlreiche Freunde und Verbündete. Stephen Frion, der undurchsichtige Spion Heinrichs, wechselt die Seiten und wird sein Sekretär. Karl VIII. von Frankreich wird derweil durch Truppen des englischen Königs unter Druck gesetzt und fordert Richard auf, Frankreich zu verlassen. Bei der Herzogin von Burgund findet er vorübergehend einen recht luxuriösen Unterschlupf.

Währenddessen versucht Monina, die Richards Plan, den englischen Thron für sich zu beanspruchen, geradezu fanatisch ergeben ist, in London Verbündete für einen Umsturz zu finden. Ihr Vertrauter, Sir Clifford, wird zum Verräter, und die Rebellen werden allesamt verhaftet. Monina kann rechtzeitig fliehen, ihre Warnung erreicht Richard allerdings zu spät. Er gerät ebenfalls in die Hände seiner Feinde.

Kurz darauf gelingt auch ihm die Flucht. Unter dem Schutz einer Zigeunerbande erreicht er Schottland, wo er am Hof von König Jakob IV. empfangen wird. Der schottische König freundet sich mit dem jungen Prätendenten an und sympathisiert mit dessen Plänen. Er macht Richard mit Lady Katherine Gordon bekannt, die sich geradezu zwangsläufig in den Helden verliebt.

Richard und Katherine heiraten, doch die Agenten des Königs haben den neuen Unterschlupf des Prätendenten bereits ausfindig gemacht. Heinrich VII. schickt seine Truppen nach Schottland. Als Richard die vom Krieg heimgesuchten Dörfer mit eigenen

Augen sieht, zweifelt er zum ersten Mal daran, ob die Rechtmäßigkeit seiner Ansprüche das Leid so vieler Menschen rechtfertigen kann. Die Zweifel sind jedoch nicht von langer Dauer. Da König Jakob seinen Freund nicht länger schützen kann, reist Richard mit seinen Getreuen erneut nach Irland.

In Cornwall sammeln sich derweil Rebellen, um den Sturz Heinrichs vorzubereiten. Richard will sich ihnen anschließen, seine Frau Katherine versucht ihn aber zurückzuhalten und drängt ihn, seinen offensichtlich sinnlosen Kampf aufzugeben. Vergeblich: Richard zieht erneut in den Krieg und wird aufgrund des Verrats seines Sekretärs Frion, der sich inzwischen mit seinem Erzfeind Clifford zusammengetan hat, besiegt und beinahe gefangen. Eine Zeitlang versteckt sich Richard in einem Kloster, dann gibt er auf und läßt sich gefangennehmen.

Im Tower von London erfährt er, daß sich Katherine ebenfalls in der Gewalt Heinrichs befindet. Monina arrangiert eine waghalsige Flucht, die von Clifford aufgedeckt wird. Richard gelingt es, seinen Feind zu töten, doch da Monina, die an Bord des Schiffes ihres Vaters auf ihn wartet, ihn ebenfalls für tot hält, segelt sie ohne ihn ab, und er wird erneut in den Kerker geworfen. Nach einem letzten Fluchtversuch wird er zum Tode verurteilt.

Lady Katherine bleibt am Hof Heinrichs VII. und betrauert für den Rest ihres Lebens den Tod ihres Geliebten. Jahre später erfährt sie von Edmund Plantagenet vom Schicksal ihrer Freunde und vom Tod Moninas, die nach Richards Scheitern und ihrem vergeblichen Rettungsversuch in ihrem Leben keinen Sinn mehr finden konnte …

Der Roman wurde von verschiedenen Interpreten als Imitation von Sir Walter Scotts *Ivanhoe* betrachtet.[236] Tatsächlich gibt es viele auffällige Parallelen, und Mary Shelleys Bewunderung für Scotts populären Roman zeigt sich nicht zuletzt darin, daß sie ihn mehrfach gelesen hat. Ihre zentralen weiblichen Figuren, Katherine und Monina, erinnern, wie Lidia Garbin beispielsweise feststellte, in ihrer Beziehung zum Helden des Romans an Rowena und Rebecca in *Ivanhoe*.[237] Doch diese und andere Ähnlichkeiten sind weitaus oberflächlicher als diejenigen zu Mary Shelleys eigenen früheren Werken.

Monina, eine Spanierin maurischer Herkunft, ist in ihrer vergeblichen Liebe zu Richard der Jüdin Rebecca aus *Ivanhoe* nicht unähnlich, aber Moninas Liebe äußert sich auf ganz andere Art und Weise: Sie widmet all ihre Kraft und Energie der Sache Richards, ohne auch nur Zuneigung von ihm zu erwarten – dieser fanatische Eifer ist ihr ganzer Lebensinhalt, und nachdem sie damit scheitert, ist ihre »einzige Hoffnung der Tod«. Sie ist kein Opfer wie Rebecca, sondern eine unermüdliche Intrigantin, Diplomatin und eine verläßliche Hilfe in der Not. Ihr Fanatismus ähnelt sehr der Hingabe und Selbstaufopferung der Despina in ihrer Mission für Konradin, dem letzten Staufer, in *A Tale of the Passions* aus dem Jahr 1822.

Die Beziehung der beiden zentralen Frauenfiguren des Romans, Monina und Katherine, zu Richard und zueinander erinnert gelegentlich an Euthanasia und Beatrice aus Mary Shelleys *Valperga* – nur sind die Figuren des früheren Romans viel stärker durch ihr jeweiliges Schicksal geprägt, viel komplexer und viel gegensätzlicher in ihrem jeweiligen Charakter. Katherines Wesen wird um einiges schlichter gezeichnet als Euthanasias, und sie muß sich nie vergleichbaren Entscheidungen oder Herausforderungen stellen. Ihr vergeblicher Versuch, Richard zum Aufgeben zu bewegen, wiederholt den entsprechenden Versuch Euthanasias, die am Ende von *Valperga* noch auf eine Abkehr Castruccios von seinen ehrgeizigen Zielen hofft.[238] Die Komplexität der Frauenfigur Euthanasia in *Valperga* wird in *Perkin Warbeck* jedoch nie erreicht. Lady Katherine entspricht als gütige und treue Dulderin eher einigen der vergleichsweise simplen Figuren der Erzählungen, die einem dunklen Schicksal ausgeliefert werden und es mit Hilfe beispielhafter Tugenden wie Loyalität, Liebe, Wahrhaftigkeit und Tapferkeit zu meistern oder auch nur zu ertragen versuchen. Katherine bleibt meist passiv und endet als trauernde Überlebende, wie viele andere autobiographisch gefärbte Heldinnen und Helden in Mary Shelleys Werken.

Richards Ehrgeiz ist demjenigen von Castruccio aus dem Roman *Valperga* durchaus ähnlich. Beide versuchen jeweils mit all ihrer Kraft die Position zu erringen, die sie für sich selbst als rechtmäßig empfinden. Doch während Castruccio immer wahlloser in seinen Mitteln wird und immer mehr den verhaßten Charakter seiner Feinde annimmt, bis er selbst zum grausamen Tyrannen mutiert, bleibt Richard der tugendhafte Ritter, der er von Anfang an war. Seine vorbildlichen Tugenden werden stets im Kontrast zu den Schurken, Verrätern und Spionen präsentiert, die ihn beständig umgeben und ihn immer wieder kurz vor dem Ziel zum Scheitern bringen. Fast die ganze Romanhandlung baut auf diesem Kontrast auf: Hier die ehrenvollen, aufrechten und tapferen Männer und Frauen – dort die verschlagenen, skrupellosen, verräterischen Schurken, die ständig die Seiten wechseln, wie Frion und Clifford. Selbst Heinrich VII., immerhin der Mann, der das blutige Chaos der Rosenkriege beendete, wird als heimtückischer, niederträchtiger Tyrann beschrieben, der es aufgrund seines zweifelhaften Charakters nicht verdient hat, König von England zu sein. Mary Shelley wird nicht müde, die Schändlichkeit des Verrats und der Verräter aufzuzeigen – und dachte dabei vielleicht an ihre eigene Erfahrung mit der treulosen Jane Williams: »In der großen weiten Welt des Elends gibt es keinen größeren Schmerz als die Entdeckung von Verrat, wo wir Treue vorzufinden dachten.«[239]

In diesem Satz hat sich die reflexive Ebene des Romans beinahe erschöpft. Er ist in einem kleinen Absatz enthalten, der die Handlung unterbricht, um sie im resignativen Ton zu kommentieren. Richards Ehrgeiz wird als Beispiel für die Unbelehrbarkeit der Menschen präsentiert, die eher bereit sind, ihren Illusionen und persönlichen wie gesellschaftlichen Idealen zu folgen als ihrem Verstand: »Die Weisen lehrten uns, die Guten litten für uns, doch wir bleiben stets dieselben.«[240]

Ansatzweise wird hier noch einmal die Kritik an der romantischen Vorstellung wiederholt, die Imagination sei höher als der Verstand zu bewerten. Eine Vorstellung, die immer wieder Leid verursacht, indem sie sich als blind gegenüber realen Problemen und Bedürfnissen erweist. Bei Mary Shelley führt der Weg der Imagination fast immer in die Irre, wie in *The Last Man*, zur Entfesselung unbeherrschbarer Mächte, wie in *Frankenstein* und *Transformation*, zu Krieg und Gewalt, wie in den historischen Romanen, *Valperga* und *Perkin Warbeck*. Doch anders als in *Valperga* gibt es in *Perkin Warbeck* keine wirklichen Gegenentwürfe zur mittelalterlichen Kultur der Gewalt. Der anachronistische Geist der Aufklärung, der von Euthanasia verkörpert wurde, findet in den Figuren des neuen Romans keine Entsprechung.

The Fortunes of Perkin Warbeck hatte keinen nennenswerten Erfolg beim Publikum und wurde bald von der im gleichen Verlag publizierten überarbeiteten Neuausgabe des *Frankenstein* in den Schatten gestellt. Die Rezensionen waren überwiegend positiv, lobten den Stil und die Darstellung der Figuren, kritisierten lediglich »historische Ungenauigkeiten« und eine »unzureichende Vermischung von Fakten und Fiktionen«.[241] Mary Shelleys frühe Biographin Lucy Rosetti bezeichnete den Roman als blasse Kopie der historischen Romane von Sir Walter Scott und als vollkommen uninteressant. Muriel Spark, die zur Wiederentdeckung des Romanwerks Mary Shelleys im 20. Jahrhundert wesentlich beigetragen hat, widmet *Perkin Warbeck* hingegen ein ganzes Kapitel und stellt das Buch über *Valperga*, ein aus ihrer Sicht kaum erwähnenswertes Werk. Zur Begründung nennt sie einige »gelungene Passagen« und schön gezeichnete Nebenfiguren. Das Fehlen von Reflexion ist für Spark eher ein Vorteil – und dies scheint auch die Auffassung Mary Shelleys gewesen zu sein. Ihre merkliche Zurückhaltung im Kommentar und die Reduktion des Romans auf das für die Handlung und den Hintergrund Notwendige waren zweifellos beabsichtigt. Einen Stoff aus früheren Zeiten müsse man so bearbeiten, daß kein Raum für Meinungen bleibt, erklärte sie John Murray, dem sie das Manuskript als erstem angeboten hatte. Wahrscheinlich folgte sie damit den Empfehlungen ihres Vaters und Sir Walter Scotts, die sie um ihre Meinung gebeten hatte und deren Lob sie gegenüber ihrem Verleger Colburn hervorhob, um ihm das Projekt schmackhaft zu machen.[242]

Indem sie den strengen Richtlinien Godwins und Scotts folgte, gelang ihr zwar die glaubhafte und lebendige Darstellung historischer Ereignisse, aber sie verzichtete dadurch gleichzeitig gerade auf jene Aspekte, die ihre vorherigen Arbeiten zu etwas Besonderem gemacht hatten. Mit *Perkin Warbeck* verpflichtete sie sich den Regeln, die sie in *Valperga*, *The Last Man* und *Frankenstein* so phantasievoll und geistreich gebrochen hatte.

Väter und Töchter: Lodore
1831–1835

WILLIAM GODWIN
»*Er strebte danach, im Universum des Denkens zu herrschen.*«
Mary Shelley über ihren Vater

In den Erzählungen, die in denselben Jahren wie *Perkin Warbeck* entstanden, nahm sich Mary Shelley einige jener Freiheiten heraus, die sie sich in ihrem historischen Roman nicht erlaubt hatte. Sie mischte phantastische und historische Ereignisse bunt durcheinander und nutzte eher die Folklore als die Geschichtsbücher als Quelle. In einem besonders interessanten Text, der sich wiederum von den vielen phantastisch-historischen Erzählungen wie *Ferdinando Eboli*, *Transformation* und *The Mortal Immortal* deutlich unterscheidet, findet sie zu den komplexeren Erzählweisen ihrer frühen Werke zurück. Schon in *Frankenstein*, *Maurice* und *Valperga* hatte sie verschiedene Erzählperspektiven genutzt und die Handlung aus Berichten ihrer Figuren wie ein Puzzle zusammengesetzt – in *The Mourner*[243] (»Die Trauernde«) greift sie erneut auf dieses Konzept zurück. Anders als in den meisten ihrer Erzählungen ist die Handlung im England ihrer Zeit angesiedelt: Horace Neville erzählt, wie er vor den Grausamkeiten seiner Mitschüler in den Wald flieht und dort in einer kleinen Hütte einer seltsamen jungen Frau begegnet, die von Gedanken an Selbstmord und Tod beherrscht wird. Später berichtet er seinem Freund Lord Eversham von dieser Begegnung, woraufhin dieser ihm die Geschichte seiner Verlobten erzählt, die von einer Seereise mit ihrem Vater nie zurückgekehrt ist. Das Geheimnis der Trauernden wird gelöst, nachdem zunehmend klar wird, daß die Frau aus Nevilles Geschichte mit jener aus Lord Evershams Bericht identisch ist.

Im Mittelpunkt von *The Mourner* steht das psychologische Drama der Titelfigur, die im Wahn, sich des Vatermords schuldig gemacht zu haben, vor ihrer Familie und ihren Freunden flieht, um sich in der Einsamkeit ganz ihrer selbstzerstörerischen Trauer hinzugeben. Die Psychologie der Schuld und der Abhängigkeit, die problematische Beziehung zwischen Vater und Tochter und die verschachtelte

Erzählweise bilden auch die Grundlage für Mary Shelleys letzte Romane *Lodore* und *Falkner*. Außerdem ist *The Mourner* eine Geschichte, die auf merkwürdige Weise Mary Shelleys eigene Lebensweise in Harrow beschreibt, lange bevor sie sich tatsächlich dort niederließ. Die Parallelen sind allgemeiner Natur, aber wie damals, als sie angesichts der Ereignisse des Sommers 1822 das Gefühl hatte, sie müsse Szenen aus ihrem kleinen Roman *Matilda* durchleben, schienen die Grenzen zwischen Fiktion und Realität für sie überaus durchlässig zu sein. Dennoch ist die Figur der Trauernden kein reines Selbstporträt der Autorin. Sie nutzte lediglich einzelne Aspekte ihrer Erfahrungen innerhalb einer Figurenkonstellation, die sie in ihren literarischen Texten immer wieder neu variierte.

Am 29. September 1832 war Percy Florence im Internat von Harrow aufgenommen worden. Die hohen Unterhalts- und Schulgebühren erwiesen sich bald als problematisch, so daß sich Mary Shelley entschloß, ebenfalls nach Harrow zu ziehen, um wenigstens die Unterhaltskosten für ihren Sohn zu sparen. Im Mai 1833 zog sie in ein kleines Häuschen mit Garten, das sie in ihrem Tagebuch mit beinahe denselben Worten beschrieb wie das abgelegene Waldhaus von Ellen in *The Mourner*.[244] Fern von ihren Londoner Freunden und Bekannten litt sie unter ihrer Einsamkeit wie selten zuvor. Eine für sie wie auch für die Heldin ihrer Erzählung überaus wichtige Ablenkung waren die aktuellen Zeitungen, die über die anstehenden Reformen berichteten, die nach dem Wahlsieg der liberalen Whigs unter Earl Grey endlich eine politische Mehrheit fanden.

Die Vorherrschaft der ultra-konservativen Kräfte, der Aristokraten und Landbesitzer, ging mit dem Tod von Georg IV. im Sommer 1830 zu Ende. Wilhelm IV. wurde zum neuen König gekrönt und rief Neuwahlen aus, durch welche – nicht zuletzt aufgrund des Einflusses der erfolgreichen bürgerlichen Juli-Revolution in Frankreich – die Konservativen deutlich an Einfluß verloren. Das wichtigste Projekt der neuen Regierung war die Reform des Wahlrechts und die Neugliederung der Wahlkreise. Auch Hausbesitzer und Pächter, die einen bestimmten Ertrag zu erzielen hatten, sollten wählen dürfen, wodurch die Wählerstimmen verdoppelt wurden, ohne daß das Grundprinzip angetastet wurde: Nach wie vor gab es kein allgemeines Wahlrecht – entscheidend waren Besitz und Mindesterträge. Nach einigen Schwierigkeiten wurde die Reform 1832 durchgesetzt. Die Folge war eine Machtverschiebung von den spärlich bevölkerten ländlichen Gebieten hin zu den zuvor im Parlament unterrepräsentierten Industriegebieten. Langfristig wurde der Einfluß des Bürgertums gestärkt, doch die gesellschaftlichen Eliten blieben zunächst im Grunde dieselben. Eine politische Karriere wie diejenige des aus dem jüdischen Bürgertum stammenden Journalisten, Schriftstellers und Salonlöwen Benjamin Disraeli, der sich bereits in jungen Jahren geschworen hatte, Premierminister zu werden, wäre unter den alten Bedingungen allerdings kaum möglich gewesen. Nach den langen Jahren politischer Stagnation konnte man in England endlich wieder das Gefühl haben, daß Veränderungen und Reformen durchsetzbar und möglich waren.

Für Mary Shelley, die Disraeli am Beginn seines politischen Aufstiegs kennenlernen sollte und stets ein reges Interesse an der Politik gezeigt hatte, war es überaus schmerzlich, die spannenden Debatten und die erwachende Aufbruchstimmung nur indirekt miterleben zu können. In Harrow war sie mehr denn je von den gesellschaftlichen Kreisen ausgeschlossen, in denen sie gerade erst begonnen hatte, zaghaft Fuß zu fassen. Die Stille und die Einsamkeit überwand sie wie so oft in ihrem Leben durch rastlose und beständige Arbeit. Ihr neues Werk, der Roman *Lodore*, den sie 1831 zu schreiben begonnen hatte und im Januar 1833 vollenden sollte, ist gleichzeitig ein Zeugnis ihrer privaten Flucht in die Erinnerung und Phantasie als auch ihrer hellwachen Wahrnehmung der gesellschaftlichen Umbrüche, die mit der großen Reform von 1832 ihren Anfang nahmen und in der Literatur im Genre der »fashionable novel« oder »silver-fork novel« ihren Ausdruck fanden. Mary Shelley nutzte in *Lodore* Motive dieses zwischen 1830 und 1850 populären Genres, ohne ihre früheren Standpunkte aufzugeben.

Der Roman beginnt mit der Geschichte zweier gegensätzlicher Geschwister, der Kinder von Lord Lodore, einem Admiral der Royal Navy, der sich auf seinem Landsitz zur Ruhe gesetzt hat. Nach seinem Tod bleibt seine Tochter Elizabeth alleine und unverheiratet zurück, während sein Sohn Henry als neuer Lord Lodore durch Europa bummelt und ein wildes, ungebundenes Leben führt.

Jahre später finden wir Henry mit seiner Tochter Ethel in einer Siedlung inmitten der Wildnis von Illinois – wobei zunächst unklar bleibt, was ihm in den vergangenen Jahren widerfahren ist. Henry liebt seine Tochter über alles. Er erzieht und unterrichtet sie auf vorbildliche Art und Weise zu Freiheit und Selbständigkeit, ohne zu merken, wie sehr sie diese Erziehung von ihm selbst abhängig macht.

Eines Tages, Ethel ist gerade fünfzehn Jahre alt, erreicht der verarmte Maler Whitelock das abgelegene Dorf und versucht das Vertrauen von Henry und Ethel zu gewinnen. Um seine Tochter vor der Zudringlichkeit Whitelocks zu bewahren, beschließt Henry, nach England zurückzukehren.

Vater und Tochter reisen nach New York, und in einer langen Rückblende wird Henrys Geschichte erzählt, der Grund für seine Flucht nach Amerika offenbart: Nach seinen Reisen durch Europa kehrte Henry in seine Heimat zurück. In Wales traf er eine geradezu überirdisch schöne junge Dame, die er nach beharrlichem Drängen ihrer Mutter, Lady Santerre, schließlich heiratete. Bald stellte sich heraus, daß seine Frau Cornelia geistig vollkommen von ihrer Mutter abhängig ist und ihren selbstsüchtigen, oberflächlichen Charakter teilt. Henry mußte zusehen, wie seine Frau anderen, jüngeren Männern schöne Augen machte und wie sie ihre eigene kleine Tochter kalt und gleichgültig behandelte. Anläßlich einer Gesellschaft des russischen Botschafters traf Henry eine alte Bekannte seiner früheren Reisen, Gräfin Lyzinski und ihren Sohn Casimir. Als er beobachtete, wie Cornelia mit Casimir flirtete, ohrfeigte er den jungen Mann in aller Öffentlichkeit, weigerte sich aber, auf die unausweichliche Forderung zum Duell einzugehen. Er bat Cornelia, mit ihm ins Ausland zu fliehen, und als seine Frau sich weigerte, erklärte er ihr, daß Casimir sein unehelicher Sohn sei.

Um das Duell mit seinem leiblichen Sohn zu vermeiden, nahm er also die Schande und soziale Ächtung auf sich und floh aus seiner Heimat. Seine Tochter Ethel nahm er mit. Cornelia, die sich über seine Enthüllungen entsetzt zeigte, blieb in London zurück.

Als Henry und seine Tochter in New York ankommen, erreicht

sie die Nachricht vom Tod der Lady Santerre. Henry hofft nun, daß ohne den schlechten Einfluß der Schwiegermutter eine Versöhnung mit Cornelia möglich ist. Er wird zudem von einer englischen Familie gebeten, deren Gast, eine junge Dame in Ethels Alter, auf der Rückreise mitzunehmen. Überrascht stellt Henry fest, daß es sich um Fanny Derham, die Tochter eines alten Schulfreundes, handelt.

Ethel und Fanny schließen rasch Freundschaft, doch kurz vor ihrer gemeinsamen Abreise kommt es zu einem unglücklichen Zwischenfall. Henry trifft in einem Kaffeehaus einen Amerikaner namens Hatfield, der pausenlos über England und die Engländer herzieht. Als Beispiel für die Feigheit der Engländer nennt Hatfield einen Zwischenfall in London, dessen Zeuge er gewesen sei. Ein gewisser Lord Lodore hatte einen jungen Mann geohrfeigt und ihm die Satisfaktion verweigert – tatsächlich wäre er vor dem Duell geflohen ... Henry, der jahrelang insgeheim an seiner Schande gelitten hat, springt auf, gibt sich als Lord Lodore zu erkennen und fordert nun Hatfield zum Duell, um seine Ehre wiederherzustellen.

Henry stirbt bei dem Duell. Zuvor verabredet er mit seinem Sekundanten, einem zufällig anwesenden jungen Engländer namens Edward Villiers, daß dieser sich im Falle seines Todes um das Wohlergehen seiner Tochter kümmern solle.

Ethel und Fanny kehren nach England zurück, und Ethel soll vorübergehend bei ihrer Tante Elizabeth wohnen, die sich auch um die Umsetzung von Henrys Testament kümmert, welches allerdings veraltet ist und der neuen Situation nicht gerecht wird. Die Witwe Cornelia soll eine angemessene Rente erhalten, während die Tochter bis zu ihrer Volljährigkeit fast mittellos bleibt. Nachdem Ethel, vom Verlust ihres Vaters gezeichnet, immer trauriger und kränker wird, empfiehlt ihr Arzt einen Umzug nach London, wo sie Edward Villiers wiederbegegnet.

An dieser Stelle fügt die Autorin die Lebensgeschichte Edward Villiers ein: Wie sich herausstellt, kannte Villiers Lady Lodore seit Jahren. Sein Cousin Horatio Saville war ein heimlicher Geliebter von Ethels Mutter. Doch Saville wurde durch Cornelias Hochmut und ihr ausschweifendes Gesellschaftsleben gegen sie aufgebracht und floh in der irrigen Annahme, Cornelia würde nach dem Tod ihres Mannes einen wohlhabenden Verehrer ihm vorziehen, nach Neapel, wo er eher aus Rache als aus Liebe und gegen den Willen seiner Familie eine vornehme Dame namens Clorinda heiratete.

Cornelia, die ihr Leben lang unter den ehrgeizigen Intrigen ihrer Mutter und ihrer verlorenen Liebe zu Saville gelitten hat, bedauert mittlerweile ihren früheren Hochmut und die unterkühlte Beziehung zu ihrer Tochter, doch Elizabeth verhindert hartnäckig eine Begegnung der beiden, da diese in Henrys Testament ausgeschlossen wird. Villiers verliebt sich unterdessen in Ethel, die in ihm zunächst nur eine Art großen Bruder, einen Ersatz für den verlorenen Vater erblickt. Eine Ehe scheint zunächst undenkbar, da Villiers durch seine Unfähigkeit, mit Geld umzugehen, und durch die Spielsucht seines Vaters völlig verschuldet ist. Trotz aller Hindernisse heiraten die beiden schließlich doch und reisen nach Italien, wo sie Saville und Clorinda treffen. Bei ihrer Rückkehr wird schließlich offenbar, wie katastrophal Villiers' finanzielle Lage tatsächlich ist. Wie Mary und Shelley im Jahr 1815 leben Ethel und Villiers in ständiger Angst vor den Schuldeneintreibern und müssen häufig die Wohnung wechseln, um dem Schuldgefängnis zu entgehen. Dennoch wird Villiers schließlich verhaftet, und Ethel bleibt völlig mittellos in London zurück.

Fanny Derham eilt ihr zur Hilfe. Während Ethel freiwillig zu Villiers ins Gefängnis geht, versucht Fanny Cornelia für die Rettung ihrer Tochter zu gewinnen. Um Ethel und ihren Mann zu retten, müßte Cornelia ihre Rente und damit ihre allein auf ihren Geldmitteln basierende gesellschaftliche Position, die ihr immer so wichtig schien, aufgeben.

Cornelia überwindet schließlich ihren Stolz, sie rettet Ethel und Villiers und zieht sich in aller Stille in ein abgelegenes Dorf in Wales zurück. Ihr früherer Geliebter Saville kommt nach dem Tod seiner italienischen Frau mit einem kleinen Kind nach England. Gemeinsam mit seinem Cousin sucht er nach der verschwundenen Cornelia, und sie entdecken sie schließlich in ihrem walisischen Refugium. Am Ende werden Mutter und Tochter versöhnt, Saville und Cornelia finden endlich zusammen, und die Idylle gleicht jenen für Mary Shelleys Werk so typischen Familienverhältnissen, in denen Personen unabhängig von ihrer Herkunft und Verwandtschaft glücklich zusammenleben. Fannys weiteres Schicksal bleibt im dunklen, es wird jedoch angedeutet, daß sie ihr unabhängiges Leben fortsetzen und die Untiefen ihres Lebens durch ihre Güte, Nächstenliebe und Aufrichtigkeit überwinden wird.

Lodore variiert zahlreiche Themen und Motive aus Mary Shelleys früheren Werken und entfernt sich dennoch recht weit davon, indem sie die für sie typischen Motive in ihre Gegenwart und in die vornehme englische Gesellschaft verlegt. Der erste Teil des Romans wirkt wie eine überarbeitete Version der Vater-Tochter-Dramen in *Matilda* und *The Mourner*, geht aber zugleich einen Schritt weiter. Während in den früheren Texten die letztlich zerstörerische Liebe zwischen Tochter und Vater geschildert wird, präsentiert Mary Shelley in *Lodore* eine andere psychologisch glaubhafte Entwicklung: Der von seiner Ehe enttäuschte Henry versucht seine Tochter zu einem Abbild seiner persönlichen Ideale zu erziehen. Er hat die Absicht, Ethel zu einer »Vollkommenheit des weiblichen Charakters« zu erziehen und zu einer Verkörperung des Ideals all dessen, was bewunderns- und achtenswert an ihrem Geschlecht ist.[245] Ethels Erziehung ist gewissermaßen die alltägliche Version von Frankensteins Anmaßung, den perfekten Menschen zu erschaffen. Wie Frankensteins Experiment muß auch Lord Lodores an Rousseau geschulte Pädagogik scheitern – denn seine Tochter entwickelt sich zwar entsprechend seinen Vorstellungen, doch kann sie sich nicht von ihrem Vater lösen und eine eigene, freie Persönlichkeit entwickeln: »Sie hatte vor nichts Angst, außer vor seiner Mißbilligung.«[246] Sie ist, wie Mary Shelley schreibt, nichts weiter als eine Marionette ihres Vaters. Ironischerweise wird sie gerade durch diese im Sinne Godwins mißlungene Erziehung zur perfekten, hingebungsvollen Ehefrau.

Die fatale Abhängigkeit vom Vater führte in *The Mourner* nach dessen Tod zu Verzweiflung und Selbstmord der Tochterfigur. In *Lodore* wird die Tochterfigur, Ethel, durch eine neue Beziehung gerettet. Sie heiratet ihren Beschützer Villiers, der in ihrem Leben die Stelle ihres Vaters einnimmt, indem sie sich ausschließlich und selbstlos an ihm und seinen Bedürfnissen orientiert.

Mary Shelley präsentiert in der anderen wichtigen Tochterfigur des Romans, Fanny Derham, einen Gegenpol zu jener Verkörperung des traditionellen Frauenideals. Fannys Vater erzog seine Tochter nicht entsprechend gesellschaftlichen und männlichen Vorstellungen davon, wie eine Frau zu sein hat, sondern genauso, wie er einen Sohn erzogen hätte: »Ethel hatte sozusagen eine geschlechtliche Erziehung genossen. Lord Lodore hatte eine Idealvorstellung dessen, was eine Frau sein sollte, was er in einer Ehefrau finden wollte, und hatte seine Tochter entsprechend geformt. Mr. Derham hatte über die Pflichten und Ziele nachgedacht, die für eine unsterbliche Seele geziemend sind, und sein Kind so erzogen, daß es entsprechend handeln könnte. Der eine [Vater] hatte seine Tochter so geformt, daß sie als Ehefrau eines schwachen menschlichen Wesens bestehen könnte, er hatte sie erzogen, nachgiebig zu sein und es zu ihrer Pflicht zu machen, sich seinem Glück zu widmen und seinem Willen zu gehorchen. Der andere [Mr. Derham] hatte versucht, seine Tochter vor jeglicher Schwäche zu bewahren, sie zu einer vollständigen Person zu erziehen und sie Unabhängigkeit und Selbständigkeit zu lehren.«[247]

Der Gegensatz der selbstbestimmten und der fremdbestimmten Frau wurde schon in *Valperga* in den Frauenfiguren Beatrice und Euthanasia thematisiert. In *Lodore* wird der Kontrast verfeinert und auf Mary Shelleys gesellschaftliche Realität angewandt. Die Autorin spielt damit erneut auf das Werk und die Ideen ihrer Mutter, Mary Wollstonecraft, an. Gleichzeitig will sie sich – möglicherweise aus Rücksicht gegenüber ihren Lesern – anscheinend nicht vollständig von den rollen- und geschlechtsspezifischen Idealen ihrer Zeit verabschieden. Das Glück, das Ethel am Ende in ihrer Ehe findet, wird keineswegs als »falsches Glück« dargestellt, und für Fanny wird eine eher düstere Zukunft angedeutet.

Mary Shelley beschreibt in den Geschichten um Cornelia und Clorinda weitere Schicksale geschlechtsspezifisch und gesellschaftskonform erzogener Frauen: Cornelia wird von ihrer ehrgeizigen Mutter, Lady Santerre, erzogen, ihre eigenen fehlgeschlagenen Ambitionen zu erfüllen. Clorinda, die in ihrer Rolle als Ehefrau von Horace Saville vollkommen aufgeht, wird wahnsinnig und stirbt, als sie von seiner Liebe zu Cornelia erfährt. Anhand beider Figuren wird demonstriert, wie weibliche Identität durch sozialen Druck und bestimmte Erwartungshaltungen geformt wird. Nur eine Persönlichkeit, die sich nicht durch solche Erwartungen einschränken läßt, kann selbst über ihr Schicksal entscheiden. Der Preis dieser Selbstbestimmung ist allerdings die Ächtung durch jene, die sich den gesellschaftlich akzeptierten Rollenmustern freiwillig unterwerfen und das oberflächliche Spiel der »fashionable world« mitspielen.

Ebenso wie die Frauenfiguren des Romans – außer Fanny – sind die Männerfiguren – mit Ausnahme von Mr. Derham – im Grunde nicht frei und selbstbestimmt, sondern abhängig von gesellschaftlichen Konventionen und sozialem Druck. Auch sie sind gezwungen, jene Rollen zu spielen, die ihre Welt und ihre Zeit für sie vorgesehen hat. Am deutlichsten zeigt sich dies im Schicksal Lord Lodores. Er verweigert Casimir die Satisfaktion und verstößt so gegen den ungeschriebenen Ehrenkodex seiner Kultur. Das Duell mit Hatfield ist für ihn eine Gelegenheit, auf die er jahrelang gewartet hat – die Gelegenheit, seine Ehre wiederherzustellen und den Respekt seiner Gesellschaft zurückzugewinnen. Der Tod und die Versorgung seiner Familie erscheinen ihm demgegenüber als zweitrangig. Sein Verhalten wird vollkommen durch sozialen Druck bestimmt, ohne daß ihm dies bewußt wäre. Sein Versuch, sich den ungeschriebenen Gesetzen seiner Welt durch Flucht zu entziehen, muß scheitern, da er selbst fest an die Rechtmäßigkeit dieser Gesetze glaubt.

Lodores Schulfreund Derham ist ein Beispiel für jemanden, der sich dem sozialen Druck nicht beugt und den Preis dafür zu zahlen bereit ist: Er ist ein Außenseiter, der die Bedingungen und Regeln der Gesellschaft durchschaut, so daß er sein Leben unabhängig von jenen Zwängen gestalten kann. Obwohl Derham und Fanny die heimlichen Helden des Romans sind, geht Mary Shelley undogmatisch vor. Sie zeigt anhand ihrer Figuren die psychologischen Folgen gesellschaftlicher Zwänge, ohne diese Zwänge anders als durch ihre Beispiele zu verurteilen. Es handelt sich demnach nicht um einen propagandistischen Roman wie Godwins *Caleb Williams*, da es dem Leser überlassen bleibt, die eigenen Schlüsse zu ziehen.

Lodore ist aus naheliegenden Gründen oft als autobiographischer

Roman gelesen worden. Es gilt hier jedoch dasselbe wie für *Matilda* und *The Mourner*: Persönliche Erfahrungen sind in die Romanhandlung eingeflossen, einzelne Episoden reflektieren Erlebnisse der Autorin, Romanfiguren weisen bestimmte Eigenschaften realer Persönlichkeiten auf. So diente zum Beispiel Shelleys traumatische Schulzeit in Eton als Vorbild für Derhams entsprechende Erfahrungen. Die finanziellen Schwierigkeiten von Villiers und Ethel kannte Mary Shelley aus den ersten Jahren mit Percy B. Shelley. Die schöne und hysterische Italienerin Clorinda ähnelt in ihrer Beschreibung Emilia Viviani. Henrys wilde Jugend basiert lose auf Geschichten, die Mary Shelley von Byron und Trelawny kannte. Die Schauplätze des Romans kannte sie zum Teil von ihren eigenen Reisen. Über New York und das ländliche Amerika konnte sie einiges von ihrer Freundin Frances Wright erfahren, die an der utopischen Gemeinde Nashoba in Tennessee beteiligt war. Vielleicht war Frances sogar das direkte Vorbild für Fanny Derham. Dennoch ist der Roman als Ganzes reine Fiktion, der gleichzeitig eine bestimmte Tradition in Mary Shelleys Gesamtwerk fortsetzt: Das Autobiographische wird zum Ausgangspunkt einer psychologischen Versuchsanordnung, in welcher kleine Veränderungen zu ganz anderen Ergebnissen führen können. Diesmal ist das Ergebnis überraschend hoffnungsvoll, und die Verknüpfung der einzelnen Schicksale führt nicht in die Katastrophe, sondern zur Versöhnung und Läuterung.

    Das glückliche, für Mary Shelley eher untypische Ende des Romans war möglicherweise in der ursprünglichen Fassung etwas anders als in der endgültigen Version. Richard Bentley, der das Buch am 7. April 1835 publizierte, hatte die Veröffentlichung immer wieder hinausgezögert, bis endlich herauskam, daß er die letzten sechsunddreißig Seiten des Manuskripts verloren hatte. Die Autorin mußte die fehlenden Seiten aus dem Gedächtnis rekonstruieren, aber es ist nicht nachweisbar, daß die nur vage angedeuteten weiteren unerfreulichen Erlebnisse Fannys im Original genauer geschildert worden wären. Dies hätte auch nichts an der Tatsache geändert, daß in *Lodore* die resignative Haltung der früheren Romane weitgehend aufgegeben wird. Während in *Frankenstein*, *Valperga* und *The Last Man* die Ideale der Aufklärung an den gesellschaftlichen Realitäten, an der menschlichen Unvollkommenheit oder einfach an der Vorbestimmung scheitern müssen, zeigt *Lodore*, daß es möglich ist, all diese Zwänge und Hindernisse zu überwinden und das Schicksal in die eigene Hand zu nehmen, wenn man bereit ist, die Konsequenzen zu tragen.

Vielleicht führte der ungewohnte Optimismus dazu, daß *Lodore* weitaus erfolgreicher war als sein Vorgänger *Perkin Warbeck*. »Erfolg« bedeutete in den damaligen Verhältnissen ein paar Hundert verkaufte Exemplare. Genaue Zahlen sind nicht bekannt, Mary Shelley erwähnt in einem Brief an ihren Verleger sechs- bis siebenhundert Exemplare.[248]

Auch bei der Literaturkritik kam das Buch sehr gut an. Gelobt wurde vor allem die liebevolle Zeichnung der Figuren, die Darstellung des »wirklichen Lebens«, die charmante Verbindung von »Wahrhaftigkeit und Pathos« im Unterschied zur »Unglaubwürdigkeit« der früheren Romane.[249] In der literaturwissenschaftlichen Rezeption des 20. Jahrhunderts ist *Lodore* jedoch lange Zeit als rein kommerzielles Produkt geschmäht und nur wegen der autobiographischen Anspielungen erwähnt worden.[250]

Vieles – nicht zuletzt der beinahe inflationäre Gebrauch der Begriffe »fashion« und »fashionable« – spricht dafür, daß Mary Shelley tatsächlich in erster Linie an ihr Publikum dachte, als sie ihren Roman an populären Beispielen der »fashionable novel« orientierte. Doch sie überwand die Grenzen dieses Genres genauso, wie sie in ihren früheren Werken die Grenzen der »gothic novel« überwunden hatte.

Das Genre der »fashionable novel«, dessen trivialere Autoren anfangs eine haltlose Bewunderung für die Welt der Schönen und Reichen zum Ausdruck gebracht hatten, war bereits durch die frühen Romane von Bulwer und Disraeli weiterentwickelt worden, die zum Teil bei Mary Shelleys Verleger Colburn erschienen waren. In Werken wie *Vivian Grey* (1826) und *The Young Duke* (1831) von Disraeli sowie *Falkland* (1827), *Pelham* (1828) und *Godolphin* (1833) von Bulwer wurde die »fashionable world« der Dandys und Salonlöwen, der sozialen Aufsteiger, byronesken Lebemänner und spielsüchtigen Aristokraten, der vornehmen Damen, der großen Bälle, Opern, Theater, exklusiven Clubs, Pferderennen,

Gesellschaften, Heiratsintrigen, heimlichen Liebschaften und Pistolenduelle durch entlarvende, kritische und ironische Anklänge erweitert, die Jahre später mit William Makepeace Thackerays großem Roman *Vanity Fair* von 1847 zur Vollkommenheit geführt wurden.[251]

Autorinnen wie Catherine Gore, Lady Charlotte Bury und Lady Blessington schwelgten hingegen ungehemmt in den Klatschgeschichten, Skandalen und Skandälchen der englischen Oberschicht und versorgten ihre Leserinnen aus dem aufsteigenden Bürgertum mit dem notwendigen Insiderwissen über Sitten, Moden und Umgangsformen, welches nötig war, um in diesen Kreisen reüssieren zu können.[252]

Mary Shelley, die Bulwer und Disraeli persönlich kannte und ihre Romane schätzte, bezog sich ganz bewußt auf die »fashionable novel« bzw. den »Moderoman«, indem sie typische Figuren aus diesem Genre verwendete. Lady Lodore ist eine solche Figur, eine »lady of fashion«, die von Bewunderern umschwärmt wird, die in Salons und Opernhäusern zu Hause ist und deren ganze Existenz davon abhängt, in dieser oberflächlichen Welt akzeptiert zu werden. Genretypisch ist auch die Figur des Colonel Villiers, Edwards verwitweter Vater, der die Nächte am Spieltisch und die Tage beim Pferderennen verbringt, der sein Geld verschleudert und durch eine neue Ehe an neue Geldquellen zu kommen hofft. Doch die Autorin läßt sich nicht dazu herab, die »men and women of fashion« zu idealisieren. Sie skizziert Gegenfiguren, die des sinnleeren Treibens der vornehmen Londoner Gesellschaft überdrüssig geworden sind, wie Lord Lodore, die davon ausgeschlossen sind, wie die alte Jungfer Elizabeth, oder die sich bewußt distanzieren, wie Mr. Derham. Die Liebesgeschichte zwischen Ethel und Villiers beginnt mit einer dem Genre entsprechenden Initiation der in der Wildnis aufgewachsenen Ethel in die »fashionable world« Londons. Ihr Glück können die Liebenden aber nur finden, indem sie die Regeln dieser Welt brechen. Die Idylle am Ende des Romans ist eine rein private Utopie, die unter den Bedingungen des Geld- und Modeadels nie zustande kommen könnte.

Als Porträt der englischen Klassengesellschaft bleibt Mary Shelleys Roman unvollkommen, denn es fehlt, ebenso wie in allen

»silver-fork novels«, eine wirkliche Gegenwelt der Arbeiter, Bettler, Straßenhändler, Gauner, der Armut und des Elends – eine Gegenwelt zur »fashionable world«, wie sie etwa in den beliebten Räuberromanen von William Ainsworth beschrieben wurde. Dies ist ihr jedoch kaum vorzuhalten, da die Verknüpfung beider Welten erst einige Jahre später in der viktorianischen Literatur, durch Autoren wie Charles Dickens, vollzogen wurde. Auch Benjamin Disraeli entwickelte sein Werk in diese Richtung: In seinem politischen Roman *Sybil* von 1845 schilderte er den Abgrund zwischen Arm und Reich und prägte den Begriff der »two nations« für die zutiefst gespaltene Klassengesellschaft.

Im Vergleich hierzu bleibt *Lodore* zu nahe an seinen formalen Vorbildern, was wohl dazu beigetragen hat, daß der Roman ebenso rasch vergessen wurde wie die meisten Titel dieses Genres. In einzelnen Aspekten, wie z. B. in der Diskussion um »geschlechtliche Erziehung«, erweist sich das Buch jedoch als überraschend modern. Diese Thematik wurde von der nächsten Generation englischsprachiger Autorinnen wie George Eliot, Elizabeth Gaskell und den Schwestern Brontë aufgegriffen und weiterentwickelt. *Lodore* kann also durchaus als »missing link« zwischen den Seelendramen der Romantik und den realistischen Gesellschaftspanoramen der viktorianischen Literatur bezeichnet werden.[253]

Im Labyrinth der Schuld: Falkner
1835–1837

EDWARD JOHN TRELAWNY
»*Eine Art halbarabischer Engländer.*«
Mary Shelley

Mary Shelley hatte die vornehme Welt der zunehmend an Macht und Einfluß verlierenden englischen Aristokratie und des unaufhaltsam aufsteigenden Geldadels, die sie in *Lodore* beschrieben hatte, nur gestreift. Sie hatte lernen müssen, daß ein beträchtlicher finanzieller Aufwand notwendig war, um sich in der »fashionable world« auch nur präsentieren zu können. Um in den exklusiven Kreisen Londons zu verkehren, mußte man – wie Disraeli es in seinem Roman *Vivian Grey* ausdrückte – »entweder einen Namen, Millionen oder Genie besitzen«.[254] Seine eigene Karriere zeigt jedoch, daß zwei weitere Aspekte ebenso wichtig waren – extravagantes Auftreten und hervorragende Beziehungen. Beides fehlte Mary Shelley. Sie liebte Gesellschaft, aber sie haßte es, sich zur Schau zu stellen oder die Aufmerksamkeit der Öffentlichkeit auf sich zu ziehen. Da sie nicht die Mittel hatte, selbst als Gastgeberin aufzutreten, blieb ihr Leben auf ihren relativ kleinen Bekanntenkreis beschränkt.

Ihre finanzielle Lage besserte sich ein wenig, als der Premierminister Charles Earl Grey ihrem Vater einen Ruheposten mit zugehörigem Wohnsitz gewährte. Dies befreite sie von den ständigen Sorgen um Godwins Auskommen und von der Notwendigkeit, ihn aus ihrem eigenen schmalen Geldbeutel unterstützen zu müssen. Der Posten war aber keineswegs sicher und wurde regelmäßig von Mitgliedern der liberalen Partei in Frage gestellt. Als ausgerechnet Mitglieder der konservativen Partei Godwin verteidigten, zweifelte Mary Shelley endgültig am angeblich untadeligen Charakter der Liberalen, mit deren Standpunkten sie bislang immer sympathisiert hatte.[255]

William Godwin konnte seinen Ruhestand nicht lange genießen. Nachdem der inzwischen achtzigjährige Philosoph wiederholt unter schweren Erkältungen gelitten hatte, starb er am 7. April 1836 und wurde entsprechend seinem letzten Willen neben seiner ersten Frau, Mary Wollstonecraft, im St. Pancras Churchyard beerdigt.

Während seiner langen Krankheit mußte Mary häufig per Postkutsche zwischen Harrow und London pendeln, obwohl sie selbst nicht bei bester Gesundheit war. Wenige Wochen vor dem Tod Godwins nahm sie Percy von der Schule und zog endgültig zurück nach London. Percy wurde von einem Tutor privat unterrichtet, und Mary Shelley konnte nun täglich am Krankenbett ihres Vaters wachen. Auf diese Weise unterstützte sie ihre Schwiegermutter, denn Godwin hatte eine panische Angst davor, mit der Dienerschaft allein gelassen zu werden. Im Fieberwahn glaubte er, man wolle ihn bestehlen oder gar ermorden. In seinen letzten Stunden waren Mrs. Godwin und Mary Shelley bei ihm.

William Godwins letzter Wunsch war, daß seine Tochter sich um seine nachgelassenen Schriften kümmern und veröffentlichen sollte, was sie für wertvoll hielt. Den Rest sollte sie verbrennen. Diese Aufgabe führte sie jedoch nie zu Ende, und auch die Biographie ihres Vaters, für die ihr Henry Colburn einen beträchtlichen Vorschuß zahlte, blieb unvollendet und erschöpfte sich in einer umfangreichen Sammlung von Notizen. Es ist nicht klar, was die Fertigstellung dieses Werkes verhinderte. Möglicherweise lag es am Umfang des Materials, an der Angst der Autorin, ihrem Vater nicht gerecht werden zu können, am Abstand, den sie inzwischen von den Ideen der Radikalen gewonnen hatte, oder auch an ihrem eigenen, zunehmend schlechten Gesundheitszustand. Sie litt offenbar unter einer Kreislaufschwäche, die sie mit Portwein und Chinarinde zu behandeln pflegte. Die Verzögerung der Biographie wurde von Godwins Freunden heftig kritisiert und war einer der Gründe, warum ihre Reputation in den Kreisen der politisch Radikalen Schaden nahm, die von ihr erwarteten, daß sie selbstlos das Werk ihrer Eltern fortsetzte.

Als Schriftstellerin hatte Mary Shelley mit *Lodore* einen Höhepunkt ihrer Karriere erreicht, die für sie persönlich wichtigere Arbeit war jedoch ihr umfangreicher Beitrag zu Reverend Dionysius Lardners bedeutender Buchreihe *The Cabinet of Biography*. Ihre ungeheure Belesenheit machte es ihr leicht, die biographischen Artikel zu verfassen. Zusätzlich korrespondierte sie eifrig mit

Professoren, Verlegern, Bibliothekaren und Büchersammlern, um an schwer zugängliche Materialien zu kommen. Die Arbeit war wahrscheinlich durch die Vermittlung von Thomas Moore zustande gekommen, der für Lardner eine Geschichte Irlands verfaßte.

Mary Shelley begann mit Kurzbiographien einflußreicher italienischer Künstler, Dichter und Wissenschaftler für den ersten Band von *Lives of the Most Eminent Literary and Scientific Men of Italy, Spain and Portugal*, der 1835 veröffentlicht wurde. Zwischen 1835 und 1837 setzte sie dieses Werk mit Biographien bedeutender spanischer Persönlichkeiten fort, die in Band zwei aufgenommen wurden. 1838 und 1839 erschienen zwei weitere Bände über die Dichter und Wissenschaftler Frankreichs, die ebenso wie ihre Vorgänger recht erfolgreich waren und unter anderem in einer Rezension von Edgar Allan Poe gepriesen wurden, der allerdings bezweifelte, daß Mary Shelley wirklich die Autorin war.[256]

Gegenüber dem Buchhändler Edward Moxon, der sie gebeten hatte, eine Edition der gesammelten Werke Percy B. Shelleys vorzubereiten, meinte sie, daß sie in dieser wissenschaftlichen Arbeit viel besser wäre als im Schreiben von Romanen und Erzählungen. Tatsächlich zeigen die Texte eine große Liebe zu Kunst und Literatur und ein Einfühlungsvermögen, das dem Leser weit mehr als nur biographische Informationen vermittelt. In den Artikeln zur italienischen Literatur spiegelt sich Mary Shelleys nie erloschene Sehnsucht nach Italien. Für die Beiträge über die Dichter Spaniens hatte sie ihre rudimentären Spanischkenntnisse aufgefrischt und erweitert, so daß sie in der Lage war, beispielhafte Übersetzungen beizufügen. Oft identifizierte sie sich mit den Schicksalen, die sie beschrieb, vor allem mit jenen Persönlichkeiten, die zu Lebzeiten unter der Ignoranz, dem Unverständnis und der Gleichgültigkeit ihrer Mitmenschen litten, wie Cervantes oder Machiavelli, der durch das Schreiben seiner unsterblichen Werke eine Lebenskrise aus bedrückender Einsamkeit und Isolation überwand.

Die Kurzbiographien für Lardner waren also keineswegs beiläufige Produktionen Mary Shelleys. Sie nahm diese Arbeit sehr ernst, und die Ergebnisse zeigen ihr großes Talent auf diesem Gebiet. Der Erfolg von *Lodore* führte jedoch dazu, daß Mary Shelleys Verleger

Bentley sie um einen weiteren Roman im selben Stil bat. *Falkner*, das Buch, das sie aufgrund dieser Anfrage schrieb, sollte nach langen Verhandlungen bei Saunders und Otley erscheinen, da Bentley sich prinzipiell weigerte, Vorschüsse zu zahlen, und Mary Shelley das Geld dringend benötigte. In einem Tagebucheintrag schilderte sie ihre damalige Situation:

»Ich schreibe nun einen Roman, ›Falkner‹ – ich denke, es wird mein bester[.]

Andere – wie mein Vater – schreiben ganz ungerührt – nur die Vorstellungskraft ist am Werk – durch das Heraufbeschwören fiktiver Leiden wird ihnen ein wenig warm ums Herz – doch tief im Inneren bleiben sie ruhig –

Aber ich! Oh mein Gott – welch ein Schicksal muß ich erdulden – geprägt von Tragödien & Tod – verfolgt von Enttäuschung & unaussprechlichem Elend – Schlag um Schlag – mein Herz stirbt in mir – Ich sage – ›wenn ich nur sterben könnte‹ – das ist gottlos – doch das Leben ist ein Kampf & eine Bürde, die ich nicht tragen kann. Meine Gesundheit ist unwiderruflich zerstört – meine Hoffnungen gänzlich am Boden – Tag für Tag – & wenn ich Freude erlebe, dann ist sie so verworren & dazu noch so eng mit dem Elend verbunden – daß ich sie nur verspüre, um zu wissen, daß sie vorbei ist.«[257]

Es mag verwunderlich scheinen, daß von Mary Shelleys Depressionen, die sie unweigerlich und immer wieder heimsuchten, in *Falkner* kaum etwas zu spüren ist. Das Schreiben bedeutete für sie nicht zuletzt eine Fluchtmöglichkeit – nicht nur vor einer bedrückenden Gegenwart, sondern auch vor ihrer Vergangenheit, die sie in ihren Romanen und Erzählungen nie einfach nacherzählte, sondern neu ordnete und in alternativen Varianten durchspielte – vielleicht um zu anderen, besseren Ergebnissen zu kommen, vielleicht auch, um ihrer Neigung zur unablässigen Selbstanalyse nachzugeben.

Wie sein Vorgänger, *Lodore*, variiert der neue Roman Figurenkonstellationen und Motive, die auch im Leben der Autorin eine wichtige Rolle spielten. Wie in *Lodore* ist auch in *Falkner* die Erzählstruktur nicht chronologisch und linear, sondern wird aus Erinnerungen und Bekenntnissen der Romanfiguren zu einem

Labyrinth zusammengefügt, in welchem die Wahrheit – wie in einem Kriminalroman – nur Stück für Stück enthüllt wird.

Die ersten Kapitel des Romans enthalten eine Anspielung auf Mary Shelleys Kindheit und ein Motiv, daß in vielen ihrer Texte wiederkehrt: Das Kind aus vornehmem Hause, das unter ärmlichen Umständen aufwachsen muß. Eine ähnliche Situation hatte sie bereits in der Neufassung von *Frankenstein*, in *The Last Man*, *Perkin Warbeck* und in *Maurice* beschrieben. Die Geschichte beginnt in einem Dorf an der Küste von Cornwall. Ein kleines Mädchen, Elizabeth Raby, besucht täglich den Friedhof und verbringt ihre Zeit am Grab ihrer Mutter. Elizabeth ist eine Waise. Ihre Eltern waren auf der Durchreise, als der Vater an Schwindsucht starb. Die Mutter überlebte ihren Mann nur um wenige Wochen und hinterließ keinerlei Anweisungen bezüglich ihrer Tochter oder Adressen nächster Verwandter. Ihre einzige Hinterlassenschaft ist ein angefangener Brief an eine gewisse Alithea. Elizabeth wird von einer armen Bauernfamilie aufgenommen, die selbst kaum genug zum Leben hat und das Kind nur aus Hoffnung auf eine spätere Belohnung behält.

Eines Tages kommt ein Fremder ins Dorf. Er führt geladene Pistolen mit sich und wandert ziellos umher, bis er zufällig den Friedhof erreicht. Am Grab von Elizabeths Mutter setzt er die Waffe an die Schläfe, um sich zu erschießen, doch das Kind, das sich wie jeden Tag am Friedhof aufhält, fällt ihm in den Arm. Jener Mann, Rupert Falkner, sieht darin einen Wink des Schicksals und betrachtet es von nun an als seine Aufgabe, sich um die Waise zu kümmern. Er ist ein Mann, der offenbar eine entsetzliche Schuld auf sich geladen hat und so sehr darunter leidet, daß ihm sein eigenes Leben als unerträgliche Last erscheint. In Elizabeth sieht er zunächst die gottgewollte Möglichkeit, seine unausgesprochene Schuld zu sühnen.

In dem Brief, den Elizabeths Mutter hinterlassen hat, liest Rupert den Namen Alithea – einen Namen, den er nur allzu gut kennt –, doch weitere Erkundigungen führen zu nichts. Die Verwandten des Mädchens lassen sich nicht aufspüren, also beschließt Falkner, Elizabeth zu adoptieren und sein restliches Leben ihrem Glück zu widmen. Sie ziehen nach London, bis Falkner in den

Straßen ein bekanntes Gesicht erblickt. Er ist zutiefst verstört und sieht sich gezwungen, England zu verlassen. Gemeinsam mit Elizabeth reist er von nun an kreuz und quer durch Europa. Er unterrichtet das Mädchen selbst und bleibt, aus Angst, erkannt zu werden, nie lange am selben Ort.

In Baden-Baden trifft Elizabeth Gerard Neville, einen Knaben in ihrem Alter, der in jungen Jahren seine Mutter auf merkwürdige Art verloren hat. Sie ist vor seinen Augen in eine Kutsche gezerrt und entführt worden, ohne daß er je wieder etwas von ihr oder ihrem Schicksal gehört hätte. Er ist von dem Gedanken besessen, das Verschwinden seiner Mutter aufzuklären.

Als Falkner feststellt, daß Neville der Sohn von Sir Boyvill ist, vor dessen Anblick er aus London geflohen war, drängt er Elizabeth, Baden-Baden sofort zu verlassen. Erneut ist er entschlossen, den Tod zu suchen. Er will sich dem griechischen Freiheitskampf anschließen, um ehrenhaft im Kampf zu fallen. Elizabeth versucht es ihm auszureden, doch vergeblich. Schließlich begleitet sie ihn nach Griechenland. Nach zahlreichen Kämpfen wird Falkner schwer verwundet. Elizabeth sorgt für ihn und überredet ihn, heimzukehren. Auf dem Dampfer nach England treffen sie auf eine Reisegruppe, eine Lady Cecil, die mit einer Schar von Verwandten, Freunden, Kindern, Dienern und Gouvernanten die Sehenswürdigkeiten der Levante erkundet. Unter ihnen befindet sich auch Neville, inzwischen ein junger Mann, der sich in Elizabeth verliebt und gemeinsam mit ihr den verwundeten Falkner pflegt. Lady Cecil erzählt Elizabeth die Geschichte von Neville und seiner jahrelangen Suche nach seiner verschollenen Mutter.

Als Falkner erfährt, wer ihn wochenlang so hingebungsvoll gepflegt hat, ist er zutiefst verstört, denn er weiß, daß er am Verschwinden von Nevilles Mutter Schuld trägt. Käme die Wahrheit ans Licht, würde dies jede Beziehung zwischen Neville und Elizabeth zunichte machen. Falkner versucht also, die Familie Elizabeths zu finden, so daß sie als Elizabeth Raby nicht mehr unter der Schande seines Namens zu leiden hat. Es stellt sich jedoch heraus, daß die Rabys nichts von Elizabeth wissen wollen, da sie ihren Anspruch auf das Familienvermögen fürchten. Ihr Großvater erweist sich als verstockter Katholik, der seinen Sohn aufgrund einer nicht standesgemäßen Heirat verstieß. Zudem erzählt Falkner seine eigene Lebensgeschichte in einem Manuskript, das er Elizabeth und Neville zu lesen gibt, in der Hoffnung, daß dieser ihn zum Duell fordert, was ihm einen ehrenhaften Tod ermöglichen würde.

Aus dem Manuskript wird klar, daß Falkner in seiner Jugend Nevilles Mutter Alithea bis zum Wahnsinn liebte, deren Vater aber nicht mit einer Ehe einverstanden war. Falkner begann eine militärische Laufbahn und wurde nach Indien versetzt, wo er zehn Jahre in der Hoffnung verbrachte, Alithea würde auf ihn warten. Ihr Vater fing jedoch sämtliche Briefe ab und sorgte dafür, daß seine Tochter den wohlhabenden Sir Boyvill heiratete. Zurück in England hoffte Falkner immer noch darauf, Alithea für sich zu gewinnen, die jedoch als Ehefrau und Mutter ein recht zufriedenes Leben führte. Ein Versuch, die Geliebte zu entführen, endete in Chaos und Unglück: Verwirrt und vom Wunsch getrieben, zu ihrem Sohn zurückzukehren, floh Alithea vor Falkner, geriet auf ihrer Flucht in ein Unwetter, wurde bei der Überquerung eines Flusses von einer Flutwelle mitgerissen und ertrank. Falkner und sein Gehilfe entdeckten ihre Leiche nach langem Suchen am Meeresufer und begruben sie im Sand.

Nevilles Vater, Sir Boyvill, der die besessene Suche seines Sohnes nach der Wahrheit über Alithea nie gutgeheißen hatte, da er um seinen eigenen Ruf fürchtete, liest Falkners Manuskript und will es sofort als Beweisstück nutzen, um den Geliebten seiner Frau des Mordes zu überführen.

Gerard Neville, der von der Ehrenhaftigkeit und Unschuld Falkners überzeugt ist und Elizabeth liebt, stellt sich gegen seinen Vater und versucht Falkner zu retten. Er nimmt allerlei Mühen auf sich, um Falkners Helfer und einzigen Zeugen der Entführung zu finden und ihn zu einer Aussage vor Gericht zu bewegen. In der Gerichtsverhandlung nimmt Falkner alle Verantwortung auf sich und bittet geradezu um eine Verurteilung. Seine eigene Offenheit und die Aussagen Nevilles sorgen jedoch für einen Freispruch.

Durch den Einfluß der gütigen Lady Cecil, Nevilles Tante, werden die Rabys mit Elizabeth versöhnt. Es stellt sich heraus, daß ihre Mutter ein Dienstmädchen Alitheas war, welche ihre Beziehung zu

Edwin Raby gefördert und unterstützt hatte. Das Buch endet, wie *Lodore*, mit einer Familienidylle. Elizabeth und Neville heiraten. Falkner wird alt und weise inmitten seiner Bücher und umgeben von der stetig wachsenden Kinderschar seiner glücklichen Adoptivtochter.

Falkner erscheint zu Beginn wie eine Neufassung von *Lodore*. Im Mittelpunkt steht erneut die Beziehung zwischen Vater und Tochter und eine rätselhafte Vergangenheit, die dem Vater keine Ruhe läßt, nur daß in diesem Fall Rupert Falkner nicht der leibliche Vater ist. Die Erziehung der Tochter wird auch diesmal gänzlich vom Vater bzw. Adoptivvater übernommen, allerdings wird an dieser Stelle nicht wie in dem früheren Roman das Problem der geschlechtsspezifischen Erziehung aufgegriffen. Anders als Lord Lodore erzieht Falkner Elizabeth nicht gemäß seinen eigenen Idealen, als Ersatz für eine vorherige Enttäuschung, sondern gemäß allgemeingültigen, klassischen Idealen. Ihre Erziehung wird mit der Vollendung einer Marmorstatue verglichen. Den letzten »Schliff« erhält sie durch eine exzentrische Gouvernante, Miss Jervis, deren Charakter und Schicksal an Claire Clairmont erinnern. Falkner befürchtet, daß Elizabeths Talente und Qualitäten »unter den Weltlichen und Gefühllosen« zerstört werden würden.[258] Er übernimmt die Verantwortung für sie, um zu ihrem Glück und ihrer Tugendhaftigkeit beizutragen und auf diese Weise seine vergangene Schuld zu tilgen. Das Ergebnis soll vollkommen sein, und im Unterschied zu *Frankenstein* und *Lodore* ist es das auch: Elizabeth wächst zu einem idealen, engelhaften Wesen heran, das nicht wie Ethel aus dem vorherigen Roman lediglich männliche oder gesellschaftliche Ideale verkörpert.

Damit entfernte sich Mary Shelley sehr weit von den Konzepten der »fashionable novel«, die für *Lodore* noch bedeutsam gewesen waren: hier soll die Tochterfigur nicht in die vornehme Gesellschaft initiiert und integriert werden, sie soll vor konventionellen Maßstäben und Einstellungen bewahrt und gerettet werden, nach denen Ambitionen, Macht und Geld mehr zählen als Wahrheit, Aufrichtigkeit, Liebe, Treue und Ehre. In Mary Shelleys Romanwelt kann nur eine Erziehung außerhalb der Einflüsse der Gesellschaft, eine Erziehung, die ihrer eigenen gleicht, zu einem perfekten Ergebnis führen.

Die Titelfigur, Rupert Falkner, steht vollkommen im Gegensatz zu den typischen Helden der Moderomane. Er ist eine neuere Variante der byronesken Figuren der Romantik, die vor ihrer eigenen dunklen Vergangenheit fliehen und fern ihrer Heimat ein Leben als Paria führen müssen. Im Unterschied zu Lord Lodore scheint eine Rückkehr in die Gesellschaft völlig ausgeschlossen und eigentlich auch nicht wünschenswert. In der Gestalt des Verfluchten und Ausgestoßenen verbirgt sich ein Schatten Lord Byrons in seinem selbstgewählten Exil und dessen einflußreiche Figur, der von Weltschmerz geplagte Pilger Childe Harold aus der gleichnamigen Verserzählung. Falkners unmittelbares Vorbild war jedoch der Abenteurer Trelawny. In den Bekenntnissen, die Falkner seiner Tochter hinterläßt, werden Ereignisse aus Trelawnys autobiographischem Roman *Adventures of a Younger Son* aufgegriffen: die Mißhandlungen durch den Vater, die daraus resultierende rebellische Natur des Sohnes, die problematische Schulzeit und der Militärdienst als Rettung vor einer drohenden Verrohung und Verelendung. Die kurz skizzierte Dienstzeit in Indien könnte auch auf den Berichten Medwins und Williams' basieren. Trelawny selbst prahlte mit einer Desertion und einer phantastischen Piratenkarriere, die in *Falkner* keine Entsprechung finden. Seine Kämpfe und seine tatsächliche Verwundung im Kampf gegen die türkischen Besatzer Griechenlands wurden hingegen in die Romanhandlung übernommen. Einige Passagen aus Falkners Erinnerungen an seine Schulzeit sind zudem den entsprechenden Darstellungen aus *The Mourner* und *Lodore* entnommen, die wiederum an Percy B. Shelleys Zeit in Eton erinnern.

Die neben Falkner und Elizabeth dritte Hauptfigur des Romans, Gerard Neville, steht – anders als etwa Villiers in *Lodore*, der deutliche Züge eines Dandys trägt – ebenfalls außerhalb der Gesellschaft. Seine Beziehung zu dem gefühllosen und stolzen Vater, Sir Boyvill, reflektiert ein wenig das problematische Verhältnis zwischen Shelley und Sir Timothy und zeigt zugleich, wo die gesellschaftlichen Prioritäten liegen. Diese Prioritäten liegen nicht in der Aufdeckung der Wahrheit, der Auffindung der verschwundenen Ehefrau und in ihrer Rehabilitation, sondern allein in der Aufrechterhaltung des Anscheins von Anstand, wobei die Schuld dem eigentlichen Opfer zugeschrieben wird. Nevilles besessene Suche nach der verschollenen Mutter verstößt gegen diese weithin akzeptierte Konvention und macht ihn konsequent zum Einzelgänger und Ausgestoßenen. Nevilles Besessenheit erinnert ein wenig an den ödipal motivierten Rachefeldzug von Shelleys Schurken Zastrozzi aus dessen gleichnamiger melodramatischer »gothic novel«. Sein impulsives Verhalten und sein geradezu wahnsinniger Eifer bringen Neville in die Nähe der von dunklen Leidenschaften getriebenen Figuren der Schauerromane, doch seine rationale und hartnäckige Recherche machen ihn auch zu einem Vorläufer der frühen Detektive in den »sensational novels«, den Spannungs- und Kriminalromanen der viktorianischen Ära, von Autoren wie Wilkie Collins und Sheridan Le Fanu.

Das primäre Interesse der Autorin liegt aber nicht in der Auflösung der rätselhaften Entführung, sondern in Nevilles bedingungsloser Treue und seinem unerschütterlichen Glauben an die Ehrenhaftigkeit und Unschuld der Mutter, deren Verschwinden von Sir Boyvill stets als Ehebruch gedeutet wurde, um seinen eigenen Ruf tadellos zu halten. Nevilles missionarischer Eifer, der auf seine Freunde und Verwandten befremdlich wirkt, macht ihn zu einem überaus einsamen Menschen. »Gibt es auf der ganzen weiten Welt jemanden, der mich in meinem Glauben und meinen Bemühungen unterstützen würde?«[259] fragt er Lady Cecil und meint damit Elizabeth, in deren inniger Beziehung zu Falkner er ein Spiegelbild seiner Mutterliebe zu erkennen glaubt. Es ist ein Nachhall der in *Frankenstein* und in Percy B. Shelleys Werk thematisierten Suche nach dem gleichwertigen Partner. Elizabeth und Neville scheinen von Anfang an füreinander bestimmt. Getrennt werden sie paradoxerweise gerade durch ihre ebenbürtige Tugendhaftigkeit, denn Elizabeth hält unbeirrlich zu ihrem Ziehvater, auch nachdem sie um seine Schuld weiß und obwohl ihr am Ende die Aufnahme durch die Familie ihres leiblichen Vaters angeboten wird. Der Höhepunkt des Romans beschreibt nicht die Aufklärung des Kriminalfalles, sondern Nevilles Dilemma, den so lange gesuchten Feind gefunden zu haben, nur um zu erkennen, daß er ihn retten muß, um Elizabeth nicht zu verlieren.

Mary Shelley läßt die Verwicklungen in der für sie typischen

Familienidylle münden, in der weder die Vergangenheit noch die gesellschaftlichen Konventionen, Klassenschranken und Vorurteile zählen. Für ihre glückliche Patchwork-Familie entwirft sie jedoch auch ein Gegenmodell, die katholische Großfamilie Raby, die geradezu eine Karikatur »geordneter«, gesellschaftlich anerkannter Familienverhältnisse darstellt. Die Autorin meidet Ausführungen zur Isolation und Diskriminierung der englischen Katholiken, deren formale Gleichberechtigung erst 1829 vom Parlament beschlossen worden war. Sie skizziert die Familie Raby als geschlossene, geradezu inzestuöse Gesellschaft, die unter der Herrschaft ihres Patriarchen Oswi jegliche Kontakte zu Personen anderer Gesellschaftsschichten ablehnt und bestrebt ist, ihren auf verknöcherten Idealen basierenden Ruf um jeden Preis aufrechtzuerhalten: »Oswi Raby wirkte verschrumpelt, weniger durch sein Alter als vielmehr durch seine Engstirnigkeit. [...] Im Gegensatz zu diesem blassen Schatten eines Mannes war da ein Verstand, der fast die ganze Welt in sich selbst konzentriert sah. Er, Oswi Raby, er, Oberhaupt der ältesten Familie Englands, war die Nummer Eins unter allen Geschöpfen.«[260]

Raby bezeichnet den Tod seines eigenen Sohnes als Erleichterung, aufgrund der Schande, die er der Familie durch seine Verbindung mit einer Frau »niederer Herkunft« bereitet hat. Diese Karikatur eines eingebildeten Aristokraten richtet sich einerseits gegen die englische Klassengesellschaft im allgemeinen, andererseits speziell gegen Sir Timothy und seine Weigerung, seinem Sohn selbst nach dessen Tod zu vergeben.

In das versöhnliche Ende des Romans sind jedoch auch die Rabys mit eingeschlossen: Der Patriarch erscheint letztendlich als alter Trottel, der meint, alle Fäden in der Hand zu haben, während tatsächlich seine Frau die Entscheidungen trifft. Mary Shelley hatte keinen Grund, ihren eigenen Schwiegervater, den sie wegen seiner lästigen Langlebigkeit insgeheim »Old Eternity« nannte, in einem milderen Licht zu sehen. Gleichzeitig glaubte sie, daß seine Einstellung zum Großteil auf den Einfluß der Lady Shelley zurückzuführen sei. Tatsächlich hatte der unverbesserliche Sir Timothy gegenüber seinem neuen Anwalt, John Gregson, bemerkt, er hoffe, er würde sowohl seine Schwiegertochter als auch ihren Sohn überleben.[261]

Die Parallelen zwischen Oswi und dem alten Shelley liegen auf der Hand. Aber auch wenn man Oswi Raby nicht im biographischen Zusammenhang der Autorin deutet, bleibt er eine interessante Figur, die eher im Gedächtnis bleibt als die idealisierten Helden des Romans. In dieser Figur manifestiert sich eine Neigung zur spitzfedrigen Satire, die in früheren Werken nur selten aufblitzte.[262]

Die Figur des aristokratischen Patriarchen als lächerliches Relikt einer vergangenen Epoche verbindet Mary Shelleys letzten Roman mit Werken der viktorianischen Literatur, in denen die Ablösung des Adels durch neureiche Bürger zu einem häufig aufgegriffenen Thema wurde. Ein weiterer Aspekt, der in die Zukunft der englischen Literatur weist, ist in der Schilderung von Falkners Dienstzeit in Indien enthalten – die Beschreibung kolonialer Erfahrungen wurde im Goldenen Zeitalter des British Empire immer bedeutsamer.

Anders als in *Lodore* ist in *Falkner* auch vom Elend und von der Armut der englischen Landbevölkerung die Rede; eine wirkliche Sozialkritik ergibt sich daraus allerdings nicht. Die ärmliche Existenz der Bauernfamilie am Anfang des Romans erscheint wie ein Naturzustand, an dem Geschichte und politische Reform vorbeigehen. Auch die Beschreibung des Gefängnisses und der Gerichtsverhandlung enthält keine deutlich kritischen Ansätze. Die Distanz Mary Shelleys zu den propagandistischen Romanen ihrer Eltern, die schon in *Lodore* auffällig war, blieb erhalten, auch wenn der Name ihrer Hauptfigur an Falkland aus Godwins *Caleb Williams* erinnert. Gleiches gilt für den komplexen Aufbau des Romans, der sich ebenfalls an William Godwins Romanen orientiert, und für die zentrale Enthüllungsgeschichte, deren Ausgangspunkt nicht wie in den »gothic novels« übernatürlich ist oder zu sein scheint. Das Ersetzen des Spukphänomens durch ein alltäglicheres Rätsel, einen Entführungsfall, macht *Falkner* zu einem frühen Vorläufer moderner Kriminalliteratur.

Trotz dieser eher modernen Aspekte bleibt der Roman in der romantischen Tradition verwurzelt, indem er den Heroismus und Individualismus seiner Hauptfiguren ins Unermeßliche steigert und dunklere Leidenschaften in einer Läuterung münden läßt.

Vielleicht war dies zu weit entfernt von der Wahrnehmung und Lebensrealität des Jahres 1837, um zu einem durchschlagenden Erfolg beim Publikum zu führen. In den zeitgenössischen Rezensionen wurde der Autorin »Sympathie für Kriminelle«, maßlose Übertreibung und Unglaubwürdigkeit vorgeworfen.[263] Obwohl es auch viele wohlwollende Kritiken gab, bevorzugten die Leser humorvollere und realistischere Bücher wie *Sketches by Boz, Illustrative of Every-Day Life and Every-Day People* (1836-37) und *The Posthumous Papers of the Pickwick Club* (1837) von Charles Dickens, dessen Gesellschafts- und Entwicklungsromanen die Zukunft gehörte.

Falkner, das letzte zu Lebzeiten veröffentlichte fiktionale Werk der Autorin von *Frankenstein*, erschien am Ende eines Zeitalters und am Beginn einer neuen Epoche. Mary Shelley gratulierte Benjamin Disraeli, dem künftigen Premierminister, zu seiner Antrittsrede als Abgeordneter der konservativen Partei. König Wilhelm starb 1837, und Victoria wurde zur Königin von England gekrönt. Die neue Ära, die sich durch die Thronfolge ankündigte, sollte ihren Namen tragen und bis ins 20. Jahrhundert hinein die Kultur und den Geist Englands bestimmen.

Letzte Reisen: Deutschland und Italien
1838–1844

Mary Shelley 1840
»*Die Erinnerung reißt mich in Stücke.*«
Tagebuch, 12. Februar 1839

Im August des Jahres 1838 erhielt Mary Shelley von Sir Timothy die überraschende Erlaubnis, eine Werkausgabe Percy B. Shelleys zu edieren und zu veröffentlichen. John Gregson, dem Nachfolger von Sir Timothys Anwalt Whitton, war es gelungen, den dickköpfigen Alten davon zu überzeugen, daß die Gedichte seines rebellischen Sohnes keine Gefahr mehr bedeuteten, da sich die gesellschaftliche Moral inzwischen weiterentwickelt und gefestigt habe. Obwohl ihr weiterhin versagt blieb, die Biographie ihres Mannes zu schreiben, war Mary Shelley überglücklich, das wiederholte Angebot des Verlagsbuchhändlers Edward Moxon annehmen zu können und Shelleys Werke für eine vollständige Ausgabe zusammenzustellen, die schließlich vier Bände umfassen sollte. Hinzu kamen noch zwei Bände mit Essays, Briefen, Fragmenten und Übersetzungen des Dichters. Die Herausgeberin umging das Verbot, persönliche Erinnerungen an ihren Mann beizufügen, indem sie ausführliche Kommentare schrieb, in welchen sie die speziellen Umstände skizzierte, unter denen die jeweiligen Texte verfaßt worden waren.

Mary Shelleys Arbeit an den *Poetical Works of Percy Bysshe Shelley* erwies sich als überaus kompliziert, da von den veröffentlichten Arbeiten des Dichters nur sehr geringe Stückzahlen gedruckt worden waren. Sie mußte die Freunde und Verleger Shelleys anschreiben, um an die seltenen Exemplare heranzukommen. Noch schwieriger war der Umgang mit unveröffentlichtem Material, das zuweilen in unterschiedlichen Fassungen vorlag oder undatiert in beliebiger Reihenfolge in den verbliebenen Papieren und Notizbüchern auftauchte. Einige Gedichte mußten aus verschiedenen Fragmenten zusammengefügt und auf der Basis der eigenen Erinnerungen zugeordnet und datiert werden.

Percy Florence, dem die Herausgeberin die Bände als Erinnerung an seinen berühmten Vater widmete, studierte inzwischen am Trinity College in Cambridge, und der Vorschuß Moxons war großzügig genug, um sie vorübergehend von ihren Alltagssorgen zu befreien, doch die Editionsarbeit war eine so große physische und psychische Belastung für Mary Shelley, daß sie nach dem Abschluß dieses Projekts schwer erkrankte. Ihre Gesundheit war auch in den vorherigen Jahren nicht die beste gewesen, nun litt sie verstärkt unter »neuralgic rheumatism«, womit wohl starke Kopfschmerzen und Migräne gemeint waren – eine Krankheit, die sie in ihren letzten Lebensjahren immer wieder heimsuchte.

Ihr geschwächter Zustand besserte sich nicht, als Shelleys alte Freunde, Hogg, Hunt und Trelawny, sie nach der Veröffentlichung der *Poetical Works* teils persönlich in Briefen, teils öffentlich in ihren Rezensionen angriffen und regelrecht beschimpften. Ihr wurden einige unbedeutende Abweichungen von den Erstdrucken zum Vorwurf gemacht und Kürzungen, die zum Beispiel eine Widmung an Harriet Westbrook betrafen. Mary Shelley rechtfertigte sich, indem sie alle Veränderungen auf Percy B. Shelleys eigene Bemerkungen zurückführte.[264]

Vor allem Trelawny warf ihr vor, Shelleys politischen Auffassungen nicht gerecht zu werden und seine Radikalität in sozialen und religiösen Fragen insgeheim zu schmähen. Wie sich einige Monate nach der Publikation zeigte, waren Shelleys Gedichte jedoch immer noch radikal genug, um dem Verleger Edward Moxon eine Anklage wegen Blasphemie zu bescheren. Diese Anklage besserte Trelawnys Laune ungemein und führte dazu, daß er sich mit Mary aussöhnte und ihr sogar seine Hilfe anbot.

Mary Shelley hatte sich schon vor dem Erscheinen der umstrittenen *Poetical Work*s den Unmut der Freunde Shelleys und Godwins zugezogen, indem sie sich weigerte, öffentlich für politische Überzeugungen und Standpunkte jeglicher Art einzutreten. 1837 hatte sie es abgelehnt, eine Petition zur Ausdehnung des englischen Copyrights auf amerikanische Autoren zu unterschreiben. Ebensowenig mochte sie sich für die »gute Sache« der Chartistenbewegung einsetzen, die sich unter anderem für die Einführung eines allgemeinen Wahlrechts engagierte: »Ich bin so oft von vorgeblichen Freunden wegen meiner Halbherzigkeit bezüglich der

›guten Sache‹ geschmäht worden«, schrieb sie in ihr Tagebuch als Einleitung zu einer umfassenden Apologie. »Zunächst einmal habe ich keine festen Überzeugungen bezüglich der ›guten Sache‹ – dem Fortschritt von Freiheit & Wissen – den Frauenrechten, etc. Ich habe schon früher gesagt, daß Menschen hier sehr verschiedene Einstellungen haben – manche haben eine Passion dafür, die Welt zu verändern: andere hängen nicht an bestimmten Meinungen. Da meine Eltern & Shelley zur ersteren Sorte gehörten, respektiere ich diese – Ich respektiere solche Einstellungen, wenn sie an echte Selbstlosigkeit, Duldsamkeit & einen klaren Verstand geknüpft sind. Im Vergleich hierzu kommen mir meine Ankläger wie bloße Schwätzer vor. Ich selbst wünsche ernsthaft das Gute & die Aufklärung für meine Mitmenschen – & ich sehe gegenwärtig eine Tendenz in diese Richtung & bin glücklich darüber – aber ich bin gegen gewalttätige Extreme, die lediglich nachteilige Reaktionen hervorrufen. […]

Hätte ich über Dinge gelärmt & getobt, die ich nicht verstehe – hätte ich mir einen Satz Überzeugungen zugelegt & sie mit Begeisterung propagiert – wäre ich ohne Rücksicht vorgeprescht & hätte danach gestrebt, berüchtigt zu sein – dann hätte die Gruppe, der ich angehörte, sich um mich versammelt & ich wäre nicht allein geblieben.

Doch seit ich Shelley verlor, habe ich kein Interesse mehr, mich mit den Radikalen zu verbünden – ich empfinde nur Abscheu für sie. Gewalttätig, ohne jeden Sinn für Gerechtigkeit – selbstsüchtig bis zum Äußersten – Geschwätz ohne Wissen – grob, neidisch & unverschämt – ich will mit ihnen nichts zu tun haben.«[265]

Mary Shelleys Dilemma war, daß sie trotz ihrer offenen Distanz zu den Radikalen auch keine herzliche Aufnahme in bürgerlichen Kreisen erfuhr. Ihr Name war zu sehr mit der »satanischen Schule«, mit dem Anarchismus Godwins, dem Atheismus Shelleys und der »Amazone« Mary Wollstonecraft verbunden. Eine wichtige Persönlichkeit der Londoner Künstler- und Literatenzirkel schenkte ihr dennoch die verdiente Aufmerksamkeit und lud sie zu einem seiner prestigeträchtigen Frühstücke in sein Haus am St. James's Place 22 ein.

Das Frühstück bei Samuel Rogers, der aus einer Londoner Bankiersfamilie stammte, war seit Jahren eine Institution. Der wohlhabende Mäzen bedeutender Künstler und Schriftsteller war mit Persönlichkeiten wie Lord Byron und dem Maler Joseph Mallord William Turner befreundet und besaß eine der anspruchsvollsten Kunstsammlungen in London. Die Kunstwerke wurden im prachtvoll eingerichteten Frühstückszimmer ausgestellt. Seine eigenen literarischen Werke, die Gedichte und Reiseerinnerungen umfaßten, wurden von Turner illustriert. Wie glücklich Mary Shelley über seine wiederholten Einladungen war, zeigt sich darin, daß sie ihm ihr letztes Buch, ihre Reisebeschreibung *Rambles in Germany and Italy* (1844), widmete.

Über den einflußreichen Rogers, der vor Jahren auch Godwin und Percy B. Shelley unterstützt hatte, kam Mary Shelley in den Genuß weiterer Einladungen zu Gesellschaften, die ihr früher versperrt gewesen waren. Im Dezember 1838 lernte sie im Haus der Lady Sydney Morgan den amerikanischen Staatsmann Charles Sumner kennen. Sumner beschrieb sie später als nette, freundliche und überaus kluge Person, die meinte, das größte Glück einer Frau sei es, Mutter oder Ehefrau eines herausragenden Mannes zu sein. Als über das Verhalten amerikanischer Reisender in Europa gesprochen wurde, rief sie – vergessend, daß ihr Gesprächspartner selbst aus den USA stammte: »Gott sei Dank! Mit Amerikanern habe ich mich nie eingelassen.«[266]

Sumner nahm es mit Humor und Mary Shelley entschuldigte sich für ihren faux pas. Sie hatte so selten Gelegenheit, neue kultivierte und interessante Menschen zu treffen, und genoß die für ihren Geschmack viel zu seltenen Anlässe. Ihr Sohn, Percy Florence, teilte ihre Liebe zu Gesellschaften und Tea-parties keineswegs, worüber sie gelegentlich klagte. Sie warf ihm vor, sich zu selten »unter Leute« zu begeben und seine Freizeit lediglich mit zwei oder drei Studienfreunden zu verbringen. Aber letztendlich konnte sie ihm nichts wirklich übelnehmen. Seine Schüchternheit, seine schlichte Gutmütigkeit und sein Hang zur Nachlässigkeit erinnerten sie an ihren verstorbenen Mann, aber er hatte nichts vom Genie und der manischen Hingabe des Dichters, mit der dieser sich in seine künstlerischen und politischen Projekte gestürzt hatte.

Eine besondere Vorliebe, die der junge Percy mit seinem Vater teilte, bereitete Mary Shelley einiges Kopfzerbrechen: Er liebte das Wasser und sehnte sich danach, ein eigenes Boot zu besitzen. Als im Dezember 1839 die letzten Bände der Werkausgabe mit den Essays und Briefen Percy B. Shelleys endlich erschienen waren und Mary Shelley keine weiteren Verpflichtungen hatte, schlug er vor, den nächsten Sommer in Italien zu verbringen und auf dem Comer See Segelausflüge zu unternehmen. Trotz der erschreckenden Assoziationen, die sie beim Gedanken an Segelboote überfielen, liebte sie den Gedanken, Italien wiederzusehen. Zudem hielt sie es für nicht unwahrscheinlich, daß das Reisen und die Luftveränderung ihrer durch die anstrengende Editionsarbeit angeschlagenen Gesundheit zuträglich sein würde.

In den ersten Monaten des Jahres 1840 erholte sie sich zunächst in Richmond, Brighton und Hastings. Im Juni traf sie ihren Sohn und seine beiden Freunde aus Cambridge, Julian Robinson – ein Sproß der Robinson-Familie aus Paddington – und George Hibbert Deffel in Dover. Sie mußten allerdings das Ende eines heftigen Sturms abwarten, bevor ihr Postschiff nach Calais auslaufen konnte.

Vergnügungsreisen auf dem Kontinent waren inzwischen nichts Ungewöhnliches mehr. Mary Shelleys frühere Reisen, kurz nach dem Ende der Napoleonischen Kriege, hatten noch etwas Abenteuerliches und Verwegenes an sich gehabt, doch mittlerweile war das europäische Festland nicht nur der Fluchtpunkt der Radikalen, Exilanten, Künstler und Intellektuellen oder der jungen englischen Aristokraten, die ihre Grand Tour absolvierten. In den vergangenen Jahren hatte das Zeitalter des Tourismus seinen Anfang genommen. 1836 hatte John Murray III., der Sohn des Verlegers der Werke Byrons, sein *Hand-Book for Travellers on the Continent* herausgebracht, das seither zahlreiche Nachauflagen erlebte und Scharen begüterter Briten zu den Sehenswürdigkeiten und Kunstschätzen Europas führte. In Deutschland hatten Karl Baedekers Reiseführer zur selben Zeit ungefähr dieselbe Wirkung.

Auch Mary Shelley hatte Murrays *Hand-Book* im Gepäck und machte sich Notizen über unzutreffende Einträge, die sie später in ihrem eigenen Reisebuch erwähnte. Sie reiste durchaus komfortabel, in Begleitung eines Dienstmädchens. Eine Woche verbrachte sie in Paris, wo sie sich über den Dreck auf den Straßen beklagte, dann reiste sie in einer Mietkutsche weiter zur deutsch-französischen Grenze, durch Gegenden, die sie einst zu Fuß durchquert hatte. Die Bauerndörfer auf der deutschen Seite erschienen ihr im Vergleich zu den französischen heruntergekommen und elend. Über Metz, Trier, Bernkastel und Koblenz ging es weiter nach Mainz. Wie Jahre zuvor bewunderte Mary Shelley die fruchtbaren Weinberge, die Flußtäler von Mosel und Rhein.

In Mainz nahmen Mary Shelley und ihre jugendlichen Begleiter den Zug nach Frankfurt. Sie schätzte diese bequeme Art der Fortbewegung, doch die rasante Entwicklung des europäischen Eisenbahnnetzes stand erst ganz am Anfang. Nur wenige Jahre später hätte sie fast ihre ganze Reise – mit Ausnahme der Überquerung der Alpen – per Bahn unternehmen können.

In Frankfurt wurde für die Weiterreise erneut eine Kutsche gemietet, die sie nach Schaffhausen bringen sollte. In Darmstadt gerieten die Reisenden in die Feierlichkeiten anläßlich des Besuches des Großherzogs und ärgerten sich über die mangelnde Aufmerksamkeit, die man ihnen im Gasthof entgegenbrachte. In Heidelberg wurde die Schloßruine besichtigt. Die Landschaft ringsum war unbebaut, wofür Mary Shelley in ihren Erinnerungen die Bestrebungen der Prinzessin Elisabeth von der Pfalz, ihren Landbesitz stetig zu vergrößern, verantwortlich machte. Die Universität inspirierte sie zu einer neuen Erzählung, die jedoch unvollendet blieb. Das Fragment endet mit der Ankunft eines jungen, arroganten Taugenichts in Heidelberg, wo er sein Studium absolvieren will.[267]

Die nächste Station ihrer Reise war Baden-Baden, einer der Schauplätze ihres letzten Romans *Falkner*. Mary Shelley beobachtete die vornehme Gesellschaft im Spielkasino, ohne selbst etwas aus ihrem schmalen Budget zu riskieren. Plötzlich überfiel sie eine schreckliche Angst vor der Weiterreise: Sie dachte an den Plan ihres Sohnes, ein Boot zu kaufen, und an die Stürme und zahlreichen Bootsunglücke, für die der Comer See berüchtigt war.[268] Ihre Gefährten beruhigten sie und überredeten sie schließlich, die Reise über Offenburg, Freiburg, Schaffhausen und Zürich fortzusetzen.

Nach der ungeheuren Überwindung, die sie der Entschluß gekostet hatte, Baden-Baden zu verlassen, änderte sich ihre Stimmung, als sie die Grenze zum immer noch geteilten Italien überquerte: »Kann es denn wirklich wahr sein, daß ich erneut in Italien bin? Wie viele Jahre sind vergangen, seit ich dieses Land verließ! Dort ließ ich die sterblichen Überreste jener Geliebten, meines Mannes und meiner Kinder zurück, deren Verlust mein ganzes Leben veränderte. [...] Seither öffneten sich Gräber auf meinem Weg; und anstatt mich den Freuden des Lebens zu widmen, hauste ich zwischen den frühen Grabsteinen jener, die ich liebte. Nun ist eine neue Generation herangewachsen; und beim Klang des Namens Italien werde ich wieder jung durch ihre Freuden und bin glücklich, an ihnen teilhaben zu dürfen.«[269]

Am Comer See angelangt, mieteten sie eine geräumige Wohnung mit fünf Zimmern und einem Salon, von wo aus die munteren Reisenden zahlreiche Ausflüge in die Umgebung unternahmen. Mary Shelley hatte ihren Stickrahmen und ihre Bücher mitgebracht und war zufrieden, bis die Ankunft des von Percy bestellten Segelbootes am 21. Juli ihre alten Befürchtungen erneut aufleben ließ. Ihr erschien das Boot viel zu klein, um sicher zu sein. Dennoch ließ sie sich dazu überreden einzusteigen und begann die Ausflüge auf dem See immer mehr zu genießen. Eines Tages wurde sie angesichts des hohen Wellengangs hysterisch und drängte ihren Sohn, das Pier der Villa Sommariva anzusteuern – das Gefährlichste, das sie in ihrer Lage hätten tun können, wie sie später erfuhr. Danach zwang sie sich, Wind und Wellen schweigend zu ertragen, und war durchaus erleichtert, als die Saison zu Ende war und das Boot Anfang September aufgegeben wurde.

Die Reisenden begaben sich nach Mailand, von wo aus Percy und seine beiden Freunde nach England zurückkehren mußten, um den Beginn des Trimesters in Cambridge nicht zu versäumen. Mary Shelley mußte in Mailand auf eine wichtige Geldanweisung warten, ohne die ihr die Mittel für die eigene Heimreise fehlten. Sie besuchte die Oper und Leonardo da Vincis *Letztes Abendmahl*, verbrachte dann aber mehrere Tage einsam in ihrem Hotelzimmer, während ein heftiges Unwetter Norditalien heimsuchte.

Erst einen Monat später, als sie wieder in Paris war, erfuhr sie von den Abenteuern der drei Studenten auf ihrer Rückreise in die Schweiz. Als ihre Postkutsche auf einem Floß einen See überquerte, kam ein Sturm auf, in dem sie beinahe gekentert und ertrunken wären. Dann hörten sie, daß das Unwetter die Paßstraße fortgeschwemmt hatte. In Begleitung eines Bergführers mußten die Postkutschenpassagiere ihren Weg zu Fuß fortsetzen, über einen schmalen, selten benutzen Bergpfad, der durch das anhaltend schlechte Wetter und den Sturm noch gefährlicher wurde. Percy und einige Mitreisende verloren den Anschluß zu ihrem Führer und verirrten sich. Im Schlamm verloren sie Schuhe und Strümpfe, erreichten dann mehr tot als lebendig einen Gasthof in Piota, wo die anderen Reisenden bereits auf sie warteten.[270]

Nichts von diesen Ereignissen ahnend, brach Mary Shelley, nachdem das Geld endlich eingetroffen war, Ende September auf, um über die Schweiz nach Paris zu reisen. Sie machte in Genf und Cologny Station, um noch einmal das Häuschen am See zu sehen, in dem sie gemeinsam mit Shelley einen glücklichen Sommer verbracht hatte. Maison Chapuis, das heute nicht mehr existiert, war ebenso unverändert wie die Anlegestelle, an der damals ihr Boot festgemacht war.

Persönliche und autobiographische Details sind selten in Mary Shelleys Reisebuch *Rambles in Germany and Italy*. Auch in der Beschreibung des Wiedersehens mit dem »geliebten See«, ihrer alten Unterkunft Maison Chapuis und Byrons Villa Diodati ist wenig enthalten, was dem Leser Aufschluß über das Leben und Empfinden der Autorin geben könnte. In wenigen Zeilen skizziert sie ein Gefühl der Unwirklichkeit angesichts des fast unveränderten Ortes und der Erinnerung an ihre tragischen Verluste, um sich kurz darauf ausführlich und streng den seit der bürgerlichen Revolution von 1830 zum Schlechten gewandelten französischen Sitten zu widmen.

Am 10. Oktober erreichte Mary Shelley Paris, wo sie bis zum Jahreswechsel blieb. Sie besuchte die Kunstsammlungen der Stadt – ihre Reise hatte ihr Interesse an der Kunstgeschichte neu entfacht – sie begab sich aber nur selten in Gesellschaft. Unter den Persönlichkeiten, die sie kennenlernte, waren der englische Legationssekretär Henry Bulwer, der französische Journalist Jean-Alexandre Buchon und der bedeutende Literaturkritiker Charles Augustin Sainte-Beuve, der noch am Anfang seiner Karriere stand. Die Werke Percy B. Shelleys dürfte er gekannt haben, da er in einer seiner Studien auf die Verwandtschaft zwischen den englischen Romantikern und der französischen Dichtung des 16. Jahrhunderts hingewiesen hatte.[271]

»Ich schätze seine Art«, schrieb Mary Shelley über Sainte-Beuve. »Bestimmte Franzosen wissen ausgezeichnet, wie man sich unterhält, und ich komme stets gut mit ihnen zurecht. Er sehnt sich wie alle seine Landsleute danach, Waterloo rückgängig zu machen. Sie werden nicht gerne daran erinnert, daß sie selbst an Waterloo schuld waren.«[272]

Im Dezember besuchte sie die pompöse Zeremonie zur Überführung der sterblichen Überreste Napoleons in den Invalidendom von Paris, die unter anderem auch von William Makepeace Thackeray beschrieben wurde. Thackeray veröffentlichte 1840 eine Sammlung seiner Reportagen aus Paris unter dem Titel *The Paris Sketch Book*. Darin finden sich Anekdoten, die der oben zitierten Bemerkung Mary Shelleys ähneln: Immer wieder kamen seine französischen Freunde darauf zu sprechen, was Napoleon noch alles geleistet hätte, wie er in London einmarschiert wäre, wie er Lord Nelsons Flotte versenkt hätte und dergleichen mehr.[273] Der nun schon Jahre zurückliegende Krieg Napoleons war ein beständiges Thema in der Konversation zwischen Engländern und Franzosen. Französische Theater, Hotels und Restaurants hatten London jedoch längst auf friedliche Art erobert, während englische Reisende ihre Lebensart nach Paris importierten. Im »Meurice« in der Rue de Rivoli wurde man von englischen Kellnern bedient und mußte sich nicht den Risiken der französischen Küche aussetzen. Bei Galignani's konnte man die englischen Zeitungen studieren und sich der Illusion hingeben, in einem Londoner Club zu sein.

Eher widerwillig kehrte Mary Shelley im Januar 1841 nach London zurück. Claire war seit einiger Zeit in der Stadt, um ihre schwer erkrankte Mutter zu pflegen. Die früher überaus resolute Mrs. Godwin war nach dem Tod ihres Mannes nicht mehr dieselbe: Sie grämte sich über die »Undankbarkeit« ihrer Kinder, die sie so selten besuchten und sich nicht um sie kümmerten. Der junge William war bereits 1832 der Choleraepidemie erlegen, die damals London heimsuchte, aber auch ihre Kinder aus erster Ehe, Charles und Claire, hatte sie zuletzt vor mehr als zehn Jahren gesehen. Charles hatte gegen ihren Willen eine Österreicherin geheiratet und lebte in Wien, wo er sich zunächst mehr schlecht als recht als Englischlehrer durchgeschlagen hatte. Später wurde er Professor für englische Literatur an der Universität Wien und unterrichtete den jungen Erzherzog Maximilian. Dieser entwickelte eine tiefe Zuneigung zu seinem Lehrer und lud ihn beinahe täglich zum Abendessen ein. Charles Clairmont machte den Erzherzog unter anderem auch mit den Gedichten von Percy B. Shelley vertraut, die vor den Augen der Zensurbehörde Metternichs wohl keine Gnade gefunden hätten.[274]

Mary Shelley hatte nie ein herzliches Verhältnis zu ihrer Stiefmutter entwickelt. Dennoch hatte sie einige Mühen auf sich genommen, um ihr nach dem Tod Godwins eine Rente aus dem *Royal Bounty Fund* zu vermitteln. Die Veröffentlichung von Godwins nachgelassenen Schriften, deren Erlös der Witwe hätte zugute kommen sollen, hatte sie freilich bewußt verzögert, da sie unter anderem befürchtete, die darin enthaltene Religionskritik würde der Karriere ihres Sohnes schaden. Der Tod Mary Jane Godwins am 17. Juni 1841 befreite sie von dieser Verpflichtung.

Percy Florence hatte im Februar sein Studium am Trinity College in Cambridge abgeschlossen. Sein Großvater, der alte Sir Timothy, zeigte sich überraschenderweise hocherfreut. Nach wiederholten Besuchen seines Enkels in seinem Landsitz Field Place hatte er den unprätentiösen jungen Mann, der sich eher für technischen Fortschritt als für Poesie und Politik begeisterte, ins Herz geschlossen. Zum gelungenen Studienabschluß gewährte er ihm eine Jahresrente von £ 400, die – anders als die vorherigen Zuwendungen an Mary Shelley – nicht rückzahlbar war. Dies bedeutete eine nicht unwesentliche Erleichterung angesichts der knappen Haushaltskasse. Mit dem zusätzlichen Geld konnte eine neue, komfortablere Wohnung in der Half Moon Street 35 gemietet und eine weitere Reise aufs Festland ins Auge gefaßt werden.

Mary Shelley konnte es kaum erwarten, erneut nach Italien aufzubrechen. London erschien ihr kalt und leer. Obwohl sie von

Moxon nach neuen Arbeiten gefragt worden war, konnte sie sich nicht aufraffen, etwas Neues zu beginnen. Sie fragte sich, ob die Stürme und Schiffbrüche der letzten Jahre ihren Geist, ihre Vorstellungskraft und Kreativität zerstört hätten. Da der junge Percy weder künstlerische noch gesellschaftliche Ambitionen zeigte, verlegte sie sich immer mehr darauf, junge Talente zu unterstützen und zu fördern, wo immer sie diese zu finden glaubte.

Einer dieser Protegés war Percys Studienfreund Alexander Knox, der Gedichte und Theaterstücke verfaßte und an einer sehr fragilen Gesundheit litt. Kränkliche Poeten waren für Mary Shelley seit jeher unwiderstehlich. Als im Frühjahr 1842 die Vorbereitungen für eine neuerliche Reise auf den Kontinent getroffen wurden, beschloß sie, Knox als Gesellschaft für ihren Sohn einzuladen und seine Reisekosten zu übernehmen – ein Angebot, das der junge Mann gerne annahm.

Im Juni verließen Mary Shelley, Percy und Knox London und reisten über Antwerpen, Lüttich, Köln, Koblenz und Frankfurt in den fränkischen Kurort Bad Kissingen. In Lüttich hatten sie Ärger wegen verlorener Gepäckstücke, und ein Dieb entwendete £16 aus Percys Hotelzimmer – ein Verlust, der mit noblem Gleichmut hingenommen wurde. Kur und Diät in Bad Kissingen erwiesen sich aufgrund der mit strengster Disziplin durchexerzierten Heilmethoden bald als Tortur für die englischen Touristen, die kein Wort Deutsch sprachen – obwohl Mary durchaus deutschsprachige Texte zu lesen vermochte.

Nach ein paar Wochen Aufenthalt setzten sie ihre Reise über Fulda, Eisenach, Gotha, Weimar und Leipzig fort. In Weimar besuchte Mary Shelley die Gräber von Goethe und Schiller, deren Werke auszugsweise von ihrem Mann übersetzt worden waren. Sie war recht belesen in deutscher Literatur und hielt Schiller für den bedeutenderen Dichter. Überrascht war sie, daß in Deutschland Prinzen und Poeten einträchtig nebeneinander in derselben Gruft ruhen durften, was ihrer Meinung nach eine gewisse Hochachtung der Deutschen für ihre Dichter zum Ausdruck bringen würde.

Ansonsten war sie von Deutschland nicht sonderlich angetan. In Berlin schienen ihr lediglich die verschiedenen Exponate der Gemäldesammlungen und Galerien bemerkenswert. Da der Sommer 1842 extrem heiß war, herrschte Dürre, und das Wasser mußte rationiert werden. »Überflüssig«, meinte Mary Shelley in einem Brief an Leigh Hunt, »denn die Deutschen halten nicht viel vom Waschen.«[275]

In Dresden trafen die Reisenden einen weiteren förderungsbedürftigen und kränklichen jungen Engländer, den Musiker Henry Hugh Pearson, der durch Vertonungen einiger Gedichte Shelleys einiges Ansehen gewonnen hatte. Pearson hatte ein Nervenleiden, während Knox unter einer »Erweiterung des Herzens« litt, wodurch die beiden Künstler nicht unbedingt als anregende Gesellschaft gelten konnten. Mary Shelley beschrieb die beiden liebevoll als ihre »Invaliden«. Pearson hatte nach ihrer Beschreibung weniger Verstand als ein Kind und war dennoch überaus streitlustig. Sie nahm ihn unter ihre Fittiche und sorgte mit mütterlicher Strenge dafür, daß er seine spärlichen Finanzen nicht sinnlos verschleuderte. Die Schönheit und Komplexität einiger seiner Kompositionen entschädigten sie für seine weniger einnehmenden Charaktereigenschaften.[276]

Pearson schloß sich der Reisegesellschaft an, die ihren Weg durch Thüringen und Böhmen nach Prag fortsetzte. Mary Shelley ärgerte sich über die dreckigen und unbequemen Gasthöfe, begeisterte sich aber an Sehenswürdigkeiten, die historische Assoziationen weckten. Sie interessierte sich vor allem für die Reformationsgeschichte, für Martin Luther und Jan Hus, und für die Geschichte Wallensteins, die ihr aus Coleridges Übersetzung von Schillers Drama vertraut war.

Die Weiterreise führte durch Österreich, über den Brennerpaß nach Italien. Mary Shelley begeisterte sich insbesondere für Gmunden und Salzburg. Die Berglandschaft erschien ihr erhabener und schöner als die Gegenden der Schweiz, die sie früher mehrfach bereist hatte. In ihrer veröffentlichten Reisebeschreibung widmet sie sich ausführlich dem Schicksal des Tiroler Volkshelden Andreas Hofer und dessen Widerstand gegen Napoleon: »Diese Täler sind gefüllt mit seinem Namen, und es wäre ein Sakrileg, sie zu durchqueren, ohne an seinen Ruhm zu erinnern und seinen Sturz zu betrauern.«[277]

Gerne hätte Mary Shelley den Sommer in Gmunden verbracht,

und sie war betrübt, nicht weiter nach Wien reisen zu können, doch ihre wahre Liebe galt den Landschaften, der Sprache und Kultur Italiens. Ihr nächster längerer Aufenthalt war in Venedig. Die Kutschfahrt von Padua nach Venedig erinnerte sie an die schmerzlichen Ereignisse im September 1818, als sie mit ihrer todkranken Tochter im Arm dieselbe Strecke gefahren war.

Venedig war voller trauriger Assoziationen. Die Schönheit der Stadt, ihre Sehenswürdigkeiten und Kunstschätze halfen Mary Shelley, ihre bedrückenden Erinnerungen zu überwinden. Erfreut stellte sie fest, daß ihre beiden »Invaliden«, inspiriert von der prachtvollen Umgebung, ihre krankheitsbedingten Depressionen überwunden und neue Werke begonnen hatten. Pearson schrieb eine Oper, Knox arbeitete an einer Tragödie. Der junge Percy vergnügte sich derweil damit, allerlei Instrumente zu kaufen und Musikunterricht zu nehmen, dessen Resultat die wohlmeinende Mutter als »hübschen Lärm« bezeichnete. Sie versuchte, sein politisches Interesse zu wecken, indem sie ihn mit den britischen Abgeordneten Richard Monckton Milnes und John Leader bekannt machte, die sich ebenfalls in Venedig aufhielten. Percy dachte eine Zeitlang daran, sich für die Liberalen zu engagieren, doch scheint er eine Neigung dafür gehabt zu haben, seine Steckenpferde häufig zu wechseln.

Vor der Abreise nach Florenz, wo Mary Shelley den Winter verbringen wollte, wurde sie zur Verabschiedung des österreichischen Erzherzogs Friedrich eingeladen, der mit der gerade vom Stapel gelaufenen Fregatte *Bellona* nach England aufbrechen sollte, um die dortigen Marineeinrichtungen zu studieren. Die guten Beziehungen der österreichischen Marine zur Royal Navy gingen auf das gemeinsame Vorgehen gegen den Vizekönig von Ägypten, Mehmed Ali, zurück, der 1840 die Großmächte durch einen Einmarsch in Syrien provoziert hatte.

In Florenz trennten sich die Reisenden von Pearson und trafen auf alte Bekannte: Nerina und Laurette, die inzwischen erwachsenen und verheirateten Töchter der Mrs. Mason, die im Januar 1835 gestorben war. Das Wiedersehen war herzlich, obwohl die Umstände nicht ganz glücklich waren. Laurette, der Mary Shelley ihre Erzählung *Maurice* gewidmet hatte, war seit zehn Jahren mit dem undurchsichtigen Korsen Adolphe Dominique Galloni d'Istria verheiratet. Ihre Eltern hatten ihr dringend von der Ehe abgeraten, denn Galloni, der sich für einen Prinzen ausgab, war allzu offensichtlich ein mittelloser Schwindler, der seine Frau schlecht behandelte. Nach verschiedenen Diplomatenposten in Italien und Spanien wurde er 1842 in Paris wegen Veruntreuung von Steuergeldern angeklagt. Laurette kehrte zu ihrer Familie zurück und begann eine heimliche Beziehung mit Placido Tardy, einem vielseitig gebildeten Mathematiker, mit dem sie später ganz offiziell zusammenlebte. Sie schrieb einige melodramatische Romane, für deren Veröffentlichung in England Mary Shelley sich vergeblich einsetzen sollte.[278]

Nerina hatte 1834 den wohlhabenden und philanthropischen Großgrundbesitzer Bartolomeo Cini geheiratet und ihm vier Kinder geboren, von denen zwei im Kindesalter gestorben waren – vier weitere folgten in den kommenden Jahren. Im Unterschied zu ihrer Schwester war sie, trotz ihrer Verluste und ihrer sich verschlechternden Gesundheit, von Anfang an glücklich in ihrer Ehe.

Die häufigen Besuche bei den freundlichen Cinis lenkten Mary Shelley von ihren eigenen gesundheitlichen Problemen und ihren melancholischen Erinnerungen ab. Das feuchtwarme Klima in Florenz schien sie allerdings nicht so gut zu vertragen, wie sie gehofft hatte. Dennoch absolvierte sie pflichtbewußt die Touren durch die Museen und Galerien der Stadt, wobei sie aufgrund ihrer früheren Studien florentinischer Geschichte zweifellos viel mehr Gewinn aus ihren Besichtigungen zog als andere Flaneure. In ihrem Reisebericht beschrieb sie die Kunstschätze der Renaissance überaus kenntnisreich. Ihr Wissen verdankte sie zum Teil einem guten Freund von Samuel Rogers, dem französischen Kunstkritiker Rio, der mit Frau und Kindern durch Europa reiste und den sie in Rom wiedersehen sollte.

Der mehrere Wochen dauernde Aufenthalt in Rom mußte zwangsläufig eine neue Konfrontation mit den persönlichen Katastrophen der Vergangenheit bedeuten. Es ist wohl sicher, daß sie Percy B. Shelleys Grab besuchte. In ihren Reiseerinnerungen verliert sie kein Wort über ihre Erfahrungen und Gefühle. Sie beschreibt die römischen Ruinen und informiert den Leser ausführlich über die von anderen Reiseschriftstellerinnen, wie Frances

Trollope, kritisierte rückständige Politik des Kirchenstaates und dessen Oberhauptes, des Papstes. Mary Shelleys Ruf nach Reformen fällt vergleichsweise milde aus.[279] Ihr Reisebuch enthält jedoch zahlreiche Hinweise auf ihre stete Hoffnung auf ein neues, vereintes Italien.

Die restlichen Kapitel bzw. »Briefe« in Mary Shelleys *Rambles in Germany and Italy* sind weiteren Ausflügen nach Neapel, Pompeji, Capri und Sorrent gewidmet. Das Buch schließt mit einem Blick auf die Bucht von Neapel und mit Anspielungen auf Darstellungen des Paradieses in Dantes *Göttlicher Komödie* und Miltons *Paradise Lost*.

Die Heimreise führte über Paris, wo Mary Shelley ihre Stiefschwester Claire traf und die Sommermonate Juli und August 1843 verbrachte. Percy, der eine Abneigung gegenüber der französischen Hauptstadt empfand, reiste mit Knox gleich weiter nach England.

In Paris machte Claire ihre Stiefschwester mit einem galanten Italiener namens Ferdinando Gatteschi bekannt, der sich als talentierter, aber leider erfolgloser Schriftsteller präsentierte und sich zum italienischen Nationalismus bekannte. Er verkehrte im Haus der Lady Sussex Lennox, deren heimlicher Liebhaber er war. Claire notierte in ihrem Tagebuch, daß sie Gatteschi – zumindest dem Namen nach – aus ihrer Zeit in Florenz kannte und daher wußte, daß er mit der italienischen Geheimgesellschaft der Carbonari verbunden war. Sowohl Mary Shelley als auch Claire meinten, den Italiener unterstützen zu müssen. Beide ließen ihm nur indirekt Geld zukommen, um ihn nicht durch ihre Almosen zu beleidigen, und Mary bat ihn um einen Artikel über die Geschichte der Carbonari, den sie in ihr geplantes Reisebuch einfügen wollte.[280]

Wie sich später herausstellte, war Ferdinando Gatteschi ein Gauner und Erpresser, der die Freigebigkeit und den Idealismus der englischen Damen weidlich ausnutzte. Nichts von seinem wahren Charakter ahnend und vollkommen überzeugt von seinen Talenten, lud Mary Shelley den Italiener einige Monate nach ihrer eigenen Heimkehr ein, nach London zu kommen. Hätte sie Thackerays *Paris Sketch Book* gelesen, insbesondere das Kapitel über die zahllosen Schwindler und Mitgiftjäger, die vom Leichtsinn unbedarfter englischer Touristinnen lebten, wäre sie vielleicht ein wenig vorsichtiger gewesen.

Die Überlebende: Eine neue Familie
1844–1851

SHELLEYS LEICHNAM WIRD VERBRANNT
»*Die Leiche öffnete sich und legte das Herz bloß.*«
Edward Trelawny

Im September 1843 kehrte Mary Shelley nach England zurück. Sie zog zusammen mit Percy in eine neue Wohnung im White Cottage, Putney, einem Vorort von London. Sogleich schrieb sie an Moxon und kündigte ein neues Buch an, das Reiseerinnerungen im Stil ihres sympathischen Erstlings, *History of a Six Weeks' Tour*, enthalten sollte. Sie brauche dringend Geld, schrieb sie an ihren Verleger, der sie wiederholt nach neuen Ideen und Projekten gefragt hatte – das Geld wäre nicht für sie selbst, sondern für eine andere, bedürftige Person.[281]

Ihr neuer Protegé war natürlich Ferdinando Gatteschi, der 1844 ihrer Einladung folgte und nach London kam. Er wurde in der Wohnung von Alexander Knox untergebracht, der dem Italiener keineswegs mißtraute und ihn gastfreundlich aufnahm. Percy, der inzwischen wieder an eine politische Karriere dachte und zuvor noch ein Jahr Rechtswissenschaften studieren wollte, mochte mit dem zwielichtigen Mann jedoch nichts zu tun haben.

Das Reisebuch *Rambles in Germany and Italy*, zu dem Gatteschi einige historische Abhandlungen beisteuerte, wurde in großer Eile verfaßt. Ein halbes Jahr nach der Ankündigung lag es bereits druckfertig auf dem Tisch des Verlegers. Doch plötzlich hatten andere Angelegenheiten Priorität: Am 24. April 1844 starb Sir Timothy Shelley. Der Tod des Neunzigjährigen war von seinen Erben regelrecht herbeigesehnt worden – als er dann wirklich verstarb, hatte niemand wirklich damit gerechnet. Ferdinando Gatteschi hörte von dem Todesfall, sah sofort seine große Chance gekommen und machte Mary Shelley einen Heiratsantrag. Nach damaligem britischen Eherecht ging der Besitz einer Frau nach der Heirat an ihren Ehemann – ein Umstand, den Mary Wollstonecraft in ihrem Buch über die Frauenrechte kritisiert hatte, der aber immer noch als rechtmäßig galt. Mary Shelley war zuweilen leichtsinnig in ihrem Übereifer, anderen Gutes zu tun, aber sie war nicht dumm. Ein Heiratsantrag kurz nach einer beträchtlichen Erbschaft war kein besonders scharfsinniger Schachzug. Sie lehnte ab, und ihr Protegé zog sich beleidigt zurück. Kurz darauf begann er von Paris aus mit der Veröffentlichung ihrer Briefe zu drohen und Geld zu verlangen.

Diese unangenehme Affäre bereitete Mary Shelley einiges Kopfzerbrechen und schlug sich auch auf ihre Gesundheit nieder. Alexander Knox war ihr eine große Hilfe, indem er nach Paris reiste, um die Angelegenheit für sie zu regeln. Es stellte sich heraus, daß Gatteschi tatsächlich mit den Carbonari im Bunde und an einem Aufstand in Bologna, das damals dem Kirchenstaat angehörte, beteiligt gewesen war. Dies war Grund genug für die französische Polizei, ihn aus politischen Gründen zu verhören. Die Briefe wurden beschlagnahmt und gemäß der Anweisung von Knox verbrannt. Sie enthielten offenbar pikante Details aus Mary Shelleys Vergangenheit, deren Veröffentlichung sie – ihrer Ansicht nach – »für immer vernichten würden«.[282] Genaueres ist dank der Diskretion des stets ritterlichen Alexander Knox unbekannt.

Durch den Tod Sir Timothys wurde ein altes Testament von Percy B. Shelley aus dem Jahr 1816 gültig: Neben Mary Shelley sollten auch Hogg, Peacock, Hunt, Claire und Harriet Westbrook-Shelleys überlebende Tochter Ianthe Geldsummen und kleinere Pensionen erhalten. Percy Florence erbte den Adelstitel und Landgüter, die jedoch mit Hypotheken belastet waren. Die finanziellen Transaktionen im Detail zu verfolgen, würde an dieser Stelle zu weit führen. Im allgemeinen erlöste die Erbschaft Mary Shelley und ihren Sohn von den unablässigen Geldsorgen, die ihnen bislang nur einen vergleichsweise bescheidenen Lebensstil erlaubt hatten. Armut im drastischen Sinne hatte sie nie erleben müssen, doch die finanziell bedingte Isolation von der englischen Oberschicht, der sie dem Namen nach angehörte, hatte sie stets als Armut empfunden. Mit ungefähr £ 3000 im Jahr mußte sie sich nun keine Gedanken mehr darüber machen. Inzwischen war ihr die willkommene Aufnahme in den höchsten Kreisen der Londoner Gesellschaft jedoch viel weniger wichtig als noch vor zehn Jahren, und Percy hatte in diese Richtung nie irgendwelche Ambitionen entwickelt.

Lady Shelley, die Mary immer als ihre heimliche Feindin betrachtet hatte, begrüßte sie bemüht herzlich im Landsitz der Shelleys in Field Place, doch kam die Versöhnung, ob sie nun geheuchelt war oder nicht, nach all den Jahren zu spät, um als glückliches Ende empfunden zu werden. Das einzige, was sich Mary Shelley nun noch vom Leben erhoffte, war, Zeugin des Glücks ihres Sohnes sein zu dürfen. Für sich selbst hoffte sie nur auf Gesundheit und sehnte sich nach neuen Reisen aufs Festland.

Sie hatte geplant, im Sommer 1845 noch einmal nach Italien aufzubrechen, doch die komplizierten Erbschaftsangelegenheiten waren dazwischengekommen. Dann hatte sie die Erpressung Gatteschis beschäftigt, und zu allem Übel tauchte im Oktober ein neuer Schurke auf, der behauptete, verschiedene Briefe Mary Shelleys und Percy B. Shelleys zu besitzen. Es handelte sich dabei möglicherweise um die Papiere, die 1814 in einem Pariser Hotel zurückgelassen worden waren. Der Erpresser war ein Mann, der sich George Byron nannte und behauptete, ein Sohn des Dichters zu sein. Tatsächlich war er ein berüchtigter Fälscher, dessen Abschriften und reine Fälschungen von Briefen Lord Byrons und den Shelleys immer wieder in Auktionshäusern auftauchten. Es gelang ihm, das Interesse Mary Shelleys zu wecken, die ihm etliches Material – ob gefälscht oder authentisch, ist nicht klar – über einen Mittelsmann abkaufte. Die Verhandlungen zogen sich über Monate hin, aber die Summe, die sie schließlich für die Briefe zahlte, war sehr gering. Sie bot lediglich £ 8 für acht Briefe ihres Mannes und zahlte am Ende insgesamt £ 30. Der Fälscher hatte auf wesentlich höhere Beträge spekuliert.[283]

Nach all diesen Ärgernissen erhielt sie noch einen Brief von Thomas Medwin, der ankündigte, an einer Biographie Shelleys zu arbeiten, wobei er auch auf so unangenehme Details wie das Gerichtsverfahren zum Sorgerecht für Harriets Kinder und die Beziehung Jane Williams' zu Shelley eingehen wollte. Mary Shelley war niedergeschmettert und versuchte ihn von seinem Plan abzubringen, da sie befürchtete, die widersprüchlichen Darstellungen von Jane und ihr selbst würden zu ihren Ungunsten interpretiert werden. Medwin zeigte sich lediglich verwundert über die Ängste, die Mary Shelley in ihrem Antwortschreiben zum Ausdruck brachte.

Diese unerwarteten Probleme und der schlechte Gesundheitszustand, der sich in Kreislaufproblemen und heftigen Kopfschmerzen äußerte, sorgten dafür, daß Mary Shelley keine rechte Freude am Erfolg ihres neuen Buches, *Rambles in Germany and Italy*, entwickeln konnte, das im Juli 1845 in zwei Bänden bei Edward Moxon erschienen war. Die Kritiken waren durchweg positiv und würdigten die Autorin als Frau, »die selbständig denkt und es wagt, ihre Gedanken offen auszusprechen«.[284] Aber von neuen Buchprojekten oder Zeitschriftenartikeln konnte keine Rede sein – aus den Jahren nach 1845 ist lediglich das knappe Fragment einer Erzählung erhalten.[285]

Mrs. Gisborne hatte sie vor einiger Zeit gefragt, warum sie ihr lyrisches Talent nicht weiterentwickelt hätte. Zur Antwort hatte ihr Mary Shelley ein Gedicht mit dem Titel *A Dirge*, eine Totenklage, geschickt. Auch ihre wenigen anderen Gedichte, die teilweise in *The Keepsake* veröffentlicht worden waren, kreisten um ihre ewige Trauer über den Verlust ihres geliebten Mannes. In den kommenden Jahren versiegte selbst diese ergiebige Inspirationsquelle. Die Arbeit an den geplanten Biographien Godwins und Shelleys ruhte. Die Reisen, die sie unternahm, führten in Kurorte – nach Brighton und Baden-Baden. Eine neue große Europareise, von der sich Mary Shelley einen positiven Einfluß auf ihre Gesundheit versprach, mußte immer wieder verschoben werden. Als es ihr endlich etwas besser ging, kam eine neue Revolution auf dem Festland dazwischen und machte touristische Vergnügungen unmöglich: In der Schweiz führte der schwelende Konflikt zwischen den liberal-demokratischen und den konservativ-katholischen Kantonen 1847 zum Krieg, in Frankreich wurde im Februar 1848 nach mehrtägigen Barrikadenkämpfen die zweite Republik ausgerufen, im März sprang der Funke der demokratischen Revolution auf Preußen und Österreich über. In Italien kam es zum offenen Aufstand gegen die österreichischen Besatzer.

Für Mary Shelley waren diese Ereignisse beängstigend: »Seltsame & schreckliche Ereignisse nehmen in Europa ihren Lauf. Barbarei – zahllose unzivilisierte Menschen, die lange unter der Tünche unserer Sozialsysteme verborgen waren, brechen nun mit der Gewalt von Vulkanen aus & bedrohen die Ordnung – das Recht & den Frieden.«[286] Eine überaus konservative Reaktion, die zeigt, wie sehr sie sich inzwischen von politisch radikalen Positionen distanziert hatte. Auch ihre wirkungsvollste Schöpfung, Frankensteins Monster, wurde inzwischen von konservativen Kräften vereinnahmt und erschien in politischen Karikaturen als Symbol für die Arbeiterklasse und die irischen Nationalisten, die sich gegen ihre früheren »Herren« richten würden, sollte man ihnen allzu viele Zugeständnisse machen.[287]

Für England sah Mary Shelley jedoch keine direkte Bedrohung, weder durch Revolution noch von außen. Das Scheitern der Chartistenbewegung, die sich für Reformen eingesetzt hatte, betrachtete sie ohne Bedauern. Die Zukunft des Empire lag für sie in den Kolonien, und sie vertrat damit den populären nationalistischen und expansionistischen Standpunkt des Außenministers Lord Palmerston. Hier lag der Ursprung der in der zweiten Hälfte des 19. Jahrhunderts prägenden Idee, die Vergrößerung des British Empire sei eine heilige Mission, die gleichzeitig die kulturelle und zivilisatorische Überlegenheit der eigenen Nation unter Beweis stelle. Doch Mary Shelley blieb skeptisch, ob die verantwortlichen Staatsmänner überhaupt in der Lage waren, ihren eigenen Idealen treu zu bleiben.

So konservativ wie sie in politischen Angelegenheiten argumentierte, so handelte Mary Shelley mittlerweile auch in privaten Dingen. Die Ehefrau ihres Sohnes scheint sie selbst für ihn ausgewählt zu haben – worüber Percy keineswegs unglücklich war. Er hatte den vagen Wunsch geäußert, sich standesgemäß zu verheiraten, woraufhin seine Mutter pflichtbewußt nach einer geeigneten Kandidatin Ausschau hielt.

Jane St. John war das uneheliche Kind eines Bankiers aus Newcastle-on-Tyne. Sie hatte 1841, im Alter von einundzwanzig Jahren, in eine Adelsfamilie eingeheiratet, doch ihr Ehemann, Charles Robert St. John, war schon drei Jahre später an einer Krankheit gestorben. Die kurze Ehe war kinderlos geblieben, das beträchtliche Vermögen, das Klatschmäuler der jungen Witwe zuschrieben, erwies sich allerdings als Illusion. Geld war jedoch nicht unbedingt wichtig, obwohl die Hypotheken auf die Ländereien der Shelleys immer noch ein ungelöstes Problem darstellten. Mary Shelley beschrieb Jane als still und häuslich, gütig, treu und liebenswürdig – Tugenden, die auch die Heldinnen ihrer letzten Romane auszeichneten.

Percy heiratete Jane St. John am 22. Juni 1848. Wie sich herausstellte, war er sehr glücklich mit seiner Frau. Er gab seine nie sonderlich ernsthaft verfolgten politischen und beruflichen Ambitionen vollends auf und ließ sich im Haus seines Großvaters, in Field Place, nieder – ein altehrwürdiges, renovierbedürftiges Anwesen, in dem zuweilen kettenrasselnde Gespenster gesichtet wurden. Mary Shelley hatte eine eigene Wohnung am Chester Square 24, Pimlico, in London, war aber häufig bei Sohn und Schwiegertochter, zu der sie eine überaus innige Beziehung entwickelte, zu Gast.

Im Mai 1849 kam Claire nach Field Place und sorgte mit ihren neuen Plänen für Aufruhr: Sie hatte die ernsthafte Absicht, nach Kalifornien auszuwandern, wo nach einem zufälligen Fund das Goldfieber ausgebrochen war. Mit Mühe gelang es ihren Freunden, ihr diese abenteuerliche Idee auszureden. Mit Claire kamen auch Willi und Clara, die Kinder ihres Bruders, des Wiener Anglistikprofessors Charles Clairmont, nach England. Wilhelm hatte die Absicht, Landwirtschaft zu studieren. Clara hatte ihren Vater bereits 1828 nach London begleitet. In Field Place begegnete sie Percys Freund, Alexander Knox. Die beiden verliebten sich auf den ersten Blick und heirateten wenige Wochen später, am 16. Juni, worüber Claire sich nicht sonderlich erfreut zeigte. Sie hatte eine tiefe, unbegründete Abneigung gegen Knox und beschuldigte Mary, die Heirat ihrer Nichte hinter ihrem Rücken arrangiert zu haben.

Im Sommer desselben Jahres wurde die junge Lady Shelley schwer krank, erholte sich jedoch Dank der homöopathischen Behandlung eines deutschen Arztes. Um sie vor dem naßkalten englischen Winter und der ungesunden Feuchtigkeit in Field Place zu bewahren, beschloß Percy, den Winter in Nizza zu verbringen. Mary Shelley begleitete das Ehepaar. Das Reisen war ihr stets als das beste Heilmittel erschienen, doch erlitt sie während des Winters und Frühjahrs mehrere Schlaganfälle. Sie konnte kaum gehen, ließ sich aber nicht von Ausflügen in die Umgebung abhalten. Sie unternahm ihre Expeditionen auf einem Esel, der von einem Bauernmädchen geführt wurde.

Percy bestand darauf, über Italien und die Schweiz heimwärts zu reisen. Das anhaltend schlechte Wetter machte es jedoch notwendig, in Caddenabia, am Comer See, auszuharren, bis die Straße über den St. Gotthard für die Postkutsche passierbar war.

»Ich sehne mich danach, wieder zu Hause zu sein«, schrieb Mary Shelley im Mai 1850 an ihre Jugendfreundin Isabel Baxter Booth, »obwohl ich mich zur Zeit recht wohl fühle – die Sonne scheint und der blaue See liegt zu meinen Füßen & die Berge in all ihrer Pracht & Schönheit rundum & meine geliebten Kinder glücklich & gesund – so muß ich diese Stunde wohl glücklich & friedvoll nennen.«[288]

Mary Shelley starb wenige Monate nach ihrer Heimkehr, am 1. Februar 1851, in ihrer Wohnung am Chester Square, London, an einem Gehirntumor. Durch ihre Krankheit gelähmt und geschwächt, hatte sie das Haus nicht mehr verlassen können. Wenige Wochen vor ihrem Tod hatte sie sich noch für die verwitwete Isabel Baxter Booth eingesetzt und versucht, ihr eine Rente des *Royal Literary Fund* zu vermitteln. Eine ihrer letzten Anordnungen war, nach ihrem Tod ihrer Freundin einen Geldbetrag zukommen zu lassen. Sie wußte, daß sie sterben mußte, und zeigte keine Furcht. Bis zum 23. Januar war sie fast vollkommen gelähmt und konnte kaum sprechen, dann wurde sie von heftigen Krämpfen befallen und fiel in ein Koma, aus dem sie nicht mehr erwachte. Die Dunkelheit und die Stille kamen, als sie sich endlich mit ihrem Schicksal abgefunden hatte und als sie keine Angst mehr vor ihrer privaten Hölle, der Einsamkeit, haben mußte. Eine bittere Ironie, die ganz und gar der Melancholie ihres Werkes entspricht.

Lady Jane Shelley ließ die sterblichen Überreste von William Godwin und Mary Wollstonecraft aus St. Pancras nach St. Peters in Bournemouth, in der Nähe ihrer neuen Residenz in Boscombe, überführen. Entsprechend ihrem letzten Willen wurde Mary Shelley am 8. Februar 1851 zwischen ihren Eltern beerdigt.

Am 10. Dezember 1889 wurde ihr Sohn, Sir Percy Florence, im

selben Grab beigesetzt – zusammen mit den vertrockneten Überresten von Percy B. Shelleys Herz, das Edward Trelawny am 14. August 1822 am Strand bei Viareggio mit bloßen Händen aus den Flammen geborgen hatte.

Nachwort: Nachleben

»Vielleicht sollte Frankenstein
heiraten. Dann hätte er besseres zu
tun, als Monster zu erschaffen.«
(H. M. Milner: *Frankenstein;
or, the Man and the Monster.*
Bühnenfassung von 1826)

Nach Mary Shelleys Tod kümmerten sich ihr Sohn Percy Florence und seine Frau Jane um ihren schriftstellerischen Nachlaß, ihre Briefe und Tagebücher. Sie liehen das erhaltene Material an Thomas Jefferson Hogg, der es für seine Biographie *Life of Shelley* verwenden wollte. Bald stellte sich heraus, daß Hogg nicht daran dachte, Mary in seinem Buch fair zu behandeln. Ihre ausführlichen Darstellungen zum schicksalhaften Sommer von 1822 ignorierte er und zitierte lediglich ein oder zwei Sätze aus ihren Tagebuchnotizen. Jane und Percy waren über die ersten beiden Bände der Biographie derart verärgert, daß sie das zur Verfügung gestellte Material zurückforderten. Der dritte Band blieb unveröffentlicht. Lady Jane Shelley publizierte daraufhin Auszüge aus den Tagebüchern ihrer Schwiegermutter unter dem Titel *Shelley Memoirs* (1858). Eine erweiterte Ausgabe erschien einige Jahre später in geringer Auflage unter dem Titel *Shelley and Mary* (1882). Bis heute ist nicht bekannt, ob die in den Tagebüchern fehlenden Seiten von Jane oder von Mary Shelley selbst entfernt wurden. Bessie Florence Gibson, die Adoptivtochter von Percy und Jane, bewahrte in späteren Jahren die erhaltenen Familiendokumente. Ihr Urenkel, Lord Abinger, übergab 1974 das Material als Leihgabe an die Bodleian Library in Oxford, wo es zum Teil auf Mikrofilm übertragen und katalogisiert wurde.

Während für Mary Shelleys Zeitgenossen ihre Beziehung zu Percy B. Shelley immer im Mittelpunkt des Interesses stand, erschienen gegen Ende des 19. Jahrhunderts erste Biographien und umfassende Dokumentensammlungen zu Leben und Werk der Autorin: *Life and Letters of Mary W. Shelley* von Florence A. Marshall (1889) und *Mrs. Shelley* (1890) von Lucy Rosetti, deren aus Italien stammende Eltern mit Mary Shelley befreundet gewesen waren. Die Arbeit an ihrer schmalen, aber informativen Biographie wurde noch durch Lady Jane Shelley unterstützt, die 1899, zehn Jahre nach ihrem Ehemann, starb.

Claire Clairmont verbrachte ihre letzten Lebensjahre in Florenz. Sie bekannte sich zum Katholizismus, beschäftigte sich mit frommer Lektüre und wurde bis zu ihrem Tod im Jahr 1879 von zahllosen Autographensammlern, Literaturwissenschaftlern und Biographen heimgesucht. Diesen erzählte sie gerne, Shelley wäre ihre einzige, große Liebe gewesen. Henry James nahm die Situation der exzentrischen alten Dame als Vorlage für seinen kleinen Roman *The Aspern Papers* (1888).

Das Interesse an Mary Shelleys jungen Jahren war nach wie vor groß, doch das Interesse an ihren Werken verblaßte. Trelawnys veröffentlichte Erinnerungen, vor allem die Neuausgabe, *Records of Byron, Shelley and the Author* (1878), sowie die frühen Shelley-Biographien von Hogg, Medwin und Peacock sorgten für die unglückliche Überlieferung, die Werke Mary Shelleys – außer *Frankenstein* – wären zu Recht dem Vergessen anheimgefallen. Neben *Frankenstein* blieben lediglich einzelne Erzählungen, wie *Transformation* und *The Mortal Immortal,* populär und wurden gerne in Anthologien mit Schauergeschichten nachgedruckt.

Die Lage änderte sich erst Mitte des 20. Jahrhunderts durch komplette wissenschaftliche Editionen der Briefe und der Tagebücher Mary Shelleys (1944/1947) und der auf diesen Ausgaben basierenden Biographie von Muriel Spark, *Child of Light* (1951), zum hundertsten Todestag der Autorin. Muriel Spark ist die »Wiederentdeckung« des Zukunftsromans *The Last Man* zu verdanken. Leider sorgte sie durch einige knappe und unbegründete Bemerkungen gleichzeitig dafür, daß die übrigen Romane, außer *Perkin Warbeck*, und die zahlreichen Erzählungen weiterhin für wertlos galten. Diese Auffassung änderte sich eigentlich erst mit dem Erscheinen der Gesamtausgabe der Romane und ausgewählten

Werke Mary Shelleys im Jahr 1996, der 2002 eine vierbändige Ausgabe ihrer Kurzbiographien, Essays und Gedichte folgte. Die Erzählungen, Märchen und Kurzgeschichten wurden wiederum als bedeutungslos ausgeklammert. Eine Ausnahme bildete die 1997 im Archiv der Familie Cini entdeckte und ein Jahr später veröffentlichte Erzählung *Maurice, or the Fisher's Cot*.

In den 1990er Jahren wurden Mary Shelleys Romane gerne von den literaturwissenschaftlichen »Gender Studies« aufgegriffen, als Beispiele für weibliche Literaturproduktion im frühen 19. Jahrhundert, für ein sich wandelndes Rollenverständnis und für die Suche nach weiblicher Identität. In der durchaus umstrittenen feministischen Interpretation wurde zum Beispiel *Frankenstein* als Kritik Mary Shelleys an einer von Männern dominierten Literatur und an männlichen Dichtern verstanden, die, wie etwa John Keats, Schwangerschaft als Metapher für poetische Produktion nutzten. Die streng feministische Perspektive wurde in den zahlreichen englischen Biographien, die in der Folge der Werkausgabe und der Feier des zweihundertsten Geburtstages der Autorin erschienen, nicht weiterentwickelt. Unter diesen Biographien ist jene von Miranda Seymour die umfangreichste und gründlichste.

Im deutschsprachigen Raum wurde Mary Shelleys Werk nie angemessen gewürdigt. Die erste Übersetzung des *Frankenstein* ins Deutsche erschien 1912. Es folgten zahlreiche weitere Übersetzungen, die in der Regel auf der englischen Ausgabe von 1831 basieren. Übersetzungen der Erzählung *Transformation* erschienen in Taschenbuchanthologien mit Horrorgeschichten (*Ein Totenkopf aus Zucker*, 1974) und – ebenso unpassend – in Sammlungen viktorianischer Geistergeschichten (*Die Damen des Bösen*, 1969). Eine um ungefähr zwei Drittel gekürzte deutschsprachige Ausgabe von *The Last Man* erschien 1982 als *Verney oder der letzte Mensch*, eine fünfzigseitige Kurzfassung des Romans findet sich zudem in der deutschen Ausgabe von Muriel Sparks Biographie. Die erste deutschsprachige Biographie Mary Shelleys von Karin Priester beschränkte sich weitgehend auf eine romanhafte Lebensschilderung. Meine eigenen Übertragungen autobiographischer Texte (*Flucht aus England*, 2002), einiger Erzählungen (*Verwandlung*, 2003; *Der sterbliche Unsterbliche*, in Vorb.) und der gemeinsam mit dieser Monographie erscheinenden

Urfassung des *Frankenstein* waren nicht zuletzt als Anregung für weitere und weiterführende Editionen gedacht, und es ist zu hoffen, daß Übersetzungen der weithin unbekannten Romane *Valperga*, *Lodore* und *Falkner* folgen.

Die bisherige begrenzte Rezeption von Mary Shelleys sehr unterschiedlichen Werken in Österreich, Schweiz und Deutschland ist sicherlich auch darauf zurückzuführen, daß ihr Name unentwegt mit der trivialisierten Figur »Frankenstein« assoziiert wurde und wird – eine Figur, die in den unterschiedlichsten Zusammenhängen bis in unsere Gegenwart in allen Medien präsent geblieben ist und sich in fast allen Kulturkreisen als einflußreich erwiesen hat.

Die Verselbständigung der Kunstfiguren Frankenstein und seiner namenlosen Kreatur begann bereits zu Lebzeiten Mary Shelleys mit den zahlreichen und beliebten Theateradaptionen ihres Romans. Schon die erste Bühnenfassung von Richard Brinsley Peake, *Presumption; or, the Fate of Frankenstein*, aus dem Jahr 1823 deutete die Geschichte als moralisches Lehrstück. Im Mittelpunkt steht die Anmaßung des Wissenschaftlers, Gott zu spielen und sich als Schöpfer einer neuen Menschenrasse hervorzutun. Das namenlose Monster, dargestellt von T. P. Cooke, kann nicht sprechen und drückt sich ausschließlich durch Pantomime aus. Im großen Finale wird die Kreatur durch eine Lawine verschüttet, nachdem sie Frankenstein getötet hat. Wie in allen folgenden Bühnenfassungen wurde die Fremdartigkeit des Monsters durch eine blaue Hautfarbe unterstrichen.

In den Kritiken wurden hervorgehoben, daß Peakes Bearbeitung die »Geschmacklosigkeiten« der Romanvorlage weitgehend vermied.[289] Dies wurde durch den kleinen, aber wirkungsvollen Kunstgriff ermöglicht, das Monster verstummen zu lassen, wodurch natürlich all die Anklagen, die Bitterkeit und der Spott der gepeinigten Kreatur wegfallen. Bezeichnenderweise wurde diese Version des Stoffes, die das Monster im Grunde auf ein Schreckgespenst reduziert, in fast allen späteren Bühnenfassungen und Verfilmungen übernommen.

Trotz der sehr moralischen Neuinterpretation gab es anfangs vereinzelt öffentlichen Protest gegen das Bühnenstück, aufgrund der »Gottlosigkeit« der Handlung und der blutrünstig zur Schau gestellten Gewalttaten. Eine Gruppierung, die sich »Friends of

Humanity« nannte, verteilte Plakate, die christliche Familienväter aufforderten, das Spektakel zu boykottieren.

Dank des großen Erfolges von *Presumption* wurden zahlreiche weitere Variationen von *Frankenstein* auf die Bühne gebracht, die sich immer weiter von Mary Shelleys Roman entfernten, darunter auch mehrere Parodien. Eine Mischung aus Parodie und Imitation war *The Man and the Monster; or, the Fate of Frankenstein* von Henry M. Milner, der sich eher durch eine erfolgreiche französische Bühnenfassung inspirieren ließ als durch den ursprünglichen Roman. Er verlegte die Handlung nach Italien und zeigte erstmals das Labor Frankensteins und die Erschaffung des Monsters aus Leichenteilen. Milner stellte dem wahnsinnigen Wissenschaftler einen Assistenten namens Fritz zur Seite, eine Figur, die in den Verfilmungen des 20. Jahrhunderts immer als buckliges Faktotum erscheint, später oft unter dem Namen »Igor«. Milners Monstrum ist wie bei Peake stumm, aber vollkommen böse. In den späteren Filmen wird dies oft damit begründet, daß Frankenstein seiner Kreatur versehentlich das Gehirn eines Verbrechers einsetzt, hier bleibt seine Bösartigkeit unbegründet. Am Ende wird es von Soldaten gehetzt und springt in einen Vulkankrater. Die Ähnlichkeit des Spektakels zu den unfreiwillig komischen Monsterfilmen der 1950er und 60er Jahre ist verblüffend.

Eine der ersten Literaturverfilmungen der Filmgeschichte basierte auf Mary Shelleys *Frankenstein*. Der ungefähr fünfzehn Minuten lange Stummfilm wurde 1910 von der Edison-Company produziert und zeigte Charles Ogle als ziemlich eindrucksvolles, in Lumpen gewandetes Monster, das sich am Ende in Luft auflöst, bevor es seinem Schöpfer an den Kragen gehen kann. Es wird durch die Liebe Frankensteins zu seiner Braut vernichtet – so erklärte es zumindest der Produzent des Films, Thomas Edison.[290]

Der zweite Frankensteinfilm von 1915 trug den Titel *Life without a Soul* und endet damit, daß sich alles nur als schlechter Traum erweist. Eine dritte Stummfilmfassung entstand 1920 in Italien unter dem Titel *Il Mostro di Frankenstein*. Zu diesem Film sind weder Bilder noch Inhaltsangaben erhalten.

Der große Durchbruch des Frankensteinstoffes in der Popkultur gelang jedoch erst 1931 mit James Whales *Frankenstein* und Boris

Karloffs Darstellung des stummen und traurigen Monsters, das am Ende des Films von wütenden Dorfbewohnern gejagt und quasi gelyncht wird. Die unzählige Male imitierte Schlußszene zieht das Mitleid und die Sympathie des Zuschauers unweigerlich auf die Seite der verfolgten Kreatur, unabhängig von ihren Untaten und ihrer Häßlichkeit. In der deutschen Synchronfassung wurden die Worte »Jetzt weiß ich, was es heißt, Gott zu sein!« zensiert, und Frankenstein erhielt einen merkwürdigen neuen Vornamen: Herbert. Das Gesicht Karloffs in der bizarren Monstermaske wurde zum Ursprung und Inbegriff all dessen, was in der Popkultur des 20. Jahrhunderts mit dem Namen »Frankenstein« assoziiert wurde. Whales Drehbuch basierte auf der Bühnenversion *Frankenstein: An Adventure in the Macabre* von Peggy Webling, die 1927 uraufgeführt worden war und 1930 im Preston Theater, London, erfolgreich neu inszeniert wurde.

Die Fortsetzung des Filmerfolges erschien 1935 und wurde ebenfalls von James Whale mit Boris Karloff inszeniert. *The Bride of Frankenstein* beginnt mit einer Szene am Kaminfeuer der Villa Diodati: Byron und Shelley überreden Mary, ihre ursprüngliche Geschichte weiterzuspinnen. Das Ergebnis ist eine effektvolle, liebenswerte Parodie, durch die das Monstrum endgültig zum eigentlichen Helden und Publikumsliebling wurde.

Boris Karloff schlüpfte noch einige Male in die Rolle des Monsters. Die Filme wurden zunehmend zu reinem Klamauk, indem sie Frankensteins Monster gegen Werwölfe und Vampire antreten ließen. Karloffs Nachfolger in den Frankensteinverfilmungen der 1960er und 1970er Jahre wirken im Vergleich zu seiner Darstellung blaß oder nur lächerlich. Die billigen Horrorfilme der britischen Hammer Studios, die den Frankensteinstoff in immer neuen und abwegigeren Versionen auf die Leinwand brachten, versuchten nicht mehr, der Geschichte moralische Aspekte abzugewinnen, und setzten statt dessen auf Geisterbahneffekte und kreisten stets um dieselben Klischees: Wissenschaftler sind wahnsinnig, Monster sind schweigsam und mordlustig, Frauen kreischen, werden entführt und müssen gerettet oder effektvoll gemeuchelt werden.

Mel Brooks parodierte diese inhaltlich meist albernen, aber handwerklich oft bemerkenswerten Filme und ihre älteren Vorbilder aus den Universal Studios in *Frankenstein Junior* (1974). Inzwischen hatte der Name »Frankenstein« ein geradezu unheimliches Eigenleben entwickelt und wurde auch für Filme verwendet, die mit dem Roman überhaupt nichts mehr zu tun hatten – er wurde zu einem Markenbegriff für Rummelplatzgrusel, mehr oder weniger blutrünstige Spektakel oder Monster im allgemeinen, wie in den japanischen Godzillafilmen, in welchen ein großes grünes feuerspuckendes Ungeheuer namens Godzilla gegen ebenso große andersfarbige Ungeheuer antreten muß, wobei nebenbei Tokio dem Erdboden gleichgemacht wird (z. B. *Frankensteins Monster jagen Godzillas Sohn*, Japan 1968). Selbst die Pornofilmindustrie machte sich die Popularität des Namens »Frankenstein« zunutze (*Casanova Frankenstein*, Italien 1975).

Ende des 20. Jahrhunderts versuchte der britische Schauspieler und Regisseur Kenneth Brannagh zu den Wurzeln zurückzukehren und produzierte mit *Mary Shelley's Frankenstein* (1996) einen Film, der sich enger als alle vorherigen Produktionen an der Romanvorlage orientierte. Die Rahmenhandlung blieb erhalten, Robert de Niro als Monster durfte sprechen und lesen lernen, lediglich der Höhepunkt des Films ist eine freie Variation: Frankenstein erweckt seine ermordete Braut zu neuem Leben, die einen Moment lang zwischen ihm und dem Monster hin- und hergerissen scheint, bevor sie Selbstmord begeht.

In Stephen Summers Gruselfilm *Van Helsing* (USA 2004) wurde Frankensteins Monster wieder zur traurigen Witzfigur, die Draculas Vampirbrut mit Lebensenergie versorgen soll. Reichlich bizarr geriet auch die bislang letzte Bühnenadaption des Stoffes, *500 Clowns Frankenstein*, die im Oktober 2004 in Chicago uraufgeführt wurde. 2005 versuchte eine amerikanische Fernsehserie und Buchreihe des beliebten Horrorautors Dean Koontz erneut (und mit mäßigem Erfolg) Kapital aus dem Namen Frankenstein zu schlagen, und man kann davon ausgehen, daß dies nicht der letzte Versuch sein wird.

Mary Shelleys Einfluß auf die Literatur des 20. Jahrhunderts basiert ebenfalls und beinahe ausschließlich auf *Frankenstein* und dem darin angedeuteten Thema wissenschaftlicher Verantwortung: Wenn der Mensch fähig ist, Gott zu spielen, ist er nicht notwendigerweise in der Lage, die angestrebte Perfektion zu erreichen oder der Verantwortung eines Gottes gerecht zu werden. In zahllosen Romanen und Erzählungen richten sich die wissenschaftlichen oder technologischen Schöpfungen des Menschen gegen ihren Erzeuger, künstliche Geschöpfe entwickeln unvorhergesehene Eigenschaften oder einen eigenen, unberechenbaren, zuweilen bösartigen Willen. Dieses Thema war in der sogenannten Trivialliteratur, in Groschenheften, in den Pulp-Magazinen, Penny-Dreadfuls und Chapbooks weit verbreitet, wurde aber auch auf höherem Niveau aufgegriffen.

Die Tiermenschen in H. G. Wells' *The Island of Dr. Moreau* (1896) waren beispielsweise eine zeitgemäße und anspruchsvolle Weiterentwicklung des Frankensteinstoffes: Entsprechend der damals neuartigen Fließband- und Massenproduktion sollten die Kreaturen Dr. Moreaus sozusagen in Serie gehen und eine neue Rasse unterwürfiger Menschendiener begründen. Auch hier führt das Experiment zwangsläufig in die Katastrophe, und die Kreaturen erheben sich gegen ihren Schöpfer.

Eng verwandt mit dieser Idee ist das Konzept des »Roboters« aus der frühen Science-Fiction-Literatur. Beispielhafte Erzählungen über die Beziehung zwischen Menschen und Maschinenwesen, die über Selbstbewußtsein verfügen, stammen von Autoren wie Isaac Asimov, Jack Williamson, Philip K. Dick und Stanislaw Lem. Im Zeitalter des Internet wurde dieser Themenkreis um die Idee der »Künstlichen Intelligenz« erweitert, deren Existenz allein auf hinreichend komplexen Computerprogrammen basieren soll. Auch der Begriff des »Klonens«, der gentechnischen Erzeugung identischer Kopien des Menschen, wird in der Literatur genauso wie im alltäglichen Sprachgebrauch gerne mit »Frankenstein« in Verbindung gebracht.

Wie wenig all diese Weiterentwicklungen und Trivialisierungen mit jenem Roman zu tun haben, den eine junge Dame namens Mary Godwin im Sommer des Jahres 1816 zu schreiben begann, dürfte klar sein. Überraschend ist jedoch, wie wenig ausgerechnet die Autorin von *Frankenstein* vom technologischen Fortschritt ihrer Zeit überzeugt war: Die Gasbeleuchtung erlebte sie noch als luxuriöse Einrichtung der besseren Theaterhäuser Londons, die

Pläne des Parlaments, das Schienennetz in England rapide auszubauen, betrachtete sie mit einiger Skepsis. Elektrizität war nichts weiter als ein Budenzauber auf dem Jahrmarkt – das »Galvanisieren« toter Körper war schon Ende des 18. Jahrhunderts eine beliebte Attraktion – oder sie diente zur medizinischen Therapie. 1826 konnte sich Mary Shelley eine ferne Zukunft vorstellen, in der sich Menschen immer noch in Pferdekutschen und Ballons fortbewegten. Es ist ein interessanter Zufall, daß Mary Shelleys Todesjahr mit der großen Weltausstellung in London zusammenfiel, in der die neuen Leistungen der Technik und die Wunder einer neuen Zeit betrachtet werden konnten. Eine Zeit, an der sie persönlich keinerlei Anteil hatte, deren Sprache, Phantasie und Bilderwelten sie jedoch auf eine Weise prägen sollte, die sie sich selbst wohl nie hätte vorstellen können.

Anmerkungen

Soweit vorhanden bzw. geeignet, wurde bei Zitaten auf vorliegende Übersetzungen zurückgegriffen, die mit dem Original verglichen und zum Teil überarbeitet wurden. Wenn nicht anders gekennzeichnet, handelt es sich jeweils um neue Übersetzungen des Autors, die speziell für dieses Buch gefertigt worden sind bzw. aus dessen eigenen publizierten Übersetzungen übernommen wurden.

1 Mary Shelley, *Journals*, 25. Februar 1822
2 Vgl. z.B. bei Goethe: »Klassisch ist das Gesunde, romantisch das Kranke.«
3 Ken Russells Film *Gothic* (1986), die Romane von Brian W. Aldiss: *Frankenstein Unbound* (1973), Tim Powers: *The Stress of her Regard* (1989), Joachim Kaiser: *Der lange kalte Sommer des Dr. Polidori* (1991), Paul West: *Byron's Doctor* (1989), Frederico Andahazi: *Las Piadosas* (1998), uva.
4 So z.B. in den Erinnerungen von Edward John Trelawny, *Records of Shelley, Byron and the Author* und anderer Freunde Percy B. Shelleys, wie Thomas Medwin, Thomas Love Peacock und Thomas Jefferson Hogg, die Mary Shelley die Vereinnahmung des Nachlasses ihres Mannes, zum Teil auch abgewiesene Heiratsanträge übelnahmen. Ebenso: die modernen romanhaften Lebensschilderungen von André Maurois und anderen.
5 Eigentlich Jane; sie änderte später häufig ihren Vornamen, ist heute jedoch als Claire Clairmont bekannt geblieben. Im vorliegenden Buch wird sie durchweg als »Claire« bezeichnet.
6 Brian W. Aldiss, *Der Milliarden Jahre Traum* (1986); Darko Suvin, *Poetik der Science Fiction* (1970)
7 Mary Shelley: *The Novels and Selected Works of Mary Shelley* (8 Bände), London 1996.
8 *The Tales and Stories of Mary Wollstonecraft Shelley*, London und Baltimore 1976
9 Mary Shelley, »Memoirs of Godwin«, in: Godwin, *Caleb Williams*, London 1831
10 Sein Hauptwerk, *An Enquiry Concerning Political Justice* (1793), hatte sie mindestens dreimal gelesen – siehe Mary Shelley, *Journals*, 649
11 Godwin, *Thoughts on Man*, in: *The Political and Philosophical Writings of William Godwin*, Vol. 6, 1993, 182

12 Kegan, *Godwin*, 1876
13 Godwin, *Memoirs of the Author of Vindication of the Rights of Woman*, 1798
14 Kegan, *Godwin*, 1876
15 William Hazlitt, »Essay on Godwin«, *The Spirit of the Age*, London 1819
16 H. N. Brailsford, *Shelley, Godwin, and Their Circle*, New York 1913, 91-92
17 Godwin, »Cursory Strictures on the Charge delivered by Lord Chief Justice Eyre to the Grand Jury«, *Morning Chronicle*, 21. Oktober 1794
18 Mary Shelley, »Memoirs of Godwin«, in: Godwin, *Caleb Williams*, London 1831. Hazlitt, *The Spirit of the Age*, London 1819
19 John Howard, *The State of the Prisons in England and Wales*, 1770–1780
20 Mary Shelley, »Memoirs of Godwin«, 1831
21 Godwin, *Memoirs*, 1798
22 Godwin, *Memoirs*, 1798
23 Godwin, *Memoirs*, 1798
24 Godwin, *Memoirs*, 1798
25 Wollstonecraft, *Letters Written During a Short Residence in Sweden, Norway and Denmark*, London 1796
26 Godwin, *Memoirs*, 1798
27 Mary Shelley, Einleitung zur überarbeiteten Version von *Frankenstein*, 1831
28 in: Kegan, *Godwin*, 1876
29 Coleridge, *Collected Letters*, Vol. 1, 533
30 Mary Shelley, *Frankenstein*, 2. Brief an Mrs. Saville, 1818/1831 (1988,29)
31 Vgl. Mary Shelley, *Works*, Vol. VIII, 1996, 397
32 Godwin an William Baxter, 8. Juni 1812
33 Godwin, *Political Justice*, 1798 (1976, 20)
34 Mary Shelley, Einleitung zur überarbeiteten Version von *Frankenstein*, 1831
35 Von besonderem Interesse ist Ginottis Erzählung in *St. Irvyne*, Kapitel X.
36 Percy B. Shelley, *Letters*, 16. Januar 1812
37 Mary Shelley, »The Mourner«, *The Keepsake* 1829
38 Mary Shelley, »Life of Shelley«, Fragment, Bodleian Library, Oxford
39 Shelley an Timothy Shelley, 29. März 1811 (Ü: Susanne Schmid)
40 »The Necessity of Atheism« (1811), in: *The Prose Works of Percy B. Shelley*, 1993
41 Schmid 1999, 88
42 Abbé Barruel, *Histoire du Jacobisme*, 1797. Ingolstadt ist auch der Studienort Victor Frankensteins.
43 P. B. Shelley, Einleitung zu *Prometheus Unbound*, 1819, (*Ausgewählte Werke*, 19). Ü: Reiner Kirsch

44 P. B. Shelley, *Queen Mab*, 1813, (*Ausgewählte Werke*, 273). Ü: Manfred Wojcik
45 P. B. Shelley, *Queen Mab*, 1813, (*Ausgewählte Werke*, 499). Ü: Manfred Wojcik
46 P. B. Shelley, *Queen Mab*, 1813, (*Ausgewählte Werke*, 500). Ü: Manfred Wojcik
47 P. B. Shelley an Hogg, 3. Oktober 1814, Ü: Angelika Beck
48 P. B. Shelley an Hogg, 3. Oktober 1814
49 Vgl. vor allem die schöne und kluge Heldin Constantia Dudley in Browns *Ormond* (1799). Shelleys Vorliebe für Browns Romane ist gut dokumentiert (Peacock 1909; Solve 1929). Brown war wiederum stark beeinflußt von den theoretischen Arbeiten Mary Wollstonecrafts und William Godwins.
50 P. B. Shelley an Hogg, 3. Oktober 1814
51 Godwin in: Mary Shelley, *Journals*, 1
52 P. B. Shelley in: Mary Shelley, *Journals*, 6
53 P. B. Shelley an Harriet Westbrook Shelley, 18. August 1814, *Complete Works* Vol. IX
54 Shelley, *Six Weeks' Tour*, 1817
55 Shelley, *Six Weeks' Tour*, 1817
56 Mary Shelley, *Journals*, 13
57 *Shelley and his Circle*, Vol. III, 351
58 Shelley, *Six Weeks' Tour*, 1817
59 Siehe z. B.: P. B. Shelley, »Lines Written During the Castlereagh Administration«, *Ausgewählte Werke*, 111. Byron, *Don Juan*.
60 Shelley, *Six Weeks' Tour*, 1817
61 Mary Shelley, *Journals*, 20. August 1814
62 Clairmont, *Journals*, 21. August 1814
63 Mary Shelley, *Journals*, 24. August 1814
64 Mary Shelley, *Journals*, 28. August 1814
65 Clairmont, *Journals*, 13. September 1814
66 Mary Shelley, *Letters*, 28. Oktober 1814
67 Shelley in: Mary Shelley, *Journals*, 14. Oktober 1814 und folgende Einträge über Claire.
68 Mary Shelley, *Letters*, 25. Oktober 1814
69 Shelley in: Mary Shelley, *Journals*, 14. November 1814
70 Mary Shelley an Hogg, 1. Januar 1815
71 Mary Shelley an Hogg, 4. Januar 1815
72 Hoggs Spitzname Alexy erklärt sich aus seinem Roman *The Adventures of Prince Alexy Haimatoff* (1814), den Shelley im Dezember rezensiert hatte.

73 Mary Shelley an Hogg, 24. Januar 1815
74 Mary Shelley an Hogg, 6. März 1815
75 Byron an Augusta Leigh, 8. September 1816
76 Shelley, *History of a Six Weeks' Tour*, 1817
77 Shelley, *History of a Six Weeks' Tour*, 1817 (Brief an Fanny Imlay, 17. Mai 1816)
78 aiguilles: Gipfel
79 Shelley, *History of a Six Weeks' Tour*, 1817
80 Mary Shelley, Einleitung zur überarbeiteten Version von *Frankenstein*, 1831. Der Arzt und Botaniker Erasmus Darwin war Großvater von Charles Darwin.
81 Anonymus (= John Polidori), »The Vampyre«, *New Monthly Magazine*, April 1819. Byron bestätigt die Geschichte in einem Brief an John Murray, 15. Mai 1819
82 Peacock 1909, 48-49
83 Mary Shelley, Einleitung zur überarbeiteten Version von *Frankenstein*, 1831
84 Die Darstellungen sind die Einleitungen zu *Frankenstein* (1818 und 1831), *The Vampyre* (1819) und *Ernestus Berchthold* (1819) sowie Byrons Brief vom 15. Mai 1819. Der Vorschlag, Geistergeschichten zu schreiben, fand laut Polidoris Tagebuch am 16. Juni statt. Diesbezügliches Tagebuchmaterial von Shelley, Mary Godwin und Claire Clairemont ist nicht erhalten.
85 Mary Shelley, Einleitung zur überarbeiteten Version von *Frankenstein*, 1831
86 Elisabeth Schneider (1953) nennt weitere Werke, die von den Autoren in deren Einleitungen auf angebliche Träume zurückgeführt wurden: *Kubla Khan* (1816) von Coleridge und *Confessions of an English Opium Eater* (1821) von Thomas De Quincey.
87 Polidori, *Diary*, 16. und 17. Juni 1816
88 Rousseau, *Julie*, 1761, Teil IV, 17. Brief. Shelley, *History of a Six Weeks' Tour*
89 Shelley an Peacock, 27. Juli 1816; vgl. *Frankenstein*, 1831, Kapitel 10
90 Shelley, *Journals*, 18. August 1816
91 Kegan, *Godwin*, 1876, Vol.II, 242
92 Shelley an Mary Godwin, 16. Dezember 1816
93 Cameron/ Reiman, *Shelley and his Circle*, Vol. IV, 787-788
94 Cameron/ Reiman, *Shelley and his Circle*, Vol. V, 391
95 Shelley an Claire Clairmont, 30. Dezember 1816
96 Mary Shelley, *Journals*, 28. Mai 1817

97 Mary Shelley an Byron, 13. Januar 1817
98 Thornton Leigh Hunt, »Shelley. By one who knew him.« *Atlantic Monthly*, September 1863
99 Shelley, *Ausgewählte Werke*, »Vorwort zu Laon und Cythna«, 1990, 549 (Ü: Manfred Wojcik)
100 Shelley, *Ausgewählte Werke*, »Vorwort zu Laon und Cythna«, 1990, 549 (Ü: Manfred Wojcik)
101 Mary Shelley, *Frankenstein* 1818, Brief 4; vgl. 1831: 1988, 57-58 (»Der Geist des Guten unternahm eine letzte große Anstrengung; doch sie half nichts. Die Vorsehung war stärker, und ihre unwandelbaren Gesetze hatten meine schreckliche Vernichtung bestimmt.«)
102 Sterrenburg 1979
103 Mary Shelley, *Frankenstein*, 1818, Teil 2, Kapitel 5 / vgl. 1831: 1988, 161 (identisch in beiden Fassungen)
104 Shelley, *Ausgewählte Werke*, »Vorwort zu Laon und Cythna«, 1990, 541 (Ü: Manfred Wojcik)
105 Shelley, *Ausgewählte Werke*, »Vorwort zu Laon und Cythna«, 1990, 541 (Ü: Manfred Wojcik)
106 *Les Ruines, ou Méditation sur les Révolutions des Empires* (1791) beschreibt den Untergang antiker Zivilisationen aufgrund der Dummheit und Gier der Menschen.
107 Mary Shelley, *Frankenstein*, 1818, Teil 2, Kapitel 7 / vgl. 1831: 1988, 175 (identisch in beiden Fassungen)
108 Mary Shelley, *Frankenstein*, 1818, Teil 1, Kapitel 2 / vgl. 1831: 1988, 64 (identisch in beiden Fassungen)
109 Paracelsus, *De generationibus rerum naturalium*, in: Werke Bd. V, 1969
110 Mary Shelley, *Frankenstein*, 1818, Teil 1, Kapitel 3 / vgl. 1831: 1988, 70 (identisch in beiden Fassungen)
111 Zur literaturwissenschaftlichen Definition dieses Genres: Suvin 1970
112 *Edinburgh Magazine and Literary Miscellany*, 2, März 1818
113 Sir Walter Scott, »Remarks on Frankenstein.« *Blackwood's Edinburgh Magazine*, 2, 20. März/1. April 1818
114 *The Literary Panorama and National Register*, 8, 1. Juni 1818; vgl. *The Edinburgh Magazine and Literary Miscellany*, 2, März 1818
115 *The Quarterly Review*, 18, Januar 1818; vgl. *The British Critic*, 9, April 1818
116 *The Belle Assemblée, or Bell's Court and Fashionable Magazine*, 17, März 1818
117 Byron an Murray, 15. Mai 1819
118 Mary Shelley an Walter Scott, 14. Juni 1818

119 Mary Shelley an Marianne und Leigh Hunt, 22. März 1818
120 Claire Clairmont, *Journals*, 89
121 Mary Shelley an Marianne und Leigh Hunt, 6. April 1818
122 Claire an Byron, zit. n. Origo, *Allegra*, 1993, 24
123 Claire an Byron, zit. n. Origo, *Allegra*, 1993, 23
124 Shelley, *Letters*, Vol. II, 114
125 Richard Hoppner an Mary Shelley, 9. Januar 1819, Manuskript in französisch, Abinger Depot, Bodleian Library, Oxford
126 Percy Shelley an Mary Shelley, 23. August 1818
127 Mary Shelley an Maria Gisborne, 22. Januar 1819
128 Mary Shelley an Maria Gisborne, 22. Januar 1819; Anspielung auf Coleridges *Ancient Mariner*
129 Mary Shelley an Isabelle Hoppner, 10. August 1821
130 Mary Shelley an Shelley, 10. August 1821
131 P. B. Shelley an Gisborne, Postscriptum, 2. Juli 1820
132 Mary Shelley an Leigh Hunt, 24. September 1819
133 Mary Shelley an Marianne Hunt, 29. Juni 1819
134 P. B. Shelley an Leigh Hunt, 15. August 1819
135 Zit. n. Seymour 2000, 236
136 Siehe auch: die fanatische Verehrung, die Horace Neville in *Falkner* (1837) seiner Mutter entgegenbringt.
137 Mary Shelley, *Matilda, Novels and Selected Works Vol. II*, 56
138 Mary Shelley an Mrs. Gisborne, 12. Januar 1820
139 Mary Shelley an M. Hunt, 24. März 1820
140 Koszul 1922, Einleitung zu *Proserpine & Midas*
141 Mary Shelley an Mrs. Gisborne, 19. Juli 1820
142 Medwin 1847, 233-234
143 Mary Shelley an Claire, 21. Januar 1821
144 Letzteres ist die Auffassung der frühen Biographin Mary Shelleys, Lucy Rosetti 1890
145 Mary Shelley an Claire, 2. April 1821
146 Mary Shelley, *Journals*, Appendix II, 583
147 Byron an Moore, 4. März 1822; Shelley an Mary Shelley, 15. August 1821
148 Shelley, zit. n. Origo 1993, 58
149 Claire Clairmont, *Journals*, 6. Juni 1821; Origo 1993, 62
150 Claire Clairmont, *Journals*, 247, 253. Vgl. Eisler 1999, 714-715
151 Mary Shelley an Mrs. Gisborne, 30. November 1821
152 Medwin 1847, 370
153 Nicholson 1947; Eisler 1999; Mary Shelley an Mrs. Gisborne, 18. Januar

1822; Mary Shelley, *Journals*, 386, 9. Dezember 1821; Mary Shelley, »Note on the Witch of Atlas«, *Complete Poetical Works of Percy Bysshe Shelley*, 1839
154 Mary Shelley an Mrs. Gisborne, 9. Februar 1822
155 Trelawny 1986, 48-49
156 Trelawny 1986, 104
157 Mary Shelley, Note on Poems of 1822, *Complete Poetical Works of Percy Bysshe Shelley*, 1839
158 Mary Shelley, *Journals*, 5. Oktober 1839
159 Mary Shelley an Mrs. Gisborne, 15. August 1822
160 Mary Shelley, Note on Poems of 1822, *Complete Poetical Works of Percy Bysshe Shelley*, 1839
161 Mary Shelley an Mrs. Gisborne, 15. August 1822
162 Mary Shelley an Mrs. Gisborne, 15. August 1822
163 Trelawny 1986, 126
164 Shelley, *Adonais*, Stanza XLI
165 Leigh Hunt an Mary Shelley, 17. August 1822
166 Mary Shelley an Maria Gisborne, 27. August 1822
167 Mary Shelley, »A Tale of the Passions«, *The Liberal*, 1823
168 Byron an Murray, Dezember 1822
169 Eisler 1999, 751; Nicolson 1947, 47 (darin: Hunts Briefe an Byron)
170 Mary Shelley an Jane Williams, 23. Juli 1823
171 Godwin an Mary Shelley, 14. Februar 1823
172 Fragmente der Handschrift: Pierpont Morgan Library, New York
173 Mary Shelley an Ollier, Dezember 1839
174 z. B. Mellor 1988, 178
175 Godwins unveröffentlichter Essay »Of History and Romance«, 1797
176 Der Name geht möglicherweise auf ein gleichnamiges Gedicht Byrons zurück: *Werke* II, 725
177 Mary Shelley, *Valperga*, 2000, 93
178 Mary Shelley, *Valperga*, 2000, 205
179 Mary Shelley, *Valperga*, 2000, 246-247
180 Mary Shelley, *Valperga*, 2000, 281
181 Shelley an Ollier, 25. September 1821 und die Rezension von John Gibson Lockhart in: *Blackwood's Edinburgh Magazine*, März 1823.
182 Mary Shelley, *Valperga*, 2000, 363
183 Claire Clairmont an Mary Shelley, 15. März 1836; Mary Shelley an Maria Gisborne, 3. Mai 1823
184 Mary Shelley, *Valperga*, 2000, 96-97

185 Siehe: Mary Shelley an Maria Gisborne, 3. Mai 1823 und an Leigh Hunt, 18. August 1823. Vgl. Michael Rossington, »Introduction«, *Valperga*, Oxford 2000
186 Lockhart, *Blackwood's Edinburgh Magazine*, März 1823
187 Mary Shelley an Leigh Hunt, 5. August 1823
188 Mary Shelley, *Journals*, Dezember 1823, 469
189 Mary Shelley an Leigh Hunt, 9. September 1823
190 Mary Shelley, »Recollections of Italy« und »On Ghosts«, in dies.: *Tales and Stories*, 1976
191 Mary Shelley, *Journals*, Januar 1824, 473
192 Mary Shelley, *Journals*, September 1824, 483
193 Godwin an Mary Shelley, 27. Februar 1824
194 Mary Shelley, *Journals*, 14. Mai 1824
195 Mary Shelley an Teresa Guiccioli, 16. Mai 1824
196 Mary Shelley, *Journals*, 14. Mai 1824
197 Mary Shelley, *Journals*, 14. Mai 1824
198 Mary Shelley an Leigh Hunt, 22. August 1824
199 Mary Shelley, *Journals*, September 1824, 482
200 Zit. in Jane Williams' Antwort an Leigh Hunt, 28. April 1824
201 Mary Shelley, *Journals*, Dezember 1824
202 Mary Shelley, *Journals*, undatiert [Juli 1825], 490
203 Wollstonecraft, *Letters Written During a Short Residence in Sweden, Norway and Denmark*, 1796, in dies.: *Works*, Vol. VI, 1989, 336
204 Shelley, *History of a Six Weeks' Tour*, 1817. Die erwähnte Theorie ist aus Band I der *Histoire Naturelle* (1749) von George-Louis Leclerc, Comte de Buffon.
205 Byron, *Werke* II, 786
206 Mary Shelley, *The Last Man*, 1998, 259
207 Morton Paly, »Introduction«, *The Last Man*, 1998
208 Mary Shelley, *The Last Man*, 1998, 31
209 Mary Shelley, *The Last Man*, 1998, 15
210 Mary Shelley, *The Last Man*, 1998, 75-76
211 Mary Shelley, *The Last Man*, 1998, 106
212 Mary Shelley, *The Last Man*, 1998, 220
213 Poe, »The Conversation of Eiros and Charmion«, 1839 – hier löscht ein Komet die Menschheit aus.
214 *The Panoramic Miscellany*, 1 (März 1826), 380-386
215 *The Monthly Review, Or Literary Journal*, 1 (März 1826), 333-335
216 Mary Shelley an Leigh Hunt, 26. April 1837
217 Mary Shelley, *Journals*, 4. August 1826

218 Mary Shelley, *Journals*, 5. September 1826
219 »A Visit to Brighton«, *Works of Mary Shelley Vol. II*, 1996, 461 ff.
220 Mary Shelley, *Journals*, 2. Juli 1827
221 Mary Shelley, »The Dream«, 1831, in dies.: *Tales and Stories*, 1976
222 Mary Shelley, »The Mourner«, 1829, in dies.: *Tales and Stories*, 1976
223 Bennet, *Mary Diana Dods: A Gentleman and Scholar*, 1991
224 Mary Shelley, *Journals*, 26. September 1827
225 »A Visit to Brighton«, *Works of Mary Shelley Vol. II*, 1996, 461
226 Vgl. Bennet in: Mary Shelley, *Journals*, 506, sowie Mary Shelley an Jane Williams, 28. Juni 1828
227 Marshall 1889, Vol.II, 196
228 Mérimée zit. n. Suchier, *Geschichte der französischen Literatur*, 1900, 651
229 Mary Shelley an Trelawny, 1. April 1829
230 Nicolson 1947, 46
231 Vgl. Mary Shelley an Trelawny, 1. April 1829
232 Mary Shelley, *Journals*, 9. Januar 1830
233 Jewsbury an Anna Jameson, 18. Juni 1830, in: Erskine, S. (Hg.): *Anna Jameson: Letters and Friendships*, London 1915
234 Mary Shelley an Colburn, 13. November 1829
235 Mary Shelley, »Memoirs of Godwin«, 1831
236 Rosetti 1890, Spark 1992, Garbin 1997
237 Garbin 1997
238 Mary Shelley, *Perkin Warbeck*, 1996, 291
239 Mary Shelley, *Perkin Warbeck*, 1996, 275
240 Mary Shelley, *Perkin Warbeck*, 1996, 275
241 *The Edinburgh Literary Journal, or, Weekly Register of Critisism and Belles Lettres*, Nr. 84; 19. Juni 1830, 350-352; *The Intelligence* (London), 30. Mai 1830, 83; weitere Rezensionen in: Lyles 1975, 177-179
242 Vgl. Spark 1992
243 dt. in: *Verwandlung. Der falsche Vers. Die Trauernde*, 2003
244 Mary Shelley, *Journals*, 529 ff.
245 Mary Shelley, *Lodore*, 1996, 18
246 Mary Shelley, *Lodore*, 1996, 18
247 Mary Shelley, *Lodore*, 1996, 218
248 Mary Shelley an Ollier, 7. Januar 1837
249 *The Sun* (London), 15. April 1835, 2; *Sunday Times* (London), 19. April 1835, 1; *Weekly Dispatch* (London), 12. April 1835, 138; weitere Rezensionen in: Lyles 1975, 179-181
250 Vgl. Spark 1992
251 Vgl. M. W. Rosa, *The Silver-Fork School*, 1936 (»silver-fork school« ist

eine alternative Bezeichnung für »fashionable novel«, auf deutsch »Moderoman«)

252 Mary Shelley hatte unter anderem auch Lady Burys silver-fork novels *Trevelyan* (1833) und *A Marriage in High Life* (1828) von Lady Caroline Lucy Scott gelesen. Die meisten dieser Bücher erschienen bei Colburn und Bentley, die als Erfinder des Genres gelten.
253 Vgl. Mellor 1998, 177 ff.
254 Zit. n. Erbe 2002, 72
255 Mary Shelley an John Murray, 20. Februar 1835
256 Edgar Allan Poe (zugeschrieben), *Graham's Magazine*, 18, Januar 1841, 48
257 Mary Shelley, *Journals*, 7. Juni 1836
258 Mary Shelley, *Falkner*, 2003, 51-52
259 Mary Shelley, *Falkner*, 2003, 144
260 Mary Shelley, *Falkner*, 2003, 158
261 Sir Timothy Shelley an John Gregson, 7. Januar 1833 (Bodleian Library, Oxford)
262 Weitere Beispiele für Satire in Mary Shelleys Werk sind die unfähigen Richter in *Frankenstein*, der Astrologe in *The Last Man* und der Essay »Roger Dodsworth«.
263 *The Examiner*, Nr. 1515, 12. Februar 1837, 101; *The Satirist*, 26. Februar 1837, 482; *The Spectator*, Nr. 449, 4. Februar 1837, 111; *The Weekly Chronicle (London)*, 12. Februar 1837, 5; vgl. Lyles 1975, 181-183
264 Mary Shelley an Hogg, 11. Februar 1839. Die Kritik an den Kürzungen erschien auch in den Rezensionen des *Spectator* (26. Januar 1839) und des *Examiner* (3. Februar 1839)
265 Mary Shelley, *Journals*, 21. Oktober 1838
266 Pierce, *Memoir and Letters of Charles Sumner*, 1893, Vol II, 21
267 Mary Shelley, »Cecil«, Fragment, Abinger Depot, Bodleian Library
268 Mary Shelley, *Rambles*, 1996, 95
269 Mary Shelley, *Rambles*, 1996, 75
270 Vgl. Rosetti 1890
271 Im Vorwort seiner Edition *Tableau historique de la poésie française au XVIe siècle* (1828)
272 Mary Shelley an Abraham Hayward, 18. November 1840
273 Thackeray, Paris Sketch Book, 2000, 18
274 In einem Brief an Mary Shelley (29. Juli 1820) hatte Charles Clairmont sich noch über den »barbarischen & närrischen« Wiener Dialekt beklagt, doch verbrachte er schließlich den Großteil seines Lebens in dieser Stadt, wo er am 2. Februar 1850 völlig unerwartet an einem

Schlaganfall starb. Erzherzog Ferdinand Maximilian soll geweint haben, als er die Nachricht vom Tod seines Lehrers erhielt.
275 Mary Shelley an Leigh Hunt, 17. August 1842
276 Mary Shelley an Claire, 1. Oktober 1842
277 Mary Shelley, *Rambles*, 1996, 256
278 Claire Tomalin beschreibt diese Werke in ihrer Einführung zu Mary Shelley, *Maurice*, 1998
279 Mary Shelley, *Rambles*, 1996, 358; Trollope, A Visit to Italy, 1842
280 »The Carbonari«, in: Mary Shelley, *Rambles*, Part III, Letter XIV, 1996, 314f.
281 Mary Shelley an Moxon, 20. und 26. September 1843
282 Mary Shelley an Knox, 16.-24. September 1844
283 Mary Shelley an Thomas Hookham, 28. Oktober, 30. Oktober, 3. November 1845 und 27. Februar 1846 sowie 12. September 1846
284 *New Monthly Magazine and Humorist*, 72, Oktober 1844, 729-740; weitere Rezensionen in: Lyles 1975, 185-187
285 »Cecil«, Abinger Depot, Bodleian Library
286 Mary Shelley an Alexander Berry, 30. Juni 1848
287 Vgl. Baldick 1987
288 Mary Shelley an Isabel Baxter Booth, 26. Mai 1850
289 *London Morning Post*, 29. und 30. Juli 1823
290 Edison, zit. n. Hahn/Jansen, 1992, 273

Literaturverzeichnis

Mary Shelleys Buchveröffentlichungen

- *Mounseer Nongtongpaw; or the Discoveries of John Bull in a Trip to Paris.* London 1808 (Autorschaft umstritten)
- *History of a Six Weeks' Tour through a Part of France, Switzerland, Germany, and Holland. With Letters Descriptive of a Sail round the Lake of Geneva, and of the Glaciers of Chamouni.* London 1817. Mit Percy B. Shelley; [dt. als *Flucht aus England*, mit zusätzlichem Material aus den Briefen und Tagebüchern, Ü: A. Pechmann, Hamburg 2002]
- *Frankenstein; or, the Modern Prometheus* (1818, überarbeitete Neufassung 1831) [Erste deutsche Übersetzung: *Frankenstein oder der moderne Prometheus*, Ü: Heinz Widtmann, Leipzig 1912]
- *Matilda.* (1819) EA: Chapel Hill, University of North Carolina 1959
- *Valperga, or Life and Adventures of Castruccio, Prince of Lucca.* London 1823
- *The Last Man.* London 1826; [dt. stark gekürzt als: *Verney oder der letzte Mensch*, Bergisch-Gladbach 1982]
- *The Fortunes of Perkin Warbeck: A Romance.* London 1830
- *Lodore.* London 1835
- *Falkner: A Novel.* London 1837
- *Lifes of the Most Eminent Literary and Scientific Men of Italy, Spain and Portugal.* Mit James Montgomery und Sir David Brewster; Vol. I and II. London 1835
- *Lifes of the Most Eminent Literary and Scientific Men of Italy, Spain and Portugal.* Vol. III. London 1837
- *Lifes of the Most Eminent Literary and Scientific Men of France.* Vol. I and II. London 1839
- *Rambles in Germany and Italy, in 1840, 1842 and 1843.* London 1844

Mary Shelleys Veröffentlichungen in Zeitschriften und Jahrbüchern sowie unveröffentlichte Manuskripte

- Hate. (Manuskript verschollen, geschrieben 1814)
- Theseus. (Fragment, unveröffentlicht, geschrieben 1814–1816) Abinger Depot, Bodleian Library, Oxford

- Cyrus. (Fragment, unveröffentlicht, geschrieben 1814–1816) Abinger Depot, Bodleian Library, Oxford
- Samuel. (Fragment, unveröffentlicht, geschrieben 1814–1816) Abinger Depot, Bodleian Library, Oxford
- The Necessity of a Belief in the Heathen Mythology to a Christian. (unveröffentlicht, geschrieben 1819–1820, bislang Percy B. Shelley zugeschrieben) Abinger Depot, Bodleian Library, Oxford
- Maurice, or the Fisher's Cot. University of Chicago Press 1998 (1820 geschriebenes, 1997 entdecktes Manuskript)
- Life of Shelley. (Fragment, unveröffentlicht, geschrieben 1822) Bodleian Library, Oxford
- A Tale of the Passions, or the Death of Despina. *Liberal*, II, 289-325, 1823
- Madame d'Houtetot. *Liberal*, III, 67-83, 1823
- Giovanni Villani. *Liberal*, IV, 281-297, 1823
- Rome in the First and Nineteenth Century. *The New Monthly Magazine and Literary Journal*, X, 1824 (Autorschaft unklar)
- Recollections of Italy. *London Magazine*, IX, 21-26, 1824
- On Ghosts. *London Magazine*, IX, 253-256, 1824 (dt. »Über Geister«)
- The Bride of Modern Italy. *London Magazine*, IX, 351-363, 1824
- Defense of Velluti. *Examiner*, Nr. 958, 372-341, 1826
- The English in Italy. *Westminster Review*, VI, 325-341,1826
- A Visit to Brighton. *London Magazine*, VI, 460-466, 1826
- Roger Dodsworth, the reanimated Englishman. Geschrieben 1826, Erstveröffentlichung *New Monthly Magazine*,1863
- Lacy de Vere. *Forget Me Not for* 1827, 1826, 275-294
- The Sisters of Albano. *Keepsake for MDCCCXXIX*, 80-100, 1828
- Ferdinando Eboli. *Keepsake for MDCCCXXIX*, 195-218, 1828
- Modern Italy. *Westminster Review*, II, 127-140, 1829
- Illyrian Poems – Feudal Scenes. *Westminster Review*, X, 71-78, 1829
- Loves of the Poets. *Westminster Review*, XI, 472-477, 1829
- The Mourner. *Keepsake for MDCCCXXX*, 71-97, 1829 (dt. »Die Trauernde«, Ü: A. Pechmann, Zürich 2003)
- The Evil Eye. *Keepsake for MDCCCXXX*, 150-175, 1829
- The False Rhyme. *Keepsake for MDCCCXXX*, 265-268, 1829 (dt. »Der falsche Vers«, Ü: A. Pechmann, Zürich 2003)
- Transformation. *Keepsake for MDCCCXXXI*, 18-39, 1830, (dt. »Verwandlung«, Ü: A. Pechmann, Zürich 2003)
- The Swiss Peasant. *Keepsake for MDCCCXXXI*, 121-146, 1830
- Absence. Dirge. A Night Scene. [Drei Gedichte] *Keepsake for MDCCCXXXI*, 1830

- Memoirs of Godwin. [Vorwort zu: *Caleb Williams*] London 1831
- The Dream. *Keepsake for MDCCCXXXII*, 22-38,1831
- The Bravo. [Rezension] *Westminster Review*, XVI, 180-192, 1832
- Stanzas. [Gedicht] *Keepsake for MDCCCXXXIII*, 52, 1832
- The Brother and Sister. *Keepsake for MDCCCXXXIII*, 105-141,1832
- The Invisible Girl. *Keepsake for MDCCCXXXIII*, 210-227,1832
- The Pole. *Court Magazine and Belle Assemblée*, 1832 (von Claire Clairmont, fälschlicherweise Mary Shelley zugeschrieben)
- The Smuggler and his Family. *Original Compositions in Prose and Verse*, 27-53, 1833
- The Mortal Immortal. *Keepsake for MDCCCXXXIV*, 71-87, 1833
- The Trial of Love. *Keepsake for MDCCCXXXV*, 70-86, 1834
- The Elder Son. *Heath's Book of Beauty*, 83-123, 1834
- The Parvenue. *Keepsake for MDCCCXXXVII*, 209-211, 1836
- The Pilgrims. *Keepsake for MDCCCXXXVIII*, 128-155, 1837
- Euphrasia: A Tale of Greece. *Keepsake for MDCCCXXXIX*, 135-152, 1838
- Stanzas. [Zwei Gedichte] *Keepsake for MDCCCXXXIX*, 179, 201, 1838
- Life of William Godwin. (Fragment, unveröffentlicht, geschrieben 1834 – 1840) Abinger Depot, Bodleian Library, Oxford
- Modern Italian Romances. *Monthly Chronicle*, II, November und Dezember 1838, 415-428 und 547-557
- Cecil. (Fragment, unveröffentlicht, geschrieben 1844–1849) Abinger Depot, Bodleian Library, Oxford
- The Heir of Mondolpho. *Appleton's Journal: A Monthly Miscellany of Popular Literature*. New York, Januar 1877
- Valerius, the Reanimated Roman. (Fragment, undatiert) *Tales and Stories by Mary Wollstonecraft Shelley*. London 1891
- An Eighteenth-Century Tale. (Fragment, undatiert) *Tales and Stories by Mary Wollstonecraft Shelley*. London 1891

Bühnenfassungen von *Frankenstein* zu Lebzeiten Mary Shelleys

- *Presumption; or, the Fate of Frankenstein*, von Richard Brinsley Peake. Erstaufführung: English Opera House, London, 28. Juli 1823
- *Frankenstein; or, the Demon of Switzerland*, von Henry M. Milner. Erstaufführung: Royal Coberg Theatre, London, 18. August 1823
- *Humgumption; or, Dr. Frankenstein and the Hobgoblin of Hoxton*. Autor unbekannt. Erstaufführung: Royal Coberg Theatre, London, 1. September 1823

- *Presumption and the Blue Demon.* Autor unbekannt. Erstaufführung: Davis's Royal Theatre, London, 1. September 1823
- *Another Piece of Presumption*, von Richard Brinsley Peake. Erstaufführung: Adelphi Theatre, London, 20. Oktober 1823
- *Frank-in-steam; or, the Modern Promise to Pay.* Autor unbekannt. Erstaufführung: Olympic Theatre, London, 13. Dezember 1824
- *Le Monstre et le Magicien*, von Jean Tussaint Merle und Antoine Nicolas Beraud. Erstaufführung: Théâtre de la Porte Saint-Martin, Paris, 10. Juni 1826
- *The Man and the Monster*, eine Übersetzung des französischen Stückes von James Kerr. Erstaufführung: New Royal West London Theatre, 9. Oktober 1826
- *The Man and the Monster; or, the Fate of Frankenstein*, eine freie Bearbeitung des französischen Stückes von Henry M. Milner. Erstaufführung: Royal Coberg Theatre, London, 3. Juli 1826
- *Frankenstein; or, the Model Man*, von William und Robert Brough. Erstaufführung: Adelphi Theatre, London, 26. Dezember 1850

Bibliographie

- Aldiss, Brian W.: *Der Milliarden Jahre Traum.* Bergisch-Gladbach 1986
- Baldick, Chris: *In Frankenstein's Shadow. Myth, Monstrosity and Nineteenth Century Writing.* Oxford 1987
- Bennet, Betty T.: *Mary Diana Dods: A Gentleman and Scholar.* New York 1991
- Bennet, Betty T.: *Mary Wollstonecraft Shelley. An Introduction.* Baltimore 1998
- Bennet, Betty T. / Curran, Stuart (Hg.): *Mary Shelley in Her Times.* Baltimore 2000
- Brailsford, H. N.: *Shelley, Godwin, and Their Circle.* New York 1913
- Brown, Charles Brockden: *Ormond.* (1799), New York 1985
- Byron, Lord George Gordon: *Briefe und Tagebücher.* Frankfurt a. M. 1985
- Byron, Lord George Gordon: *Sämtliche Werke.* 3 Bände. München 2003 (2. Aufl.)
- Cameron, Kenneth Neill (Hg.): *Shelley and his Circle.* 1773 – 1822. 4 Bände. Harvard University Press, Cambridge 1961 – 1970
- Carter, John / Muir, Percy H.: *Bücher, die die Welt verändern.* München 1968

- Clairmont, Claire: *The Journals of Claire Clairmont*. Cambridge 1968
- Coleridge, Samuel Taylor: *Collected Letters*. Oxford 1956
- Drabble, Margaret (Hg.): *The Oxford Companion to English Literature*. 5th Edition. Oxford 1985
- Eisler, Benita: *Byron. Der Held im Kostüm*. München 1999
- Erbe, Günter: *Dandys – Virtuosen der Lebenskunst*. Köln 2002
- Garbin, Lidia: »The Fortunes of Perkin Warbeck: Walter Scott in the Writings of Mary Shelley.« *Romanticism on the Net*, Mai 1997
- Godwin, William: *An Enquiry Concerning Political Justice*. (1793 / 3. Aufl. 1798), Harmondsworth 1976
- Godwin, William: *Memoirs of Mary Wollstonecraft*. (1798), London 1926
- Godwin, William: *Thoughts on Man, His Nature, Productions, and Discoveries. Interspersed with some Particulars concerning the Author*. (1831), in: *The Political and Philosophical Writings of William Godwin*, Vol. 6, London 1993
- Hahn, Ronald M. / Jansen, Volker: *Lexikon des Science Fiction Films*. München 1992
- Hazlitt, William: *The Spirit of the Age*. London 1819
- Hoffmeister, Gerhart: *Deutsche und europäische Romantik*. Stuttgart 1990
- Hunt, Thornton Leigh: »Shelley. By one who knew him.« In: *Atlantic Monthly*, September 1863
- Kegan, Paul C.: *William Godwin: His Friends and Contemporaries*. 2 Bände. London 1876
- Kluxen, Kurt: *Geschichte Englands*. Stuttgart 1985
- Lyles, W. H.: *Mary Shelley. An Annotated Bibliography*. London 1975
- Marshall, Florence A.: *The Life and Letters of Mary Wollstonecraft Shelley*. 2 Bände. London 1889
- Maurois, André: *Ariel oder Das Leben Shelleys*. Leipzig 1954
- Medwin, Thomas: *The Life of Percy Bysshe Shelley*. London 1847
- Mellor, Anne K.: *Mary Shelley: Her Life, Her Fictions, Her Monsters*. London 1989
- Mielsch, Hans-Ulrich: *Sommer 1816. Lord Byron und die Shelleys am Genfer See*. Zürich 1998
- Nicholson, Harold: *Lord Byrons letzte Reise*. Bremen 1947
- Nitchie, Elizabeth: *Mary Shelley. Author of Frankenstein*. New Jersey 1953
- Origo, Iris: *Byrons Tochter: Allegra*. Berlin 1993
- Paracelsus, Theophrastus: *De generationibus rerum naturalium*. Liber primus der »Magia Naturalis«. In: Werke Bd. V, Darmstadt 1969
- Peacock, Thomas Love: *Memoirs of Shelley*. London 1909

- Pierce, Edward L.: *Memoir and Letters of Charles Sumner*. Boston 1893
- Polidori, John W.: *The Diary of Dr. John William Polidori*. London 1911
- Polidori, John W.: *Ernestus Berchthold, or, The Modern Oedipus*. London 1819
- Polidori, John W.: »The Vampyre, A Tale.« (*New Monthly Magazine*, April 1819) in: Ryan, Alan (Hg.): *The Penguin Book of Vampire Stories*. London 1987
- Priester, Karin: *Mary Shelley. Die Frau, die Frankenstein erfand*. München 2001
- Rosetti, Lucy M.: *Mrs. Shelley*. London 1890
- Rosa, Matthew W.: *The Silver-Fork School: Novels of Fashion Preceding »Vanity Fair«*. New York 1936
- Schmid, Susanne: *Byron, Shelley, Keats. Ein biographisches Lesebuch*. München 1999
- Schneider, Elisabeth: *Coleridge, Opium and Kubla Khan*. Chicago 1953
- Seymour, Miranda: *Mary Shelley*. London 2000
- Shelley, Mary: *Proserpine & Midas. Two Unpublished Mythological Dramas*. London 1922
- Shelley, Mary: *Collected Tales and Stories of Mary Wollstonecraft Shelley*. Baltimore 1976
- Shelley, Mary: *Frankenstein oder Der moderne Prometheus*. Frankfurt a. M. 1988 (Fassung von 1831)
- Shelley, Mary: *The Letters of Mary Shelley*. Baltimore 1980-1988
- Shelley, Mary: *Selected Letters of Mary Wollstonecraft Shelley*. Baltimore 1995
- Shelley, Mary: *The Journals of Mary Shelley*. Baltimore 1995
- Shelley, Mary: *The Novels and Selected Works of Mary Wollstonecraft Shelley*. 8 Bände. London 1996
- Shelley, Mary: *The Fortunes of Perkin Warbeck*. London 1996
- Shelley, Mary: *Lodore*. London 1996
- Shelley, Mary: *Rambles in Germany and Italy in 1840, 1842 and 1843*. London 1996
- Shelley, Mary: *The Last Man*. Oxford 1998
- Shelley, Mary: *Maurice, or the Fisher's Cot*. Chicago 1998
- Shelley, Mary: *Valperga*. Oxford 2000
- Shelley, Mary: *Frankenstein; or, the Modern Prometheus*. Oxford 2001 (Originalfassung von 1818)
- Shelley, Mary: *The Literary Lives and Other Writings by Mary W. Shelley*. 4 Bände. London 2002
- Shelley, Mary: *Falkner*. Doylestown 2003

- Shelley, Mary: *Verwandlung. Der falsche Vers. Die Trauernde.* Zürich 2003
- Shelley, Mary: *Frankenstein oder der moderne Prometheus. Die Urfassung.* Düsseldorf 2006
- Shelley, Mary: *Der sterbliche Unsterbliche. Märchen und Erzählungen.* Weitra (in Vorb.)
- Shelley, Mary / Shelley, P. B.: *Flucht aus England.* Hamburg 2002
- Shelley, Percy Bysshe: *The Complete Works of Percy Bysshe Shelley.* London 1965
- Shelley, Percy Bysshe: *Ausgewählte Werke. Dichtung und Prosa.* Frankfurt a. M. 1990
- Shelley, Percy Bysshe: *The Prose Works of Percy Bysshe Shelley.* Oxford 1993
- Shelley, Percy Bysshe: *Zastrozzi.* E-text. Blackmask Online 2001
- Shelley, Percy, Bysshe: *St. Irvyne; or, the Rosicrucian.* E-text. Blackmask Online 2001
- Solve, Melvin T.: »Shelley and the Novels of Brown.« In: *The Fred Newton Scott Anniversary Papers,* Chicago 1929
- Spark, Muriel: *Mary Shelley.* Frankfurt a. M. 1992
- Sterrenburg, Lee: »Mary Shelley's Monster. Politics and Psyche in Frankenstein.« In: Levine, George / Knoepflmacher, U. C. (Hg.): *The Endurance of Frankenstein. Essays on Mary Shelley's Novel.* Berkeley 1979
- Stocking, Marion K.: *The Clairmont Correspondence. Letters of Claire Clairmont, Charles Clairmont and Fanny Imlay Godwin.* Baltimore 1995
- Suvin, Darko: *Poetik der Science Fiction.* Frankfurt a. M. 1970
- Thackeray, William Makepeace: *The Paris Sketch Book.* Köln 2000
- Trelawny, Edward John: *Letzte Sommer. Mit Shelley und Byron an den Küsten des Mittelmeers.* Berlin 1986
- Trelawny, Edward John: *Adventures of a Younger Son.* New York 1973 (Reprint der Londoner Ausgabe von 1890)
- Trollope, Frances: *A Visit to Italy.* London 1842
- Völker, Klaus (Hg.): *Künstliche Menschen.* Frankfurt a. M. 1994
- Weber, Ingeborg. *Der englische Schauerroman.* München 1983
- Wollstonecraft, Mary: *A Vindication of the Rights of Woman.* London 1792, in dies.: *Works,* London 1989
- Wollstonecraft, Mary: *Letters written During a Short Residence in Sweden, Norway and Denmark.* London 1796, in dies.: *Works,* London 1989
- Mary Wollstonecraft: *The Works of Mary Wollstonecraft.* London 1989
- Zondergeld, Rein A.: *Lexikon der phantastischen Literatur.* Frankfurt 1983

Internetadressen

Es gibt zahlreiche Websites, die sich mit Mary Shelley, ihrem Werk, ihrem Leben sowie mit ihrem Roman *Frankenstein* und dessen Verfilmungen beschäftigen. Die besten Links findet man unter www.litgothic.com/Authors/mshelley.html; Bilder von Orten, die im Leben der Shelleys eine wichtige Rolle spielten, gibt es unter www.rc.umd.edu/reference/misc/shelleysites; eine Liste sämtlicher Frankensteinfilme präsentiert www.frankensteinfilms.com.

Bildnachweis

S. 15 Mary Wollstonecraft. Frontispiz von A. L. Merritt, London 1879
S. 31 Mary Shelley. Miniatur von Reginald Easton. © Bodleian Library, University of Oxford
S. 49 Percy Bysshe Shelley. Gemälde von Amelia Curran, 1819. © National Portrait Gallery, London
S. 67 Villa Diodati. Stich von Edward Finden aus *Illustrations of the Life and Works of Lord Byron*, John Murray, London 1833. © John Murray Collection, London
S. 85 Leigh Hunt. Lithographie von James Fraser für *Frasier's Magazine*
S. 103 Allegra, Lord Byrons Tochter. Unbekannter Künstler. Venedig 1818. © John Murray Collection, London
S. 117 Gräfin Teresa Guiccioli. Stich von T. A. Dean nach dem Gemälde von W. Brockedon. © Mary Evans Picture Library / Interfoto, München
S. 133 Casa Magni. Holzschnitt von 1822 aus Trelawnys *Recollections of the Last Days of Byron and Shelley*, London 1858
S. 157 Edward Williams. Selbstporträt 1822. © Bodleian Library, University of Oxford
S. 167 Lord George Gordon Byron mit griechischem Helm. Lithographie von Bouvier. © City of Nottingham Museums, Newstead Abbey / The Bridgeman Art Library
S. 179 Samuel Taylor Coleridge. Porträt von Paul Vandyke, 1795. © National Portrait Gallery, London
S. 193 Jane Williams. Gemälde von George Clint. © Bodleian Library, University of Oxford
S. 209 Claire Clairmont, 1819. Gemälde von Amelia Curran. © City of Nottingham Museums, Newstead Abbey/The Bridgeman Art Library
S. 217 William Godwin. Gemälde von James Northcote. © National Portrait Gallery, London
S. 231 Edward John Trelawny. Lithographie von Alfred d'Orsay, aus Trelawnys autobiographischem Roman *Adventures of a Younger Son*, London 1890. © Ullstein – Roger Viollet
S. 245 Mary Wollstonecraft Shelley. Porträt von Richard Rothwell, um 1840. © National Portrait Gallery, London

S. 261 Der Leichnam Shelleys wird in Gegenwart von Lord Byron und Leigh Hunt verbrannt. Detail eines Gemäldes von L. E. Fournier, 1889. © Walker Art Gallery, National Museums Liverpool / The Bridgeman Art Library

Danksagung

Wie jeder, der sich mit dem Leben und Werk Mary Shelleys beschäftigt, bin ich den Herausgeberinnen der Briefe, Tagebücher und ausgewählten Werke, Betty Bennet, Nora Crook, Paula Feldman, Diana Scott-Kilvert und Claire Tomalin, großen Dank schuldig. Des weiteren danke ich allen, die sich für meine verschiedenen Shelley-Projekte begeistert und damit auch dieses Buch möglich gemacht haben: Dr. Eva Reinhold-Weisz, Dr. Irene Sondermann, Mirko Schädel, Richard Pils, Achim Havemann, Klaus Bollhöfener, Dr. Florian Breitsameter, Dr. Claudia Hagedorn, Kim Landgraf. Hilfreich wie immer war die Bibliothek des Anglistischen Instituts und Alumni International in Heidelberg. Für die Inspiration: Brian Aldiss, Tim Powers, Romantic Circles, Anarchist Archives, Boris Karloff, Isabelle v. K. und Herbert Frankenstein. Last but not least danke ich meiner Familie in Mönchweiler, Wien, Gmunden und Würzburg sowie meiner Lektorin Gabriele Kalmbach.

Alexander Pechmann, April 2006

Register

A
Abinger, Lord 271
Aglietti, Dr. 108, 109
Agrippa, Cornelius 96
Ainsworth, William 230
Albertus Magnus 38, 96
Alfieri, Vittorio 112
Apel, Johann August 75
Aquin, Thomas von 96
Ariosto, Ludovico 107
Asimov, Isaac 278
Austen, Jane 98

B
Bacon, Francis 210
Baedeker, Karl 250
Baxter, Christina 36, 37, 61
Baxter, Isabel (Isabel Baxter Booth) 36, 37, 61, 101, 169, 268
Baxter, Robert 36, 61
Baxter, William Thomas 36, 61, 101
Beckford, William 93, 98
Beddoes, Thomas Lovell 171
Bell, Dr. John 112
Bentley, Richard 210, 227, 235
Berlinghieri, Dr. Andrea Vaccà 124
Beyle, Henri (Stendhal) 203
Blackwood, William 199
Blessington, Lady 153, 229
Blood, Frances (Fanny) 23, 24, 25, 81
Blood, George 24, 81
Blumenbach, Johann Friedrich 74
Boccaccio, Giovanni 126, 186, 197

Boinville, Cornelia de 47
Boinville, Harriet de 47
Bojti, Antonio 124
Booth, David 101
Boswell, James 24
Brannagh, Kenneth 277
Brontë, Anne, Charlotte und Emily 230
Brooke, Arthur 171
Brooks, Mel 276
Brown, Charles Brockden 38, 47, 93, 185
Buchon, Jean-Alexandre 253
Buffon, Georges Louis 38, 185
Bulwer, Edward (Edward Bulwer-Lytton) 8, 13, 207, 208, 228, 229
Bulwer, Henry 253
Burke, Edmund 18, 19, 79
Bury, Lady Charlotte 229
Byron, Allegra (Alba) 86, 87, 101, 102, 103, 105–108, 120, 123, 129–132, 139, 140
Byron, Augusta (Augusta Leigh) 68
Byron, George (Deckname eines Fälschers) 264
Byron, Lord George Gordon 8, 35, 44, 66, 68–80, 84, 86, 87, 93, 95, 98, 100, 101, 103, 105–109, 117, 123, 129–132, 134, 136–140, 142, 143, 147, 148, 150–154, 164, 166, 167, 173, 174, 184–188, 190, 197, 198, 201, 205, 209, 227, 240, 248, 249, 250, 253, 276

C

Calvin, Jean 91
Campbell, Thomas 186
Castlereagh, Robert Stewart 57, 70, 119
Cenci, Beatrice 113, 115
Cervantes, Miguel de 234
Cestius 110, 148
Charles II. 134
Charlotte, Prinzessin 102
Cini, Bartolomeo 259
Clairmont, Antonie (Antonie Ghislain) 206, 255
Clairmont, Claire (Jane) 10, 34, 50, 51, 53–63, 65, 66, 68–72, 76, 78–83, 86, 87, 101–113, 118–120, 123–125, 129–131, 139, 140, 147, 151, 153, 165, 166, 187, 188, 197, 206, 209, 210, 239, 254, 255, 260, 263, 267, 272
Clairmont, Clara (Tochter von Antonie und Charles, auch: Clari) 206, 267
Clairmont, Charles Gaulis 34, 36, 59, 65, 118, 206, 255, 267
Clairmont, Mary Jane (siehe: Godwin, Mary Jane)
Clairmont, Wilhelm (Sohn von Antonie und Charles) 206, 267
Cogni, Margarita 105
Colburn, Henry 180, 210, 216, 228, 233
Coleridge, Samuel Taylor 34, 35, 38, 71, 74, 93, 110, 169, 179, 181, 189, 190, 206, 257
Collins, Wilkie 241
Cooke, T. P. 274
Cooper, James Fenimore 172
Corbett, William 89, 182
Curran, Amelia 112, 207

D

Dacre, Charlotte 38, 164
Dante Alighieri 116, 122, 260
Darwin, Charles 38, 42, 74
Darwin, Erasmus 38, 73
Davies, Scrope 79, 80
Dawkins, Edward 148
Deffel, George Hibbert 250, 252, 253
Defoe, Daniel 186, 190
Dibden, Charles 35
Dick, Philip K. 278
Dickens, Charles 230, 244
Dillon, Lord Henry-Augustus 202
Diodati, Charles 73
Diodati, Johann 73
Disraeli, Benjamin 8, 13, 220, 228, 229, 230, 232, 244
Dods, Mary Diana (David Lyndsay, Sholto Douglas, Doddy) 199, 200, 203
Douglas, Adeline (siehe: Robinson, Adeline)
Douglas, Walter Sholto (siehe: Mary Diana Dods)
Duvilliard, Louise (Elise) 80, 87, 102, 106, 107, 110, 119, 123

E

Edison, Thomas 275
Edward II. 159
Edward IV. 12, 211
Eldon, Lord 119
Eliot, George 230
Elisabeth, Prinzessin 251
Eyriès, J. B. B. 75

F

Ferdinand I. 124
Flammarion, Camille 190

Foggi, Paolo 107, 108, 110, 123
Ford, John 210
Fox, Charles James 18
Friedrich, Erzherzog 258
Füssli, Heinrich 26

G

Galloni, Adolphe Dominique 258, 259
Gamba, Pietro (Pierino) 134, 144, 151, 154
Gamba, Ruggero 144
Garbin, Lidia 213
Garnett, Harriet 203
Garnett, Julia 203
Garnett, Maria 203
Gaskell, Elizabeth 230
Gatteschi, Ferdinando 260, 262, 263, 264
George IV. 86, 88, 219
Gibbon, Edward 107
Gibson, Bessie Florence 271
Gisborne, John 106, 111, 123
Gisborne, Maria 106, 110, 111, 118, 123, 137, 146, 265
Godwin, Clara (uneheliches Kind von Mary und Shelley) 65, 66
Godwin, Edward (Großvater William Godwins) 17
Godwin, Fanny (siehe: Fanny Imlay)
Godwin, Harriet (Schwester William Godwins) 33
Godwin, John (Vater William Godwins) 17
Godwin, Mary (Mary Shelley) 10, 11, 32–37, 47, 50–83
Godwin, Mary Jane (Mary Jane Clairmont) 33, 35, 36, 50, 53, 60, 80, 81, 83, 113, 150, 206, 233, 254, 255
Godwin, William 10, 15–22, 26, 28, 29, 32–37, 39, 41, 46, 50, 51, 53, 59, 60, 65, 66, 81, 83, 87, 89–93, 95, 96, 99, 100, 106, 113–115, 121, 122, 135, 155, 158, 159, 165, 168, 169, 170, 173, 198, 206, 207, 210, 216, 217, 224, 226, 232, 233, 243, 248, 249, 255, 265, 268
Godwin, William jr. 34, 169, 255
Goethe, Johann Wolfgang von 93, 95, 100, 256
Gore, Catherine 229
Grainville, François Xavier Cousin de 186
Gregson, John 242, 246
Grey, Charles Earl 219, 232
Griffith, George 190
Grove, Harriet (Cousine Shelleys) 37, 38, 40, 41, 42
Guiccioli, Teresa 117, 129, 130, 131, 134, 144, 145, 150, 151, 154, 173, 201

H

Hardy, Thomas 21
Hazlitt, William 21, 86, 169
Heinrich VII. 211, 212, 213, 216
Hesiod 93
Hobhouse, John Cam 79, 201
Hofer, Andreas 257
Hogg, Thomas Jefferson 41–43, 47, 62–65, 135, 169, 176, 195, 196, 247, 263, 271, 272
Holcroft, Thomas 21
Homer 174
Hood, Thomas 137, 186
Hookham, Thomas 47, 61, 81, 82, 89

Hoppner, Isabella 107, 109, 111, 123
Hoppner, Richard 107, 109, 123
Howard, John 22
Hume, David 107
Hume, Dr. Thomas und Mrs. 84
Hunt, John 86, 88, 174
Hunt, Leigh 85, 86, 88, 134, 143–154, 172, 176, 177, 202, 247, 257, 263
Hunt, Marianne, 88, 119, 143, 144, 145, 150–153, 172, 199
Hunt, Mary Leigh 88, 199
Hunt, Thornton Leigh 86, 88
Hus, Jan 257

I
Imlay, Fanny (Fanny Godwin) 28, 29, 32, 33, 50, 65, 69, 72, 80, 81, 92
Imlay, Gilbert 27, 28, 59
Irving, Washington 172, 173, 207

J
James, Henry 272
Jewsbury, Maria 208
Johnson, John 25, 26
Johnson, John E. 127
Johnson, Samuel 24
Jones, Louise 33

K
Karloff, Boris 276
Kean, Edmund 168, 173
Keats, John 86, 148, 164, 190, 197, 207, 273
Kelsall, Thomas Forbes 171
Kenney, James 172, 207
Kingsborough, Lord Robert 25, 119
Kippis, Andrew 17

Knatchbull, Sir Edward 174
Knox, Alexander 256, 257, 258, 260, 262, 263, 267
Koontz, Dean 277
Koszul, André 122

L
Lafayette, General 8, 203
Lamb, Charles 33, 34, 35, 86, 169, 172
Lamb, Mary 34, 35
Lardner, Reverend Dr. Dionysius 233, 234
Laun, Friedrich 75
Lavater, Johann Caspar 25
Lawrence, Dr. William 74, 101
Leader, John 258
Le Fanu, Joseph Sheridan 241
Lem, Stanislaw 278
Lewis, Matthew G. 38, 79, 80, 93, 95, 98, 164
Livius, Titus 18
Lockhart, John Gibson 166
Longdill, Pynson Wilmot 82, 84
Longinus 79
Luther, Martin 257
Lyndsay, David (siehe: Mary Diana Dods)

M
Machiavelli, Niccolò 122, 159, 234
Malthus, Thomas 90
Marshall, James 33
Marshall, Florence A. 272
Mason, Laurette 119, 120, 258, 259
Mason, Margaret (Lady Mountcashell) 119, 120, 124, 145, 258
Mason, Nerina 119, 120, 258, 259

Mavrocordato, Prinz Alexander 128, 129
Maximilian, Erzherzog 255
Medwin, Thomas 125, 127, 134, 135, 136, 202, 240, 264, 272
Mehmed Ali 258
Mengaldo, Angelo 109
Mérimée, Prosper 8, 203, 204
Metternich, Fürst 104, 164, 255
Milnes, Richard Monckton 258
Milner, H. M. 271, 275
Milton, John 38, 73, 93, 94, 100, 190, 260
Mohammed 202
Montagu, Basil 172
Moore, Thomas 130, 201, 202, 207, 234
Morgan, Lady Sydney 249
Mountcashell, Earl of 120
Moxon, Edward 234, 246, 247, 256, 262, 265
Murray II., John 71, 80, 98, 100, 201, 202, 216
Murray III., John 250

N
Napoleon 35, 54, 55, 70, 105, 109, 124, 164, 254, 257
Navarra, Herzogin von 197
Nelson, Lord 254
Newton, John F. 47
Nott, Dr. George Frederick 135
Novello, Vincent 168, 169

O
Odysseus, Hauptmann 174
Ogle, Charles 275
Ollier, Charles 89, 98, 135, 158
Origo, Iris 129

Ovid 122
Owen, Robert 20

P
Pacchiani, Francesco 126, 128, 165
Paine, Thomas 19
Palmerston, Lord 266
Payne, John Howard 172, 173
Paley, William 41
Paracelsus 38, 96
Parker, Robert 118
Peacock, Thomas Love 47, 52, 61, 65, 66, 74, 78, 98, 101, 152, 169, 180, 195, 263, 272
Peake, Richard Brinsley 169, 274, 275
Pearson, Henry Hugh 257, 258
Pepe, General Guglielmo 124
Pilfold, Kapitän John 43
Pitt, William 21
Platon 107
Plinius 38
Plutarch 93
Poe, Edgar Allan 97, 151, 191, 234
Polidori, John 69–72, 74–77
Pope, Alexander 71
Price, Richard 19, 24, 25
Procter, Bryan Waller (Barry Cornwall) 171–173
Procter, Nicolas 171

R
Radcliffe, Ann 38, 93, 98, 165
Rees, Abraham 17
Redding, Cyrus 207
Reynolds, Frederick Mansel 197
Richard III. 211
Rio, Mr. und Mrs. 259
Roberts, Kapitän Daniel 138, 147
Robespierre 28

Robinson, Adeline 200
Robinson, Isabel 196, 199, 200, 203
Robinson, Joshua 199, 203–205, 207
Robinson, Julia 199, 203–205, 207
Robinson, Julian 199, 250, 252, 253
Robinson, Rosa 199
Rogers, Samuel 132, 248, 249
Rose, Polly 112
Rosetti, Lucy 158, 216, 272
Rousseau, Jean-Jacques 20, 77, 104, 152, 224
Ryan, Major 51, 82

S

Sainte-Beuve, Charles Augustin 254
Sandeman, Robert 17
Schiller, Friedrich 34, 256, 257
Schwarzenburg, Prinz 55
Scott, Sir Walter 8, 13, 22, 99, 100, 159, 166, 196, 204, 213, 216
Seymour, Miranda 273
Shakespeare, William 34, 38, 190
Shelley, Sir Bysshe (Großvater Shelleys) 64
Shelley, Charles Bysshe (Sohn von Shelley und Harriet Westbrook) 62, 65, 81, 83, 86, 87, 195, 264
Shelley, Clara Everina (drittes Kind von Mary und Shelley) 101, 102, 108, 258
Shelley, Elena Adelaide (Adoptivkind der Shelleys) 111, 112, 123
Shelley, Elizabeth (Schwester Shelleys) 38, 40, 42, 61, 91
Shelley, Lady Elizabeth Pilfold (Shelleys Mutter) 39, 264
Shelley, Harriet (siehe: Westbrook, Harriet)
Shelley, Hellen (Schwester Shelleys) 38, 40, 42, 61
Shelley, Ianthe (Tochter von Shelley und Harriet Westbrook) 46, 47, 65, 81, 83, 86, 87, 263, 264
Shelley, Lady Jane 266, 267, 268, 271, 272
Shelley, Percy Bysshe 8, 10–12, 20, 37–66, 68–84, 86–102, 104–116, 118–120, 122–131, 133–151, 154, 159, 164–166, 168, 170, 171, 174–177, 180, 184–187, 190, 195, 197, 198, 201, 205, 207, 208, 227, 234, 240, 241, 246–250, 254, 255, 257, 259, 261, 263–265, 269, 271, 272, 276
Shelley, Percy Florence (viertes Kind von Mary und Shelley) 116, 118, 139, 144, 150, 152, 154, 169, 170, 175, 177, 195, 199, 203, 219, 233, 243, 246, 247, 249, 250, 252, 253, 255, 256, 257, 258, 260, 263, 266, 267, 268, 271
Shelley, Sir Timothy (Shelleys Vater) 39–43, 64, 105, 152, 170, 175, 180, 195, 205, 207, 240, 242, 243, 246, 247, 255, 262, 263
Shelley, William (zweites Kind von Mary und Shelley) 66, 69, 80, 87, 101, 102, 109, 112, 113, 148, 166
Sheridan, Richard Brinsley 18
Shiel, M. P. 190, 191
Shields, Amelia (Milly) 102, 108, 119
Sidmouth, Viscount (Henry Addington) 119
Sismondi, Simonde de 159
Skepper, Anne 172
Slater, Edward

Smith, Mr. 81, 82
Southey, Robert 35, 38, 43, 71, 93, 166
Spark, Muriel 158, 216, 272
Spinoza, Baruch de 136
Stacey, Sophia 118
Staël, Madame de 202
Stapledon, Olaf 191
Sterne, Lawrence 7
St. John, Charles Robert 266
St. John, Jane (siehe: Lady Jane Shelley)
Summers, Stephen 277
Sumner, Charles 249
Sussex Lennox, Lady 260

T
Tardy, Placido 259
Tasso, Torquato 109
Taylor, John 50
Tegrimi, Nicolao 159
Thackeray, William Makepeace 229, 254, 160
Thelwall, John 21
Tighe, George William 119, 120, 165
Tooke, John Horne 21
Tortagolione, Alberto 110
Trelawny, Edward John 136–140, 142, 143, 145–148, 150, 153, 154, 174, 201, 204–206, 227, 231, 240, 247, 261, 269, 272
Trollope, Frances 259, 260
Turner, Joseph Mallord William 249

V
Vergil 181
Victor Emanuel I. 104
Victoria, Königin 244

Villani, Giovanni 152, 159
Vinci, Leonardo da 252
Vivian, Charles 142
Viviani, Niccola 126, 127
Viviani, Teresa (Emilia) 126, 127, 128, 227
Volney, Constantine 93, 94
Voltaire 20, 104, 109

W
Wallenstein, Albrecht 257
Walpole, Horace 38, 77, 96
Webling, Peggy 276
Wells, Herbert G. 190, 278
West, Paul 74
Westbrook, Eliza 47, 82
Westbrook, Harriet (Harriet Shelley) 37, 42–44, 46, 47, 51–53, 59, 61, 62, 65, 81–83, 195, 247, 263, 264
Wilhelm IV. 219, 244
Williams, Edward (Ned) 127, 128, 132, 134, 136–140, 142–148, 157, 240
Williams, Edward Medwin 127, 140
Williams, Reverend James 84
Williams, Jane (Jane Johnson) 127, 132, 134, 138, 140, 142, 143, 146–151, 168, 169, 172, 176, 177, 192, 194, 196, 200, 202, 203, 206, 216, 264
Williamson, Jack 278
Whale, James 275, 276
Whittaker, G. und W. B. 158, 170
Whitton, William 170, 175, 195
Wollstonecraft, Edward John (Vater Mary Wollstonecrafts) 23
Wollstonecraft, Everina (Schwester Mary Wollstonecrafts) 25, 81

Wollstonecraft, Elizabeth (Mutter Mary Wollstonecrafts) 23
Wollstonecraft, Mary 10, 15, 16, 17, 19, 20, 22–27, 33, 59, 81, 106, 114, 119, 120, 162, 164, 165, 181, 198, 225, 233, 248, 262, 268

Wordsworth, William 20, 34, 71, 93, 190
Wright, Frances 227

Y
Ypsilanti, Alexandros 129